गांधी : एक असम्भव सम्भावना

गांधी : एक असम्भव सम्भावना

सुधीर चन्द्र

राजकमल प्रकाशन

ISBN : 978-81-267-2114-6

मूल्य : ₹695

पहला संस्करण : 2011
चौथा संस्करण : 2022

प्रकाशक : राजकमल प्रकाशन प्रा. लि.
1-बी, नेताजी सुभाष मार्ग, दरियागंज
नई दिल्ली-110 002

शाखाएँ : अशोक राजपथ, साइंस कॉलेज के सामने, पटना-800 006
पहली मंजिल, दरबारी बिल्डिंग, महात्मा गांधी मार्ग, प्रयागराज-211 001
36 ए, शेक्सपियर सरणी, कोलकाता-700 017

वेबसाइट : www.rajkamalprakashan.com
ई-मेल : info@rajkamalprakashan.com

मुद्रक : बी.के. ऑफसेट
नवीन शाहदरा, दिल्ली-110 032

GANDHI : EK ASAMBHAV SAMBHAVANA
by Sudhir Chandra

गीतांजलि–जननी करुणामयी

मम्मी को

दो शब्द

अमूमन भूमिकाओं में जो कहने की जरूरत पड़ती है वह इस पुस्तक के शुरुआती पृष्ठों में कहा गया है। यहाँ बस इतना ही कि यह बड़ी निजी, बड़ी प्राइवेट पुस्तक है। गांधी के सहारे अपना सामना करने के लिए लिखी गई है। पर हर 'अपन' विशुद्ध निजी के साथ-साथ एक 'हम' भी होता है। प्रायः प्रसंग और परिस्थितियों के प्रभाव में बदलता रहता अनिश्चित 'हम'। गांधी के अपने देखने में मुझे औरों की भी झलक मिलती रही है। सो यह पुस्तक कोई निजी डायरी नहीं है।

उकसाना भी प्रयोजन है इसका। दूसरे भी देखें मेरे देखने को। देखें अपने आपको उस देखने के दौरान। चाहें खुद गांधी से रूबरू होना।

मेरे गुरु, प्रोफेसर वी.एन. दत्ता, ने बिलकुल शुरुआती दौर में मुझे समझाया था कि गांधी पर गांधी से बढ़कर कुछ नहीं है। गांधी के प्रार्थना-प्रवचन हैं इस पुस्तक की प्रेरणा और प्रमुख आधार। पर प्यारेलाल, निर्मल कुमार बोस, ब्रजकृष्ण चाँदीवाला और डी.जी. तेंदुलकर से भी बहुत पाया है। ऋणी हूँ उनका।

पश्चिमी फ्रांस के सुन्दर, शान्त नगर नॉन्त में स्थित उच्च अध्ययन संस्थान में रहकर इस पुस्तक को पूरा कर सका हूँ। बहुत आभारी हूँ संस्थान का। विशेष रूप से कॉस्ताँस का। राजकमल प्रकाशन के सर्वेसर्वा अशोक महेश्वरी का भी आभारी हूँ कि सालों पहले गांधी की

बेचारगी पर *जनसत्ता* में छपे मेरे एक लेख को पढ़कर उन्होंने इस पुस्तक का विचार मुझे दिया।

ऋण और भी विद्वानों, मित्रों और स्वजनों के हैं। उन्हें न गिना पाऊँगा, न चुका।

—सुधीर चन्द्र

अनुक्रम

अध्याय-1

गांधी : अपना सामना

मैं तो कहता-कहता चला जाऊंगा, लेकिन किसी दिन मैं याद आऊंगा कि एक मिस्कीन आदमी जो कहता था, वही ठीक था।

गांधी, 16 अक्टूबर 1947

जब गांधी के गांधी बनने की शुरुआत हो ही रही थी दक्षिण अफरीका में, उसी वक्त उन पर एक किताब आ गई थी। तब से अब तक के सौ सालों में अनगिनत किताबें आ चुकी हैं गांधी पर। तरह-तरह की किताबें। उनको देव-तुल्य सिद्ध करने वाली किताबें। उनके सन्तुलित मूल्यांकन की कोशिश करने वाली किताबें। उनको अभिशाप मानने वाली किताबें। यह सिलसिला लगता नहीं कि जल्दी थमेगा।

गांधी-अध्ययन की यह निरन्तरता और विविधता और जो भी अर्थ रखती हो, इतना जरूर जाहिर करती है कि दुनिया कितनी ही बदली हो इन सौ सालों में, कुछ है इस आदमी में कि इसे हम याद रखना और समझना चाहते हैं। क्या है वह 'कुछ'?

इस प्रश्न का कोई मुकम्मल वस्तुगत जवाब नहीं है। इसका जवाब गांधी से कहीं ज्यादा गांधी को देखने वाले—उस 'कुछ' को समझने की इच्छा करने वाले—पर निर्भर करेगा। कितनी सलाहियत है देखने वाले—या वाली—में गांधी को देखने में स्वयं को देखते रहने की? अपनी ही आँख के परीक्षण की?

मैं क्यों किताबों के इस हुजूम में एक और किताब जोड़ रहा हूँ गांधी

पर? क्योंकर मुझे विश्वास है कि जहाँ अलग-अलग नजरिए से ऐसा अपार लेखन हो चुका है इस अजीबोगरीब शख्सियत को लेकर, वहाँ कुछ बचा हुआ है मेरे लिए कहने को? ऐसा तो है नहीं कि मैंने वह सारा लेखन बाँच लिया है और मैं जानता हूँ कि जो मैं कहने जा रहा हूँ वह इससे पहले नहीं कहा गया है। फिर भी मुझे लगता है—काफी कुछ देख लेने के बाद—कि मेरी किताब के लिए जगह है। न सिर्फ इसलिए कि मैं जो कहने जा रहा हूँ, और जो हो सो हो, इस तरह नहीं कहा गया है। एक अलग बलाघात, एक खास किस्म का जोर है यहाँ। मुझे इस तरह की किताब की जगह इसलिए भी नजर आती है कि मैं इसमें गांधी के साथ-साथ अपने को भी देखना चाह रहा हूँ।

गांधी के साथ-साथ, या उनके बहाने, अपने को देखना कम-से-कम दो स्तरों पर देखना है। एक नितान्त निजी 'मैं' और दूसरा 'मैं' जो किसी अस्थिर, नित बनते-बिगड़ते 'हम' का हिस्सा है। जिस हद तक, या जहाँ-जहाँ, किसी पाठक को मेरे देखने में अपना देखना दिखाई पड़ेगा, एक हम बनेगा।

इस किताब के तर्क से भी कोई हम बन सकता है।

यह किताब सालों से आती रही है मेरे अन्दर। तकरीबन दस साल पहले की बात है। मैं दिल्ली स्थित नेहरू स्मारक पुस्तकालय में बैठा पढ़ रहा था। उस समय मैं उन्नीसवीं सदी में ईसाई हो जाने वाले सवर्ण हिन्दुओं पर काम कर रहा था। उसी काम के सिलसिले में मुझे गांधी के किसी बयान का सन्दर्भ मिला। वह इतना रोचक लगा कि मैंने निश्चय किया कि वह बयान पूरा का पूरा पढ़ लूँ। सो तुरन्त मैंने उस पुस्तक को मँगाने के लिए पर्ची भर दी जिसमें गांधी का वह बयान था। पुस्तक का शीर्षक था **प्रार्थना-प्रवचन**। दो खंडों में प्रकाशित, 1 अप्रैल 1947 से 29 जनवरी 1948 तक हर रोज शाम की प्रार्थना-सभा में दिए गए गांधी के प्रवचनों का संग्रह।

स्वाभाविक था कि मैं सबसे पहले वह प्रवचन पढ़ूँ जिसमें धर्म-परिवर्तन से सम्बन्धित वह बयान था जिसकी वजह से मैंने यह पुस्तक निकलवाई थी। उस प्रवचन को पढ़ते समय मुझे लगा कि इस तरह की चीज पहले कभी नहीं पढ़ी है। शब्दों की ईमानदारी का ऐसा एहसास पहली बार हो

रहा था। मन और वचन, सोच और अभिव्यक्ति की अकल्पनीय तादृश्यता थी यहाँ। बाद में एक अन्य प्रवचन में देखा कि गांधी ने कहा : "मैं एक-एक शब्द ईश्वर से डरकर मुंह से निकालता हूं।"

मुश्किल हो गया उस प्रवचन को पढ़कर वापस धर्मान्तरण सम्बन्धी उस किताब पर जाना जिसमें **प्रार्थना-प्रवचन** का हवाला था। मैं शुरू से पहला खंड पढ़ने लगा। जैसे-जैसे पढ़ता, गांधी के व्यक्तित्व, विचारों और इतिहास में उनके योगदान की मान्य धारणाएँ सन्दिग्ध-सी लगने लगतीं। प्यारेलाल ने अपनी मार्मिक पुस्तक, **महात्मा गांधी : द लास्ट फेज**, में गांधी की हत्या के सिर्फ नौ साल बाद सवाल उठाया था : "कहाँ हैं गांधी आज के भारत में?" **प्रार्थना-प्रवचन** पढ़ते-पढ़ते मुझे लगा कि प्यारेलाल का सवाल इस बीच काफी बढ़ गया है। अब, शायद, सवाल है : "कहाँ हो सकते हैं गांधी आज के जमाने में?"

दुनिया भर में जगह-जगह गांधी की जरूरत इस जमाने के लिए महसूस की जा रही है। जो तबाही, अशान्ति और असुरक्षा चल रही है, आज सारे जगत में, उसमें स्वाभाविक है कि गांधी की याद आए लोगों को। पर केवल उस याद से, जरूरत के उस एहसास से, नहीं बन जाती गांधी की जगह। जगह बनेगी गहराई में जाकर सोचने से, सोचने के उस तौर को बदलने से जो 'सम्भव' को, 'व्यावहारिक' को, संकुचित वर्तमान की गिरफ्त से मुक्त कर ही नहीं पाता। ऐसी मजबूत है–रही है–यह गिरफ्त कि आने वाले कल के लिए कुछ बिलकुल नए की कल्पना करना तो दूर, वह उस सम्भावना को भी भुला देती है जो बीते कल तक यथार्थ थी।

गांधी को ही लें। 1915 में दक्षिण अफरीका छोड़कर जब वह हिन्दुस्तान वापस आए तो उनके राजनैतिक गुरु, गोपाल कृष्ण गोखले, ने उनको राय दी कि एक साल देश में घूम कर वह स्थिति को नजदीक से देखें। गोखले मानते थे कि गांधी की दक्षिण अफरीका वाली अनोखी राजनीति हिन्दुस्तान में नहीं चलेगी। उन्हें विश्वास था कि यह बात देश-भ्रमण के दौरान गांधी की भी समझ में आ जाएगी।

गोखले अकेले नहीं थे ऐसा सोचने में। देश के बड़े-बड़े राजनैतिक नेताओं समेत ज्यादातर लोगों को यकीन था कि गांधी का सत्याग्रह यहाँ नहीं चलेगा। कुछ लोगों ने तो खिल्ली उड़ाते हुए कहा कि हिन्दुस्तान दक्षिण

अफरीका नहीं है। ये सारे लोग वे थे जो गांधी के दक्षिण अफरीका में किए गए काम को अभूतपूर्व मानते थे और प्रशंसक थे उनके। पर हिन्दुस्तान में क्या सम्भव था, इसकी उन लोगों की समझ उस अभूतपूर्व काम की प्रदर्शित या निहित सम्भावनाओं से नहीं, उनके भारतीय जन-जीवन और राष्ट्रीय राजनीति के अपने अनुभव की वास्तविकता में बँधी हुई थी।

दो साल में यह सार्वजनिक अविश्वास छँटने लगा, और चार साल में गांधी असहयोग आन्दोलन (1920-22) जैसा देशव्यापी सत्याग्रह शुरू करने में सफल हो गए।

सम्भव और व्यावहारिक की सार्वजनिक समझ देखते-देखते बदल गई।

यह गांधी की सफलता थी। उस सफलता पर बहुत लिखा गया है। तरह-तरह से उसका विश्लेषण हुआ है।

सम्भव और व्यावहारिक की सार्वजनिक समझ में एक और बदलाव भी आया। वैसे ही देखते-देखते। गांधी के जीते जी ही। उनके आखिरी सालों में। इस बार उलटी दिशा में।

एक बार फिर 1915-16 जैसा अविश्वास फैल गया गांधी की अहिंसा की राजनीति को लेकर। 1915-16 जैसा, पर बिलकुल वही नहीं। गांधी जुट गए अपने आखिरी वक्त में इस गहराते अविश्वास को दूर करने में। निपट अकेले। उत्तरोत्तर निस्सहाय। बार-बार वही बातें कहते और महसूस करते कि उनका बोलना नक्कारखाने में तूती की तरह है। बोलने से बात न बनते देख आमरण उपवास करते। हताश। पर हटने को तैयार नहीं अपने कर्म-क्षेत्र से।

यह गांधी की विफलता थी। थी क्या यह गांधी की विफलता?

गांधी की 'सफलता' और 'विफलता' के सन्दर्भ में, बगैर उनके नेतृत्व और वैयक्तिक असाधारणता को नकारे, यह याद रखना होगा कि अगर या जब गांधी सफल हुए तो वह उन लोगों की भी सफलता थी जो गांधी के पीछे हो लिये। उसी तर्क से अगर या जब गांधी विफल हुए तो इसलिए कि लोगों ने उनका साथ नहीं दिया।

इस कारण भी हमें अपने को देखना होगा गांधी के साथ-साथ। मृत्योपरान्त गांधी की सफलता और विफलता, निस्बतन उनके जीवन काल के, कहीं ज्यादा लोगों पर—हम पर—मुनहसर है।

II

गांधी के 'अन्त' को समझने की कोशिश करती है यह किताब। अन्त का एक सीधा-सादा अर्थ है, दुनिया से चले जाना। कम हो जाना जनसंख्या के हिसाब से। उस सीधे-सादे अर्थ में यह किताब देखना चाहती है कि किन परिस्थितियों में आया गांधी का पार्थिव अन्त। कैसी मनःस्थिति में हुआ उनका अपनी कर्म-भूमि से प्रस्थान?

पर उस प्रस्थान से तो अन्त हो नहीं गया गांधी का। किसी का अन्त नहीं होता पार्थिव प्रस्थान से। कोई कम कोई ज्यादा, सभी जीते रहते हैं अपनी मौत के बाद। गांधी ने तो न सिर्फ जीते रहने, मौत के बाद, बल्कि विकसित होते रहने की भी बात की थी। चौंसठ साल के थे जब उन्होंने **हरिजन** में लिखा था : "उमर से बूढ़ा होने पर भी मुझे नहीं लगता कि मेरा आन्तरिक विकास रुक गया है या काया के विसर्जन के बाद रुक जाएगा।" इसी बात को एक दूसरी तरह वह बार-बार कहा करते थे। कहते थे कि उनके चले जाने के बाद भी भविष्य की बदलती परिस्थितियों में उनके किए और कहे के नए-नए अर्थ उद्घाटित होंगे।

यह किताब सीधे-सीधे उस अन्त—कह लें गांधी के आखिरी दो-सवा दो साल—के बारे में तो है ही जब उन्हें अपने तीस साल के किए-धरे पर पानी फिरता नजर आने लगा। एक त्रासद अन्त जब वह रोज-ब-रोज अपने दुःख की गाथा सुनाने लगे सरेआम। जानते हुए कि उनके दुःख की गाथा सारे देश की गाथा है। 27 नवम्बर 1947 के प्रार्थना-प्रवचन के अन्त में, मानो अपनी गहराती व्यथा को निचोड़ रहे हों, उन्होंने कहा : "जो इनसान है और समझदार है वह इस तरह के वातावरण में साबूत रह नहीं सकता। यह मेरी दुःख की कथा है या कहो सारे हिन्दुस्तान के दुःख की कथा है, जो मैंने आपके सामने रखी है।"

गांधी की 125 साल तक जीने और सेवा करने की इच्छा सर्वविदित है। जो सर्वविदित नहीं है वह है अन्त में गांधी का इस इच्छा को तज देना। मृत्यु की कामना करने लगे थे वो अन्त में। स्वतन्त्र भारत अपने राष्ट्रपिता को महज साढ़े पाँच महीने—169 दिन—सुरक्षित रख पाया। संयोग से उस दौरान उनकी एक वर्षगाँठ भी पड़ी। 2 अक्टूबर 1947। उस दिन उन्होंने कहा :

> आज तो मेरी जन्मतिथि है।...मेरे लिए तो आज यह मातम मनाने का दिन है। मैं आज तक जिन्दा पड़ा हूं। इस पर मुझको खुद आश्चर्य होता है, शर्म लगती है, मैं वही शख्स हूं कि जिसकी जबान से एक चीज निकलती थी कि ऐसा करो तो करोड़ों उसको मानते थे। पर आज तो मेरी कोई सुनता ही नहीं है। मैं कहूं कि तुम ऐसा करो, 'नहीं, ऐसा नहीं करेंगे' ऐसा कहते हैं।...ऐसी हालत में हिन्दुस्तान में मेरे लिए जगह कहां है और मैं उसमें जिन्दा रहकर क्या करूंगा? आज मेरे से 125 वर्ष की बात छूट गई है। 100 वर्ष की भी छूट गई है और 90 वर्ष की भी। आज में 79 वर्ष में तो पहुंच जाता हूं, लेकिन वह भी मुझको चुभता है।

हताश गांधी ईश्वर से प्रार्थना करने लगे कि उठा ले उनको। एक दिन तो प्रार्थना-सभा में आए लोगों से ही कह बैठे कि वे भी उनकी—गांधी की—इस प्रार्थना में शामिल हों।

गांधी के ऐसे अन्त—ऐसे अप्रत्याशित हश्र—को देखने की कोशिश करती है यह पुस्तक। मुश्किल है कि इस अन्त को देखते समय इसके व्यापक अर्थ का विचार मन में न आए। वह अर्थ जो पैदा करता है सवाल कि क्या कोई ठौर बची है गांधी के लिए हमारे वक्त में। कहीं गांधी के ऐतिहासिक अन्त की भी शुरुआत तो नहीं है वह दूसरा अन्त? यह जानते हुए भी कि अनागत के बारे में कुछ भी विश्वास के साथ नहीं कहा जा सकता—और चाहते हुए कि यहाँ व्यक्त निराशा भविष्य झुठला दे—यह किताब उस दूसरे अन्त के बारे में भी अटकल लगाती है जगह-जगह।

जब मैंने इस अध्ययन को शुरू किया था तो मेरे दिमाग में सामूहिक अहिंसक संघर्ष की सीमा का सवाल उठा था। जैसे-जैसे यह काम आगे बढ़ा है, और अब लेखन भी शुरू हो गया है, मुझे अहिंसा की सम्भावना को लेकर ही सन्देह होने लगा है।

यह सन्देह न होता अगर गांधी का अन्त भारतीय राष्ट्रीय आन्दोलन को एक नए परिप्रेक्ष्य से देखने के लिए विवश न कर देता मुझे। इसके बावजूद कि गांधी खुद, अपनी असफलता के घोर एहसास की पीड़ा के बीच भी, अन्त तक अहिंसा में अपनी आस्था बनाए रहे। 'दिवालिया', उनका कहना था अन्त में, वह हुए थे न कि अहिंसा का सिद्धान्त।

III

मैं पेशे से इतिहासकार हूँ। प्रशिक्षित हुआ हूँ सन्देह करने में। साधना की है सन्देह से चलकर सच्चाई तक पहुँचने की। क्या कहा जा रहा है, जरूरी होता है पता करना। पर किसने, कब और क्यों कहा जो कहा, यह जाने बगैर केवल कहा हुआ—या किया हुआ—जानने भर से कोई खास काम नहीं बनता। अनकहे और अनकिए को भी, महत्त्वपूर्ण अनुपस्थिति के रूप में, हम ले आते हैं अपने काम में। मनोविश्लेषण के सामान्य साधनों के अभाव में भी हम चेतना को समझने के लिए जहाँ भी सम्भव हो अचेतन और अवचेतन को ले आते हैं।

पर बाद के गांधी को जितना समझा है, मैं उनके उस वक्त के कहे और किए को सन्देह की नजर से नहीं देख पाता। इसका तात्पर्य यह नहीं कि उनके प्रति मैं आलोचनात्मक रुख नहीं अपना सकता। आगे के पृष्ठों में, विशेष रूप से उनके जीवन के दो अन्तिम उपवासों की चर्चा के दौरान, काफी कुछ आलोचनात्मक होगा। पर पुस्तक की प्रेरक भावना गांधी के प्रति श्रद्धा की है।

हो सकता है कि भावुकता से ग्रसित भी लगे कुछ पाठकों को यह। पता नहीं कितने लोगों के मन में इस तरह के सवाल आते हैं और आकर द्रवित करते हैं उनको, पर मैं अक्सर सोचता हूँ कि क्या था गांधी में कि 32 साल के अनथक संघर्ष के बाद जब आजादी आई तो अपने बिगड़े स्वास्थ्य और सफर की कठिनाइयों को अनदेखा कर, उन्होंने नोआखाली की राह पकड़ ली। अपने गन्तव्य तक पहुँच भी नहीं पाए और धधकते कलकत्ता में रोक लिये गए उस महानगर में शान्ति स्थापित करने के लिए। जब कहना-सुनना काम न आया तो अपना जीवन ही दाँव पर लगा दिया। 'करो या मरो' के अपने सिद्धान्त का पालन करते हुए।

अचरज करना ऐसा होने पर और नतमस्तक होना ऐसा करने वाले पर अगर भावुकता है तो अचरज होना चाहिए उस तार्किकता पर—या जो भी संज्ञा बनती हो उस गुण की—जो ऐसी असाधारणता को न देख पा कुछ और ही समझ लेती है उसे।

हाँ, अगर यह भावुकता जीवन को दाँव पर लगा देने वाले उस कृत्य—

आमरण अनशन–से विभोर हो उसके वस्तुपरक मूल्यांकन में आड़े आए, अनशनकारी के महत् उद्‌देश्य के अलावा और कुछ देख ही न पाए, तो गड़बड़ है।

गांधी के प्रति अनालोचनात्मक श्रद्धा उनके सत्य के प्रति अटल आग्रह की अवमानना है। एक रोचक प्रसंग है गांधी का अपना, उनको याद करने की एक बुनियादी शर्त के बारे में। एक विदेशी महिला पत्रकार सेवाग्राम में ठहरी हुई थी। शाम का वक्त था। अँधेरा छाने लगा था। वह अपने कमरे को जा रही थी। देर होती देख उसने सोचा कि क्यों न बीच में गांधी की 'कुटिया' से निकलकर 'शॉर्टकट' ले ले। पर जैसे ही उसने कुटिया में कदम रखा उसे लगा कि गांधी सो गए हैं। उनकी नींद न टूटे सो वह पंजों के बल दबे पाँव चलने लगी। गांधी जगे हुए थे। महिला को इस तरह चलते देखा तो पूछा कि क्या बात है। महिला के समझाने पर कि क्यों वह दबे पाँव चल रही थी, गांधी ने अपने खास चुलबुले अन्दाज में कहा कि यह तो ठीक था, पर कभी भी उनको दबे पाँव याद न करे। (गांधी ने अंग्रेजी में कहा था : "नेवर टिपटो टू माइ मैमॅरी।")

बरसों पहले पढ़ा था यह प्रसंग। उस समय गांधी पर अलग से लिखने का कोई इरादा नहीं था। इस बीच उस पुस्तक और महिला दोनों का नाम भूल गया। नहीं तो नाम से अपनी कृतज्ञता ज्ञापित करता यहाँ उनके प्रति। गांधी के ईश्वर से डरकर एक-एक शब्द मुँह से निकालने की तरह, मन के कोने में कहीं यह प्रसंग अवश्य रहता है गांधी को याद करते वक्त।

एक अन्तिम बात गांधी के अन्त का विवरण शुरू करने से पहले। गांधी के साथ अपने बनते-बिगड़ते सम्बन्धों की बात। न केवल इसलिए कि गांधी का सामना करना अपना सामना करना भी है; इसलिए भी कि पाठक को उस मानस का आभास हो जाए जिसके लिए यह किताब लिखना जरूरी हो गया है।

देश की आजादी के समय शैशव में रही पीढ़ी के ज्यादातर लोगों की ही भाँति गांधी के साथ मेरा सम्बन्ध मेरी यादों से पुराना है। जो पहली याद है इसकी–धुँधली से थोड़ी ज्यादा–वह मैनपुरी के अपने बड़े-से घर में एक शाम की है। किसी ने आकर कहा कि गांधीजी नहीं रहे। मैं सुनते ही रोने लगा। उस शाम घर में खाना नहीं बना। सब बगैर खाए–भूखे कहना गलत

होगा—सोने चले गए। जब भी सोए हों। कड़ाके का जाड़ा था। मैं लिहाफ सर तक ओढ़कर लेट गया। देर तक सुबकता रहा अन्दर पड़ा-पड़ा।

छोटा ही था जब मुहम्मद रफी का लम्बा और भाव-विह्वल कर देने वाला "सुनो-सुनो ए दुनिया वालो बापू की ये अमर कहानी" आया। ग्रामोफोन में बार-बार हवा भरना हैंडिल घुमाकर, सुई बदलना और रिकॉर्ड पलटना, कुछ भी मेरे बूते का नहीं था। मेरे एक चाचा बड़े प्यार से सब कुछ करते और आए दिन मुझे बापू की अमर कहानी सुनवाते। मुझे आज भी उसकी कुछ पंक्तियाँ—"बचपन खेल-कूद में बीता, लन्दन जाकर शिक्षा पाई। अफरीका में बैरिस्टर बन अपनी धाक जमाई।"—और उसकी तर्ज याद है। सबसे ज्यादा याद है उसका अन्त, जब 30 जनवरी आती है, मुहम्मद रफी की आवाज भर्राने लगती है, और गाने की तर्ज शोकाकुल हो जाती है।

घुट्टी में मिली गांधी—आसक्ति स्कूल के अन्त तक चली। इंटरमीडिएट में था, उमर थी 15-16 साल जब फिल्म 'जागृति' आई और मैं "दे दी हमें आजादी बिना खड्ग बिना ढाल, साबरमती के सन्त तूने कर दिया कमाल" वाला गाना सुनते-सुनते रो पड़ा।

फिर कॉलेज और यूनिवर्सिटी के दिनों में गांधी के प्रति वितृष्णा-सी आने लगी मन में। नए बौद्धिक प्रभावों ने किया होगा ऐसा। किसी सोची-समझी प्रतिक्रिया का अंग रहा हो यह, याद नहीं पड़ता।

तो न गांधी के प्रति प्रारम्भिक खिंचाव और न ही उसके बाद का अलगाव मेरे अपने किए हुआ।

असल में गांधी से पहली बार बौद्धिक सामना हुआ जब मैं आधुनिक भारतीय इतिहास में शोध और अध्ययन करने लगा। धीरे-धीरे गांधी के महत्त्व और उसी के साथ उनकी महानता का शिक्षित बोध होने लगा। मजबूर करने लगे वह मुझे अपने पढ़े-समझे पर नए सिरे से सोचने के लिए। लम्बी रही है यह प्रक्रिया। अभी चल रही है। उसी का परिणाम है यह पुस्तक। उस प्रक्रिया की वर्तमान स्थिति का परिणाम।

अध्याय-2

गांधी का स्वराज

मैं तो कहूंगा कि सात लाख गांव हैं तो सात लाख हकूमतें बनीं ऐसा मानो...।

गांधी, 14 जनवरी 1948

आजादी के साढ़े चार महीने पहले 1 अप्रैल 1947 की प्रार्थना-सभा में गांधी ने कहा : "पर होना क्या है! मेरे कहने के मुताबिक तो कुछ होगा नहीं। होगा वही जो कांग्रेस करेगी। मेरी आज चलती कहां है? मेरी चलती तो पंजाब न हुआ होता, न बिहार होता, न नोआखाली। आज मेरी कोई मानता नहीं। मैं बहुत छोटा आदमी हूं। हां, एक दिन मैं हिन्दुस्तान में बड़ा आदमी था। तब सब मेरी मानते थे। आज तो न कांग्रेस मेरी मानती है, न हिन्दू और न मुसलमान।...मेरा तो अरण्य-रोदन चल रहा है। आज सब मुझे छोड़ सकते हैं। ईश्वर मुझे नहीं छोड़ेगा।"

यह पहली बार नहीं था कि कांग्रेस गांधी की नहीं सुन रही थी। सदा ही कांग्रेस के संग उनका रिश्ता आवाजाही का रहा था। तीसेक साल के दौरान वह जितना कांग्रेस में रहे थे उतना ही बाहर भी रहे थे। बार-बार बौखलाई और झीखी थी कांग्रेस उनसे। जो पहला बड़ा आन्दोलन उनकी अगुवाई में हुआ था—असहयोग आन्दोलन—उसकी समाप्ति ही हुई थी उनके साथ तीखे मोहभंग से। चौरी-चौरा में हुई आन्दोलनकारियों की भयानक हिंसा के बाद अपनी 'हिमालयी भूल' को मान जब गांधी ने आन्दोलन रद्द कर दिया था तो उनकी जबर्दस्त आलोचना हुई थी। असहयोग के तहत काउंसिलों का जोर-शोर से बहिष्कार करने वाली कांग्रेस, स्वराज पार्टी के

बहाने गांधी से अलग हो कांउसिल में वापस पहुँच गई थी।

1922 में इस तरह शुरू हुआ सिलसिला आखिर तक चलता रहा। गांधी कांग्रेस के अन्दर-बाहर होते रहे।

मगर 1947 में जिस न सुने जाने की, इतने दर्द से, गांधी ने बात की वह पहले के छठे-छमाहे न सुने जाने से अलग था। सारी झीख और बौखलाहट के बावजूद पहले आपसी समझ होती थी दोनों पक्षों में अलग होने के मामले में। तब गांधी निकलते थे, निकाले नहीं जाते थे। इस बार उनको निकाला जा रहा था, निकाले बगैर। (वैसे औपचारिक रूप से गांधी उस समय सदस्य भी नहीं थे कांग्रेस के।) बस चुपचाप उनको अनसुना कर दरकिनार किया जा रहा था।

गांधी की दरकिनारगी को समझने में उनके ही घोषित वारिस, जवाहरलाल नेहरू, के दो उद्धरण काफी सहायक हो सकते हैं। पहला उद्धरण 1942 में लन्दन से प्रकाशित नेहरू की आत्मकथा के पृष्ठ 73 से है। प्रशंसनीय ईमानदारी से कहते हैं वह :

> जहाँ तक गांधीजी का सवाल है, उनको समझ पाना बड़ा दुष्कर था; कभी-कभी उनकी भाषा एक औसत आधुनिक के लिए लगभग अबोध्य हो जाती थी। फिर भी हमें लगता था कि हम उनको इतनी अच्छी तरह तो जानते ही हैं कि समझ सकें कि वह एक महान् और अनूठे आदमी और यशस्वी नेता है। हमने, कम-से-कम फिलहाल, उनको कोरा चेक दे दिया था। हम आपस में अक्सर उनकी खब्तों और विचित्रताओं की चर्चा करते थे, और थोड़ा हँसते हुए कहते थे कि स्वराज के बाद इन खब्तों को बढ़ावा नहीं मिलना चाहिए।

दूसरा उद्धरण अगले ही साल की नेहरू की 'जेल डायरी' से है। 26 जनवरी को, 'स्वतन्त्रता दिवस' शीर्षक देकर, वो डायरी में लिखते हैं :

> मैंने बापू को याद किया कैसे पारदर्शक और फिर भी रहस्यमय।...हर चीज के बावजूद, और चाहे जो हो भविष्य में, कितने बड़े आदमी हैं वो। उनके साथ काम करना एक दुर्लभ उपलब्धि रहा है।

भविष्य हावी है यहाँ। स्वराज-प्राप्ति का भविष्य जो अब–1942-43 में–दूर नहीं लगता। इस भविष्य को पाने के लिए हुए, हो रहे, संघर्ष में गांधी

की एक उपस्थिति थी। न केवल अपनी खब्तों और विचित्रताओं के बावजूद, बल्कि उनके कारण भी। जहाँ औसत आधुनिक की तार्किक समझ रुक जाती थी, वहाँ से सनकी गांधी की रहस्यमयी समझ शुरू होती थी। नेहरू की ही बात करें तो बार-बार उन्होंने कहा कि गांधी के कुछ निर्णय बिलकुल ही समझ के परे होते थे। पर बाद में समझ में आता था कि गांधी ही सही हैं।

स्वतन्त्रता आन्दोलन के दौरान गांधी के चमत्कारी नेतृत्व का लोहा मानने के बावजूद नेहरू और उनके सहयोगियों का विश्वास था कि स्वराज के बाद की जरूरतें–स्वतन्त्र राष्ट्र की राजनैतिक-प्रशासनिक जरूरतें–दूसरी ही होने जा रही थीं। उन जरूरतों के लिए गांधी से भिन्न नेतृत्व की दरकार होनी थी। उन लोगों के हिसाब से यह दूसरा नेतृत्व किस तरह का होना था इसका अन्दाज नेहरू की ही जेल डायरी से लग जाता है। बापू के साथ होने वाली परेशानियों का पूर्वाभास नोट करने के बीस दिन बाद, 17 फरवरी 1943 को, नेहरू ने उसी डायरी में लिखा : "हम राजनीतिज्ञ हैं क्या? शायद हाँ। पर उतने लचीले और अवसरवादी नहीं जितना सफल होने के लिए अभीष्ट है। असल राजनीतिज्ञ तो जिन्ना है, या वायसरॉय की काउंसिल के माननीय सदस्य।"

स्वराज के आते ही वायसरॉय की काउंसिल की जगह केन्द्रीय मन्त्रिमंडल लेने वाला था और उसके माननीय सदस्यों की जगह कांग्रेसी मन्त्री आने वाले थे। उनके मुखालिफ रहने वाले थे जिन्ना। जिन्ना से निपटने और सफलतापूर्वक देश को चलाने के लिए उन्हें, गांधी से भिन्न, प्रभावशाली राजनीतिज्ञ बनना था। गांधी को तज, जिनसे लड़ाई चल रही थी, उन्हीं का अनुकरण करना था।

जो डर था स्वराज के बाद होगा वह स्वराज से पहले ही होने लगा। अक्टूबर 1945 की बात है। दूसरा विश्व युद्ध समाप्त हो गया था और विदेशी शासन का अन्त निश्चित था। गांधी को लगा कि यह सही वक्त है तय करने का कि स्वतन्त्र भारत की रचना का स्वरूप, उसके बुनियादी सिद्धान्त क्या होंगे। इस सम्बन्ध में उनके अपने विचार बहुत ही स्पष्ट थे। सालों से वह इस विषय पर सोचते रहे थे। स्वराज की उनकी एक विशिष्ट परिकल्पना थी। विदेशी शासन का अन्त उनके लिए स्वराज नहीं था।

1909 में अपना बीज-पाठ, **हिन्द स्वराज,** लिखने से पहले ही, कम-से-कम 1894 से–जब वह केवल 25 साल के थे और दक्षिण अफरीका पहुंच चुके थे–उनको विश्वास होने लगा था कि आधुनिक औद्योगिक सभ्यता मानव जाति के लिए एक अनिवार्यतः विनाशकारी अभिशाप है। जैसे-जैसे यह विश्वास समय और अनुभव के साथ गहराने और परिष्कृत होने लगा, गांधी के मन में यह धारणा भी दृढ़ होने लगी कि स्वतन्त्र भारत को आधुनिक सभ्यता के दुश्चक्र से निकालकर अपने आपको और बाकी जगत को भी उस निश्चित विनाश से बचाना चाहिए।

चूँकि नेहरू गांधी के राजनैतिक वारिस थे, और उनकी बौद्धिक प्रक्रिया भिन्न थी, गांधी ने काफी सोच-विचार के बाद तय किया कि भावी भारत का मसला नेहरू के साथ और उसके बाद जरूरी हो तो कांग्रेस की कार्यकारिणी समिति में तय कर लिया जाए। 5 अक्टूबर को उन्होंने इस बाबत एक खासा लम्बा खत नेहरू को भेजा।

बड़े ऐतिहासिक महत्त्व का है यह खत। गांधी का अन्तिम, और पराजित, टेस्टामेंट। **हिन्द स्वराज** से भी अधिक महत्त्वपूर्ण। दर्शाता हुआ कि गांधी के लिए अपने बीज-पाठ की इबारत का महत्त्व नहीं था। महत्त्व था उसमें कही बात का। और बात का अर्थ शब्दों में जम नहीं जाता। समय के साथ विकसित होता रहता है वह। सच यह है कि बहुतों को परेशानी होगी मानने में कि 5 अक्टूबर वाले खत में गांधी **हिन्द स्वराज** का अर्थ-विस्तार कर रहे हैं, उससे हट नहीं रहे। तो इस दृष्टि से भी यह खत महत्त्वपूर्ण है कि यह दिखाता है कि गांधी सतत पुनर्पाठ करते रहते हैं। खुले दिमाग से ऐसा पुनर्पाठ जो बदलते सन्दर्भ के प्रति अतिरिक्त संवेदनशील है।

अच्छा होगा अगर बगैर लेखकीय मध्यस्थता के गांधी का पत्र एक साथ लगभग पूरा का पूरा दे दिया जाए। मय वर्तनी, लिंग, वचन और शब्द-चयन की उन विशिष्टताओं और 'त्रुटियों' के जो गांधी की हिन्दी को जीवन्त बना देती हैं। मय उस गलती के भी जिसमें गांधी **हिन्द स्वराज** को 1908 में लिखा हुआ बताते हैं। पूरा पत्र गौर से खुद पढ़ कर पाठक अंदाज भी लगा सकेंगे कि हम लोग कितना साथ-साथ हैं और कितना अलग-अलग गांधी को पढ़ने में। तो पत्र इस तरह है :

चि. जवाहरलाल,

तुमको लिखने का तो कई दिनों से इरादा किया था, लेकिन आज ही उसका अमल कर सकता हूं। अंग्रेजी में लिखूं या हिन्दुस्तानी में यह भी मेरे सामने सवाल रहा था। आखिर में मैंने हिन्दुस्तानी में ही लिखने को पसन्द किया।

पहले बात तो हमारे बीच में जो बड़ा मतभेद हुआ है उसकी। अगर वह भेद सचमुच है तो लोगों को भी जानना चाहिए। क्योंकि उनको अंधेरे में रखने से हमारा स्वराज का काम रुकता है। मैंने कहा है कि 'हिन्द स्वराज' में मैंने लिखा है उस राज्य पद्धति पर मैं बिलकुल कायम हूं। यह सिर्फ कहने की बात नहीं है लेकिन जो चीज मैंने 1908 साल में लिखी है उसी चीज का सत्य मैंने अनुभव से आजतक पाया है। आखिर में मैं एक ही उसे मानने वाला रह जाऊं उसका मुझको जरा-सा भी दुःख न होगा। क्योंकि मैं जैसे सत्य पाता हूं उसका मैं साक्षी बन सकता हूं। 'हिन्द स्वराज' मेरे सामने नहीं है। अच्छा है कि मैं उसी चित्र को आज अपनी भाषा में खेंचुं। पीछे वह चित्र 1908 जैसा ही है या नहीं उसकी मुझे दरकार न रहेगी, न तुम्हें रहनी चाहिए। आखिर में तो मैंने पहले क्या कहा था कि उसे सिद्ध करना नहीं है; आज मैं क्या कहता हूं वही जानना आवश्यक है। मैं यह मानता हूं कि अगर हिन्दुस्तान को सच्ची आजादी पानी है और हिन्दुस्तान के मारफत दुनिया को भी, तब आज नहीं तो कल देहातों में ही रहना होगा–झोपड़ियों में, महलों में नहीं। कई अबज आदमी शहरों में और महलों में सुख से और शान्ति से कभी नहीं रह सकते, न एक-दूसरे का खून करके, मायने हिंसा से, न झूठ से–यानी असत्य से। सिवाय इस जोड़ी के (यानी सत्य और अहिंसा) मनुष्य जाति का नाश ही है उसमें जरा-सा भी शक नहीं है। उस सत्य और अहिंसा का दर्शन हम देहातों की सादगी में ही कर सकते हैं। यह सादगी चर्खा में और चर्खा में जो चीज भरी है उसी पर निर्भर है। मुझे कोई डर नहीं है कि दुनिया उलटी ओर जा रही दिखती है। यों तो पतंगा जब अपने नाश की ओर जाता है तब सबसे ज्यादा चक्कर खाता है और चक्कर खाते-खाते जल जाता है। हो सकता है कि हिन्दुस्तान इस पतंगे के चक्कर में से न बच सके। मेरा फर्ज है कि आखिर दम तक उसमें से उसे और उसके मारफत जगत को बचाने की कोशिश करूं। मेरे कहने का निचोड़ यह है कि मनुष्य जीवन के लिए जितनी जरूरत की चीज है उस पर निजी काबू होना चाहिए–अगर न रहे तो व्यक्ति

बच ही नहीं सकता है। आखिर तो जगत व्यक्तियों का ही बना है। बिन्दु नहीं है तो समुद्र नहीं है। यह तो मैंने मोटी बात ही कही कोई नई बात नहीं की।

लेकिन 'हिन्द स्वराज' में भी मैंने यह बात नहीं की है। आधुनिक शास्त्र की कदर करते हुए पुरानी बात को मैं आधुनिक शास्त्र की निगाह से देखता हूं तो पुरानी बात इस नए लिबाश में मुझे बहुत मीठी लगती है। अगर ऐसा समझोगे कि मैं आज के देहातों की बात करता हूं तो मेरी बात नहीं समझोगे। मेरा देहात आज मेरी कल्पना में ही है। आखिर में तो हर एक मनुष्य अपनी कल्पना की दुनिया में ही रहता है। इस काल्पनिक देहात में देहाती जड़ नहीं होगा–शुद्ध चैतन्य होगा। वह गंदगी में, अंधेरे में जानवर की तरह की जिन्दगी बसर नहीं करेगा। मर्द और औरत दोनों आजादी से रहेंगे और सारे जगत के साथ मुकाबला करने को तैयार रहेंगे। वहां न हैजा होगा, न मरकी होगी, न चेचक होंगे। कोई आलस्य में नहीं रह सकता है, न कोई ऐश-आराम में रहेगा। सबको शारीरिक मेहनत करनी होगी। इतनी चीज होते हुए भी मैं ऐसी बहुत-सी चीज का खयाल करा सकता हूं जो बड़े पैमाने पर बनेगी। शायद रेलवे भी होगी, डाक-घर, तार-घर भी होंगे। क्या होगा, क्या नहीं उसका मुझे नहीं पता। न मुझको उसकी फिकर है। असली बात को मैं कायम कर सकूं तो आने की और रहने की खूबी रहेगी और उसकी बात छोड़ दूं तो सब छोड़ देता हूं।

उस रोज जब हम आखिर के दिन वर्किंग कमेटी में बैठे थे तो ऐसा कुछ फैसला हुआ था कि इसी चीज को साफ करने के लिए वर्किंग कमेटी 2-3 दिन के लिए बैठेगी। बैठेगी तो मुझको अच्छा लगेगा, लेकिन न बैठे तब भी मैं चाहता हूं कि हम दोनों एक-दूसरे को अच्छी तरह समझ लें। उसके दो सबब हैं। हमारा सम्बन्ध सिर्फ राजकारण का नहीं है। वह सम्बन्ध टूट भी नहीं सकता। इसलिए मैं चाहता हूं कि हम एक-दूसरे को राजकरण में भी भली-भाँति समझें। दूसरा कारण यह है कि हम दोनों में से एक भी अपने को निकम्मा नहीं समझते हैं। हम दोनों हिन्दुस्तान की आजादी के लिए जिन्दा रहते हैं और उसी आजादी के लिए हम को मरना भी अच्छा लगेगा। हमें किसी की तारीफ की दरकार नहीं है। तारीफ हो या गालियाँ–एक ही चीज है। खिदमत में उसे कोई जगह ही नहीं है। अगरचे मैं 125 साल तक सेवा करते-करते जिन्दा रहने की इच्छा करता हूं तब भी मैं

> आखिर में बूढ़ा हूं और तुम मुकाबले में जवान हो। इसी कारण मैंने कहा है कि मेरे वारिस तुम हो। कम-से-कम उस वारिस को मैं समझ लूं और मैं क्या हूं वह भी वारिस समझ ले तो अच्छा ही है और मुझे चैन रहेगा।

यहाँ पर गांधी की कल्पना के हिन्दुस्तान और दुनिया की बात पूरी हो जाती है। इसके आगे कस्तूरबा स्मारक और हिन्दुस्तानी सभा का जिक्र करते हुए गांधी जानना चाहते हैं कि नेहरू इन कामों में क्या कोई मदद कर सकते हैं। फिर नेहरू और शरतचन्द्र बोस के बीच फूटी चिनगारियों की वजह से हुई अपनी तकलीफ का हवाला दे गांधी पूछते हैं कि इस झगड़े की जड़ क्या है।

पत्र समाप्त इस तरह होता है :

> इस सबके बारे में अगर हमें मिलना चाहिए तो हमें मिलने का वक्त निकालना चाहिए।
>
> तुम बहुत काम कर रहे हो, स्वास्थ्य अच्छा रहता होगा। इन्दु ठीक होगी।
>
> बापू के आशीर्वाद।

नेहरू ने गांधी के हिन्दी में लिखे गए पत्र का जवाब 9 अक्टूबर को अंग्रेजी में भेजा। उन्होंने बताया कि वह सिर्फ दो दिन के लिए अपने घर, इलाहाबाद, लौटे हैं और बहुत ज्यादा व्यस्त हैं। यह कहते हुए कि उन्हें खुशी है कि गांधी ने इतने विस्तार से सब बातें लिखी हैं, उन्होंने लिखा कि अपनी व्यस्तता की वजह से फिलहाल वह थोड़े में ही अपना जवाब भेज रहे हैं, पर बाद में विस्तृत पत्र लिखेंगे। अपने जवाब के शुरू में ही नेहरू ने यह मानते हुए कि उन्हें और गांधी को मिलकर बात करनी चाहिए, यह भी कह दिया कि उनके इतने ज्यादा कार्यक्रम पहले से ही तय हो चुके थे कि वह बता नहीं सकते थे कि गांधी से कब मिल पाएंगे। इस चेतावनी के साथ ही उन्होंने यह आश्वासन भी जोड़ दिया : "मैं कोशिश करूंगा।"

इस भूमिका के बाद असल मुद्दों पर अपनी प्रतिक्रिया देते हुए नेहरू ने शुरू किया :

> संक्षेप में, मेरी समझ से सवाल सत्य बनाम असत्य या अहिंसा बनाम

> हिंसा का नहीं है। हम मानते हैं, जैसे कि मानना चाहिए, कि सहयोग और शान्तिपूर्ण तरीकों की तरफ बढ़ना चाहिए और हमारा लक्ष्य ऐसा समाज होना चाहिए जो उन दोनों चीजों को बढ़ावा दे। सारा सवाल तो यह है कि ऐसा समाज हासिल कैसे किया जाए और इस समाज के तत्त्व क्या हों। मैं नहीं समझ पाता कि क्यों गांव अनिवार्यतः सत्य और अहिंसा की मूर्ति ही हो। गांव आमतौर पर बौद्धिक और सांस्कृतिक रूप से पिछड़ा होता है और पिछले वातावरण में प्रगति नहीं की जा सकती। संकीर्ण मानस वाले लोगों के झूठे और अहिंसक होने की सम्भावना ज्यादा है।

फिलहाल सत्य और अहिंसा की उस जोड़ी की बात छोड़ दें जिसके बिना गांधी को मनुष्य जाति का विनाश नजर आ रहा था। इसको समझने के लिए गहराई में उतरने की जरूरत थी, और नेहरू अपनी व्यस्तताओं के बावजूद थोड़ा समय निकालकर 'प्रिय बापू' को केवल तात्कालिक संक्षिप्त उत्तर दे रहे थे। वैसे भी उनको हमेशा से अहिंसा के तात्विक महिमा-मंडन से परेशानी होती रही थी। अपनी 'जेल डायरी' में इस चिट्ठी से ढाई साल पहले उन्होंने इस परेशानी को बड़े मार्मिक तरीके से दर्ज किया था : ''हिंसा-अहिंसा अकादमिक सवाल बन जाते हैं। बगैर जाने कि कैसे अजाब झेलने पड़ते हैं उन्हें, हम कौन होते हैं हिंसा करने वालों को दोष देने वाले?''

फिर भी, दुनिया की असलियत को मद्देनजर रख जिस सच्चे सहयोग और शान्तिपूर्ण तरीकों की बात नेहरू ने खुद उठाई गांधी के जवाब में, उसका जो तर्क बनता है वह अहिंसा पर गम्भीर विचार की माँग करता है, जबकि नेहरू उसको खारिज किए दे रहे हैं।

जो भी हो, इस मसले पर बहस की गुंजाइश है। पर देहात को लेकर नेहरू ने जिस तरह गांधी की बात को काटा उसे समझ पाना मुश्किल है। गांधी ने बहुत ही साफ-साफ शब्दों में नेहरू को चेताया था कि वह देश के वास्तविक गाँवों की नहीं अपनी कल्पना के गाँवों के आधार पर भावी भारत की बात कर रहे थे। गांधी को जवाब देते वक्त नेहरू सिरे से भूल गए इस चेतावनी को।

अपने पत्र में गांधी ने **हिन्द स्वराज** पर जिस तरह जोर दिया था उस पर आश्चर्य जताते हुए नेहरू ने लिखा :

> मैंने बहुत साल पहले हिन्द स्वराज पढ़ा था, और अब उसकी सिर्फ एक धुँधली तस्वीर मेरे दिमाग में है लेकिन जब मैंने इसे बीस साल पहले पढ़ा था तब भी यह पुस्तक मुझे बिलकुल अवास्तविक लगी थी। उसके बाद से आपके लेखन व भाषणों में मैंने बहुत कुछ ऐसा पाया है जो उस पुरानी स्थिति से आगे है और जिसमें आधुनिक प्रवृत्तियों का समालोचन है। इसलिए मुझे तो ताज्जुब हुआ जब आपने हमें बताया कि आपके दिमाग में अभी तक वही तस्वीर बरकरार है। जैसा कि आप जानते हैं, उसको अपनाना तो दूर कांग्रेस ने उस तस्वीर पर कभी विचार तक नहीं किया है। आपने भी, सिवाय इसके छोटे-मोटे हिस्सों के, कभी कांग्रेस से इस तस्वीर को अपनाने के लिए नहीं कहा। आप ही फैसला करें कि क्या कांग्रेस के लिए ऐसे बुनियादी सवालों पर विचार करना ठीक होगा जिनसे विभिन्न जीवन दर्शनों का सम्बन्ध है। मैं समझता हूँ कि कांग्रेस जैसी संस्था को ऐसे मसलों पर तर्क में नहीं खो जाना चाहिए जिनसे लोगों के दिमाग चकरा जाएँ और वे वर्तमान स्थिति में कार्यरत होने की सामर्थ्य खो बैठें। इससे देश में कांग्रेस और दूसरों के बीच दूरी पैदा हो सकती है। अवश्य ही यह और दूसरे प्रश्न अन्ततः स्वाधीन भारत के प्रतिनिधियों द्वारा तय किए जाएँगे।...हिन्द स्वराज को लिखे गए 38 साल हो गए हैं। शायद गलत दिशा में, पर तब से अब तक दुनिया पूरी तरह से बदल गई है।... आपका कहना सही है कि दुनिया, या उसका बड़ा हिस्सा, लगता है आत्मघात पर आमादा है। हो सकता है यह अनिवार्य परिणति हो उस कुत्सित बीज की जो सभ्यता के साथ बढ़ता रहा है। मुझे ऐसा ही लगता है। हमारी समस्या यह है कि अतीत और वर्तमान की अच्छाइयों को बनाए रखते हुए कैसे इस बुराई को खत्म करें। जाहिर है कि वर्तमान में भी अच्छाई है।

गांधी से असहमत होने और उनको गलत साबित करने के इसी अन्दाज में नेहरू ने यह भी लिखा :

> हमने खाना, कपड़ा, मकान, शिक्षा, सफाई इत्यादि में आत्मनिर्भरता जैसे लक्ष्य निर्धारित किए हैं, जो कि देश और हरेक व्यक्ति की न्यूनतम आवश्यकता होनी चाहिए। इन लक्ष्यों को ध्यान में रखते हुए हमें पता करना चाहिए कि किस तरह उन्हें तेजी से हासिल किया जाए। मुझे यह भी लगता है कि यातायात के आधुनिक साधनों और दूसरी आधुनिक सुविधाओं को अनिवार्य रूप से बनाए रखना और

> विकसित करना चाहिए। उनको अपनाए बगैर कोई रास्ता नहीं है। अगर ऐसा है तो कुछ मात्रा में भारी उद्योग रहेगा ही। उसका कहाँ तक एक विशुद्ध ग्रामीण समाज से मेल बैठेगा? मैं स्वयं आशा करता हूँ कि भारी या हलके उद्योगों का विकेन्द्रीकरण हो और बिजली की शक्ति के विकास से अब ऐसा हो भी सकता है। अगर देश में दो प्रकार की अर्थव्यवस्थाएँ रहीं तो या तो उनके बीच संघर्ष होगा या उनमें से एक दूसरी को खा जाएगी।

अपने-अपने बौद्धिक, भावनात्मक, राजनैतिक या दूसरे रुझानों के हिसाब से लोग अलग-अलग तरीके से नेहरू के जवाब को पढ़ेंगे। मैं कैसे देखता हूँ इसे?

गांधी ने ठीक ही कहा था अपनी चिट्ठी में कि न वह और न ही नेहरू अपने को निकम्मा मानते थे। दोनों ही देश की सेवा में लगे थे और अपने-अपने तरीके से देश की समस्याओं और उनके समाधान के बारे में लम्बे मनन के बाद कुछ बुनियादी विचारों पर आ टिके थे। उनके इस सोच में कितना साम्य था और कितना अन्तर, इसको लेकर ऐसा लगता है कि गांधी को काफी समानता दिखती थी और नेहरू को एक बड़ी फाँक। हालाँकि गांधी अपनी चिट्ठी की शुरुआत में ही मतभेद का जिक्र करते हैं लेकिन फिलहाल उनके लिए वह मतभेद सम्भावित या तथाकथित है। इसीलिए वह कहते हैं कि अगर वाकई उनके और नेहरू के बीच में मतभेद हैं तो लोगों को मालूम होना चाहिए। वैसे भी उनके पत्र का स्वर उम्मीद भरा है। वह 125 साल तक सेवा करने की बात नहीं भूलते हैं। लगता है कि वह अपने वारिस के साथ मिलकर नए भारत और जगत के बनाने का सपना देख रहे हैं यह पत्र लिखते समय।

नेहरू का जवाब बिलकुल विपरीत भावस्थिति दर्शाता है। वहाँ एक खीझ है और एक घबराहट भी। खीझ कि स्वराज अभी आया भी नहीं है, चारों ओर बड़ी-बड़ी समस्याएँ हैं–कैसे पेचीदा मसलों को हल करके स्वतन्त्रता की योजना बन पाएगी, मुस्लिम लीग क्या करेगी; देशी रियासतें क्या रुख अपनाएँगी, वगैरा-वगैरा–और गांधी खाँमखाँ ये बड़े-बड़े सवाल उठा बैठे। घबराहट यह कि गांधी के इस खब्त को वक्त रहते दबा न दिया तो मुसीबत हो सकती है। नेहरू के जवाब से जाहिर है कि जो जरूरी

शिष्टाचार है उसे निभाते हुए, वह गांधी की प्रस्तावित योजना को ध्वस्त करने पर आमादा हैं।

एक और चीज नेहरू के जवाब से जाहिर होती है। वह वास्तव में जो गांधी ने लिखा है अपने पत्र में उसका जवाब नहीं दे रहे। वह जवाब दे रहे हैं उसका जो, **हिन्द स्वराज** की अपनी याददाश्त के आधार पर, वह मानते हैं गांधी ने लिखा होगा। चूँकि गांधी ने कह दिया है अपने पत्र के प्रारम्भ में कि–भले ही पुस्तक उनके सामने न हो–वह जो कह रहे हैं **हिन्द स्वराज** वाली ही बातें हैं, नेहरू को इसमें वह दिखाई देने लगता है जो उन्होंने **हिन्द स्वराज** में देखा था और माना था कि वह आधुनिक युग के लिए हो नहीं सकता। गांधी के बीज-पाठ की तस्वीर भले ही इस बीच धुँधला गई हो, उसका खतरा स्पष्ट है और सिर पर सवार है।

नतीजा यह होता है कि कितने ही आश्वस्त क्यों न हों वह अपने पत्र के सटीक, तार्किक और प्रभावकारी होने को लेकर, दरअसल नेहरू गांधी की चिट्ठी का जवाब देते ही नहीं हैं। पहले ही हम देख चुके हैं कि गांवों की जो आलोचना उन्होंने की है वह पूरी तरह से सही है, किन्तु वह गांधी की बात को झुठलाती नहीं। वास्तविक देहात के पिछड़ेपन को छोड़ अगर वह, सही या गलत, स्थापित करते कि गांधी की कल्पना के गाँव का यथार्थ में हो पाना असम्भव है, कि गाँव, गाँव होने के कारण, पिछड़े ही रह सकते हैं, तो कोई तर्क बनता गांधी के विरुद्ध। पर ऐसा उन्होंने नहीं किया, और समझते रहे कि गांधी का सफल खंडन कर दिया है।

नेहरू के पत्र का सारा तर्क इसी तरह चलता है। अपने लक्ष्य से असम्बद्ध। कभी-कभी तो नेहरू वही कहते हैं जो गांधी कह रहे हैं, पर इस अन्दाज में मानो गांधी की आलोचना कर रहे हों। मसलन, वो गांधी से सहमत हैं कि दुनिया, या उसका बड़ा हिस्सा, अपने विनाश पर आमादा है, और यह आत्मघाती प्रवृत्ति आधुनिक सभ्यता में निहित है। इसके बाद जो नेहरू कहते हैं वह दिलचस्प है। समस्या, वह कहते हैं, यह है कि अतीत और वर्तमान दोनों की अच्छाइयों को लेते हुए इस विनाश को कैसे रोका जाए। इसी जगह, विशेष बल देते हुए, वह जोड़ते हैं कि वर्तमान में भी अच्छाइयाँ हैं। ध्यान देने की बात है कि अतीत की अच्छाइयों के बारे में अलग से बल देने की जरूरत उन्हें नहीं महसूस होती। कारण, वो मानकर

चलते हैं कि अतीत की अच्छाइयाँ तो गांधी को अच्छी लगती ही हैं, समझाना तो उन्हें वर्तमान की अच्छाइयों के बारे में है। यहाँ भी लगता है, नेहरू **हिन्द स्वराज** को ही याद कर रहे थे, भूलकर कि गांधी ने खासतौर से–नेहरू को स्पष्ट शब्दों में जताते हुए–वह कहा था जो **हिन्द स्वराज** में नहीं कहा था कि "आधुनिक शास्त्र की कदर करते हुए पुरानी बात को मैं आधुनिक शास्त्र की निगाह से देखता हूं तो पुरानी बात इस नए लिबाश में मुझे बहुत मीठी लगती है।"

इसी तरह रोटी, कपड़ा, मकान, तालीम और स्वास्थ्य जैसी बुनियादी जरूरतों में आत्मनिर्भरता की, कुछ भारी उद्योगों की और विकेन्द्रीकरण की जितनी बात नेहरू करते हैं वह गांधी खुद ही अपने खत में कह चुके हैं। फिर कौन-सी असहमति जता रहे हैं नेहरू? उस गांधी के साथ जो कह चुका है : "मैं ऐसी बहुत सी चीज का खयाल करा सकता हूं जो बड़े पैमाने पर बनेंगीं।" और इतना कहने के बाद यह भी जोड़ देता है : "क्या होगा, क्या नहीं, उसका मुझे पता नहीं। न मुझको उसकी फिकर है।"

नेहरू के पत्र में एक बहुत उल्लेखनीय तथ्य यह है कि कई तरह के तर्क देकर वह गांधी को बता रहे हैं कि जो मसला वह उठा बैठे हैं उस पर विचार करना न केवल देश के अहित में है बल्कि वह ऐसा मसला भी है जिस पर फैसला करने का अधिकार न उनको है और न किसी और को। स्वाधीनता मिलने के बाद ही देश के प्रतिनिधि इस पर कोई निर्णय लेने के अधिकारी होंगे। अगर इरादा येन केन प्रकारेण गांधी को चुप करा देने का नहीं था तो अधिकार के होने या न होने का कानूनी तर्क बेमतलब था। गांधी तो सिर्फ यह चाह रहे थे कि स्वाधीन भारत का जो स्वरूप उनके और उनके वारिस के दिमाग में है उसका एक-दूसरे को पता चल जाए, और अगर जरूरी हो तो कांग्रेस वर्किंग कमेटी भी उस पर विचार कर ले। इसमें कानूनी, नैतिक या किसी और दृष्टि से कुछ भी आपत्तिजनक नहीं था।

रहा सवाल इसका कि गांधी ने पहले कभी कांग्रेस के सामने कोई प्रस्ताव नहीं रखा था **हिन्द स्वराज** को स्वतन्त्र भारत के पुनर्निर्माण का आधार बनाने का, तो यह कोई कारण नहीं था कि अब गांधी उस तरह का प्रस्ताव प्रस्तुत करने का अधिकार खो बैठे थे। न इस तर्क का कोई औचित्य था कि इतने महत्त्वपूर्ण विषय पर केवल स्वाधीन भारत के

प्रतिनिधि विचार या फैसला कर सकते थे। सालों से कांग्रेस दावा करती आई थी सारे देश का एकमात्र प्रतिनिधि होने का। इस समय अचानक कहाँ से गांधी को चुप करने के लिए ऐसे तर्क का इस्तेमाल जायज हो गया? पिछले बीस सालों से समाजवादी विचारधारा और उसके अनुसार स्वतन्त्र भारत के पुनर्निर्माण की योजना के कांग्रेस द्वारा औपचारिक स्वीकार की हरचन्द कोशिश करते रहे थे नेहरू। अब गांधी को बता रहे थे कि किसी बड़ी तब्दीली का प्रस्ताव तक वह पेश नहीं कर सकते थे।

सच तो यह है कि नेहरू को थोड़ी-सी सहानुभूति भी होती इस विषय में गांधी के साथ तो वह गांधी से शिकायत न करते कि जबर्दस्ती बैठे-बिठाए वह **हिन्द स्वराज** की बात कर देश और कांग्रेस दोनों के लिए मुसीबत खड़ी कर रहे हैं। स्वाधीनता आन्दोलन के दौरान एक बार नहीं, कई बार गांधी ने नेहरू को समझाया था कि जब तक आजादी न मिल जाए, कांग्रेस को ऐसी नीतियों और कार्यक्रमों से बचना चाहिए जिनसे भारतीय समाज के अन्दर निहित सामूहिक स्वार्थों की आपसी टकराहट जोर पकड़ ले। उदाहरणार्थ 1928 में, समाजवाद के नए-नए प्रभाव में, नेहरू ने एक बड़े ही भावुकतापूर्ण पत्र में गांधी से कहा था कि गरीबों के लिए एक लड़ाई शुरू की जानी चाहिए। गांधी ने तब एक संक्षिप्त किन्तु निर्णायक उत्तर में कहा था : "मैं तुमसे सहमत हूँ कि एक दिन हमें अमीरों और शिक्षित वर्ग के बगैर एक सशक्त और व्यापक आन्दोलन चलाना होगा। पर वह वक्त अभी नहीं है।"

अब आजादी निश्चित थी, और गांधी के हिसाब से समय आ गया था तय करने का कि महलों में रहने वालों के लिए नहीं झोंपड़ियों में रहने वाले देश के बहुसंख्यक गरीबों के हित और सुख को केन्द्र में रखकर भावी भारत का नए सिद्धान्तों के आधार पर निर्माण होगा। पर अब नेहरू को इसमें खतरा दिखाई दे रहा था।

न ही नेहरू का यह कहना सही था कि गांधी स्वतन्त्रता आन्दोलन के दौरान **हिन्द स्वराज** में व्यक्त विचारों से दूर होते दिखाई पड़ रहे थे। सच यह है कि उपयुक्त अवसर मिलने पर गांधी लगातार कहते रहे थे कि **हिन्द स्वराज** वाले जीवन-दर्शन में उनका विश्वास समय के साथ दृढ़ होता रहा है। मुश्किल है मानना कि बार-बार दिए गए इस तरह के बयानों पर कभी

नेहरू का ध्यान नहीं गया। पर चूँकि यह केवल अनुमान है, पक्के तौर पर इस बाबत कुछ कह पाना कठिन है।

पक्के तौर पर जो कहा जा सकता है वह यह है कि जिस विस्तृत उत्तर का वादा नेहरू ने गांधी से किया था वह उत्तर नहीं लिखा गया। इस मसले पर गांधी से बात करने के लिए समय भी नेहरू 33 दिन बाद निकाल पाए।

अन्ततः दोनों की बातचीत 12 नवम्बर को हो सकी। किस तरह का माहौल बातचीत के दौरान था और किस तरह से अलग-अलग मसलों पर विचार-विमर्श हुआ, विश्वास के साथ नहीं कहा जा सकता। इसकी आंशिक जानकारी उस पत्र से मिलती है जो मुलाकात के दूसरे दिन ही गांधी ने नेहरू को भेजा। पूना से 13 नवम्बर को लिखा गया वह पत्र यहाँ जस का तस उद्धृत है।

चि. जवाहरलाल,

हमारी कल की बात से मुझे तो बड़ा आनन्द हुआ। उससे अधिक बात कल तो कर नहीं सकते थे और मेरा खयाल ऐसा है कि हम एक ही वक्त मिलकर सब काम पूरा नहीं कर सकेंगे। समय-समय पर हमें अवश्य मिलना चाहिए। मैं तो ऐसे बना हूं कि अगर आज मेरी शक्ति इधर-उधर जाने की रहे तो मैं ही तुम को ढूंढ़ लूं और भाग आऊं। ऐसी आज मेरी स्थिति नहीं रही है लेकिन ऐसा मैंने किया है इतना तुम समझो। मैं चाहता हूं कि हम एक-दूसरे को समझ लें। अन्त में ऐसा हो सकता है कि हमारा मार्ग ही अलग है तो अलग सही। हमारा हृदय तो एक ही रहेगा, क्योंकि एक है। कल की बात से मैं यह समझा हूं कि हम दोनों में विचार श्रेणी में या तो वस्तु समझने में बड़ा अन्तर नहीं है। तुम को किस तरह से समझा हूं वह बताना चाहता हूं जिससे अगर फरक हो तो तुम मुझे बता दोगे।

(1) तुम्हारी दृष्टि से हरेक इनसान की बौद्धिक, आर्थिक, राजकीय और नैतिक शक्ति कैसे बढ़े वो ही सच्चा प्रश्न है। मेरा भी वही है।

(2) और उसमें भी हरेक इनसान को ऊंचे चढ़ने का एक-सा हक और मौका होना चाहिए।

(3) इस दृष्टि से देखते हुए देहात की और शहर की एक ही हालत होनी चाहिए। इसलिए खाना, पीना, रहना, पहनना और रमत-गमत एक-सी होनी चाहिए। आज तो यह स्थिति पैदा करने के लिए अपने कपड़े, खुराक और मकान अपने आप पैदा करना और

> बनाना चाहिए। और ऐसे ही अपना पानी या बत्ती भी अपने आप पैदा करना चाहिए।
>
> (4) इनसान जंगल में रहने के लिए पैदा नहीं हुआ है, लेकिन समाज में रहने के लिए पैदा हुआ। एक पर दूसरा सवारी न कर सके यह विचार करते हुए पता चलता है कि यूनिट एक काल्पनिक देहात या ग्रुप होना चाहिए, जो स्वावलम्बी रह सके और उस ग्रुप में एक-दूसरे पर अवलम्बन तो होना ही होगा। इस तरह सोचने से सारी दुनिया के इनसानों के सम्बन्ध का नक्शा बन जाता है।
>
> यहां तक मैं अगर ठीक समझा हूं तो दूसरा हिस्सा शुरू करूंगा। जो खत मैंने तुमको पहले लिखा था उसका अंग्रेजी राजकुमारी [अमृत कौर] से करवा लिया था वह मेरे पास पड़ा है। इसकी अंग्रेजी भी करवा लेता हूं। एक तो मैं अपना कहना तुमको अंग्रेजी में ज्यादा समझा सकता हूं तो समझाऊं, और दूसरा, मैं तुम्हारी बात पूरी-पूरी समझा हूं कि नहीं उसका भी अंग्रेजी करने से मुझे ज्यादा पता चलेगा।
>
> इन्दु को आशीर्वाद।
>
> बापू का आशीर्वाद।

दूसरा हिस्सा शुरू करने की जरूरत ही नहीं पड़ी। गांधी के वारिस ने जरूरी नहीं समझा–शिष्टाचार के नाते भी नहीं–कि बताए कि वह उसकी बातों को सही तरीके से समझ पाए हैं या नहीं। गांधी का एक प्रिय मुहावरा था : *'ए वर्ड टू द वाइज'* (अकलमन्द को इशारा काफी)। जो भी 'आनन्द' हुआ हो उन्हें 12 तारीख की बातचीत से, उन्हें देर नहीं लगी भाँपने में कि वह आनन्द निराधार था। वह यह भी समझ गए कि इस मसले पर कांग्रेस, और शायद देश, उनके वारिस के साथ है, उनके साथ नहीं।

गांधी कितने भी आदर्शवादी या स्वप्नदर्शी क्यों न रहे हों, उनका व्यावहारिक बोध अद्भुत था। अद्भुत इसलिए कि जहाँ और लोग अपने समय की व्यावहारिकता की सामान्य समझ से ही सम्भव-असम्भव का भेद निर्धारित कर लेते थे और उसी आकलन के आधार पर अपनी योजनाएँ और रणनीति बनाते थे, गांधी बिलकुल नई–और उस समय तक अकल्पनीय–सम्भावनाओं को सूँघ लेते थे। इसी के साथ-साथ–और इस पर अमल कर पाने के लिए जरूरी–विलक्षण नैतिक आत्म-विश्वास भी था उनमें जो,

शेखचिल्ली समझे जाने का जोखिम उठा, उन नई सम्भावनाओं को व्यवहार में उतरवा भी देता था उनसे।

केवल 1920 का वह क्षण काफी होगा यह बात समझने के लिए जब असहयोग आन्दोलन छेड़ते वक्त उन्होंने एक साल के अन्दर स्वराज के आने की घोषणा कर दी थी। किसी को विश्वास नहीं हुआ था उस घोषणा पर। इतिहास ने भी झुठला दिया गांधी को। पर फिर भी एक बड़ा सच था गांधी के उस नारे में। पूरे असहयोग आन्दोलन, नहीं पूरे स्वाधीनता संग्राम, का सच कि अंग्रेजी राज्य का आधार उसकी शक्ति नहीं, भारतीयों का सहयोग था। डर कर या स्वार्थवश शासितों से मिलने वाले सहयोग से ही भारत में विदेशी हुकूमत चल रही थी। भारतीय अपना सहयोग खींच लें, असहयोग करने लगें, तो एक साल में अंग्रेज विवश हो जाएँगे वापस जाने को।

गांधी यह भी समझते थे कि जो नई सम्भावना उन्होंने सूँघ ली है, उसको हासिल जिन परिस्थितियों में किया जाना है वे अस्थिर हैं। कभी आपके पक्ष में, कभी आपके खिलाफ। अतएव, लक्ष्य की प्राप्ति की कोशिश के दौरान वह, बदलती परिस्थितियों के अनुसार, आगे बढ़ने, बातचीत करने और पीछे हट जाने के लिए सदा तैयार रहते थे।

सम्भावना की सन्द भी दिखाई पड़ जाए तो रास्ता बना लेते थे। पर, तात्कालिक व्यवहार के सन्दर्भ में, जो असम्भव लगे उसमें शक्ति और श्रम व्यर्थ नष्ट नहीं करते थे।

13 नवम्बर का पत्र भेजने के बाद उन्हें देर नहीं लगी वस्तुस्थिति को समझने में। वैसे ऐसा भी नहीं था कि पिछले दिन की बातचीत से उन्हें आनन्द ही आनन्द मिला था। उनका यह जरूरी समझना ही, कि नेहरू को साफ-साफ बता कर पूछ लिया जाए कि कहीं कोई गलतफहमी तो नहीं हुई है, दिखाता है कि गांधी बहुत आश्वस्त नहीं थे। इसके अलावा वो यह भी समझ रहे थे कि उस बातचीत के बाद भी काफी कुछ बचा था बात करने को। और उस सबके अन्त में भी पता यही लग सकता था कि उन दोनों में बुनियादी मतभेद हैं।

सो उन्होंने मौन साध लिया इस विषय पर। न नेहरू को फिर लिखा और न ही कोशिश की कांग्रेस वर्किंग कमेटी में इसे लाने की।

मन में जरूर तय कर लिया गांधी ने कि समय आने पर जो कुछ सम्भव होगा, करेंगे इस मामले में। कभी-कभार मन की बात बता भी देते थे। उदाहरण के लिए, 5 जून 1947 के अपने प्रार्थना-प्रवचन में उन्होंने कहा : 'मेरे लिए ध्यान देने को एक बहुत बड़ा काम पड़ा है। कहते हैं कि अब हिंदुस्तान का औद्योगिकीकरण होने वाला है। मेरा औद्योगिकीकरण तो देहातों में होगा, यानी घर-घर में चरखा चलेगा और गाँव-गाँव में कपड़ा तैयार होगा।' लेकिन साम्प्रदायिक हिंसा ऐसा विकराल रूप धारण किए हुए थी कि गांधी किसी और समस्या पर लग कर ध्यान दे नहीं पा रहे थे। फिर भी उन्होंने फरवरी 1948 के शुरू में एक बड़ी बैठक वर्धा में करने की योजना बनाई देश के भविष्य पर सप्ताह भर साथ बैठकर चिन्तन करने के लिए। पर 30 जनवरी को ही भेज दिए गए परलोक।

गांधी ने जिस बड़े विमर्श के इरादे से अपना 5 अक्टूबर का पत्र लिखा था देश के भावी प्रधानमन्त्री को, वह विमर्श असल में हुआ ही नहीं। यह गांधी के पराभव का निर्णायक क्षण था। निश्चित हो गया था कि देश गांधी के रास्ते पर नहीं चलेगा। वही निश्चय अभी तक अमल में है।

पराभव के इस निर्णायक क्षण से बीस साल पहले 5 नवम्बर के **यंग इंडिया** में गांधी जी ने लिखा था : 'मैंने एक ऐसा रास्ता दिखाने की कोशिश की है जो शान्तिपूर्ण, मानवीय और उदात्त है। इसे ठुकराया जा सकता है। अगर ऐसा होता है तो विकल्प होगा एक रस्साकशी जिसमें हर कोई दूसरे को गिराने की कोशिश करेगा।'

इस पराभव के 65 सालों में जो कुछ देश और दुनिया में होता रहा है उससे लगता है कि गांधी को जिस रस्साकशी का डर था उसकी खूँखारगी वक्त के साथ बढ़ती चली गई है।

अध्याय-3

गांधी के दुःख

जब मैं अपनी आवाज उठाता हूं तो कौन सुनता है?

गांधी, 28 दिसम्बर 1947

गांधी का कहा याद करते हुए—मेरे दुःख की कथा देश की दुःख-कथा है—इच्छा होती रही कि इस अध्याय का शीर्षक रखूँ—'देश की दुःख-कथा'। पर किसी दूसरे के कहने से तो कोई दुःख देश का दुःख हो नहीं जाता। दुःख तो महसूस होता है। न हो महसूस, या सुख लगे, आनन्द दे, तो दुःख कैसा? सो लगा कि बात तो गांधी के दुःखों की ही है, भले ही इन दुःखों में किसी भूले-भटके को देश के या समूची मानव जाति के भी दुःख दिख जाएँ।

कहना कठिन है कि कब गांधी 125 साल तक जीने की कामना गँवा बैठे। प्रार्थना करने लगे उठा लिये जाने की। लगता नहीं कि किसी एक झटके ने ऐसी मनःस्थिति पैदा कर दी। गांधी गहरे आशावादी थे। बड़े-से-बड़े संकट में भी उम्मीद की कोई किरण ढूँढ़ ही लेते थे। कुछ न दिखे तो ईश्वर का सहारा ले लेते थे।

कम-से-कम 13 जून 1947 तक गांधी 125 साल तक जीने की बात कर रहे थे। और यह देश का बँटवारा मुकम्मल तौर से मान लिये जाने के दस दिन बाद की बात है। उस शाम अपने प्रार्थना-प्रवचन में गांधी बोले थे :

> अगर मैं स्थितप्रज्ञ रह सका तो अपनी एक सौ पच्चीस वर्ष की उम्र में से एक भी वर्ष कम जिन्दा नहीं रहूंगा। अगर हम सब स्थितप्रज्ञ बनें तो हममें से एक भी आदमी को 125 वर्ष से जरा भी कम जीने

> का कोई कारण नहीं है। वैसे भगवान चाहे तो भले ही मुझे आज ही उठा ले, पर अभी तुरन्त मैं चलने वाला नहीं हूं। मुझे अभी रहना है और काम करना है।

यहाँ 125 साल तक जीने का मसला स्थितप्रज्ञ होने से जुड़ा हुआ है। मतलब यह कि 125 साल तक जीते रहने का सम्बन्ध सुख या दुःख से नहीं है, सुख और दुःख के प्रति मनःस्थिति से है। सुख और दुःख में स्थितप्रज्ञ बने रहने से है। 125 साल तक जीते रहने का यह विश्वास गांधी के जीवन में दुःखों की अनुपस्थिति नहीं दिखा रहा। 13 जून तक न सिर्फ देश का बँटवारा तय हो चुका था—जो गांधी के लिए भारी चिन्ता का विषय था—बल्कि आजाद हिन्दुस्तान, और उसकी मार्फत एक नए संसार, का जो सपना चालीसेक साल से वह सँजोए बैठे थे वह भी ठुकराया जा चुका था। बंगाल, बिहार और पंजाब में भयंकर साम्प्रदायिक हिंसा फट चुकी थी, और गांधी भाँप चुके थे उसकी भयावहता। देख रहे थे शुरुआत उस हिंसा की जो बरसों से लोगों के दिलों में दबी पड़ी थी।

इन गहराते दुःखों के साथ-साथ निजी जिन्दगी का त्रासद रीतापन भी था। गांधी के परमप्रिय सचिव—उनके 'पाँचवें पुत्र'—महादेव देसाई असमय चल बसे थे। कस्तूरबा भी चली गई थीं। जवाहर थे, सरदार भी थे। बहुत अपने। पर खिंचने लगे थे दूर। कहना एक बात थी कि ऐसे गाढ़े आपसी 'सम्बन्ध 'टूट' नहीं सकते। पर उनमें पड़ रही दरारों को कैसे रोका जा सकता था? बाहर के सार्वजनिक बीहड़ को थोड़ा-बहुत सह्य बना देने वाला पारस्परिक स्नेह भी चाहे-अनचाहे सूखने-सा लगा था।

बड़ा कठोर परीक्षण चल रहा था गांधी का। न बनाए रख सके वह अपने आपको स्थितप्रज्ञ। कामना करने लगे मरने की।

मरने की इच्छा का मतलब यह नहीं है कि गांधी बिलकुल ही टूट गए थे। दिन-रात मरने की प्रार्थना के बीच भी इतना जरूर जोड़ देते थे कि यदि ईश्वर को अब उनसे कोई और काम नहीं लेना है तो उन्हें ऊपर उठा ले। बड़ा महत्त्वपूर्ण था यह 'तो' घोर निराशा में फँसे गांधी के लिए। 1946 के अन्त में नोआखाली का 'पागलपन' दूर करने पहुँचे गांधी कोई रास्ता, कोई रोशनी नहीं देख पा रहे थे। यहाँ तक कि साठ साल तक उनके जीवन की धुरी बने रहे सत्य और अहिंसा में भी उनका विश्वास डगमगाने लगा था।

कह बैठे कि सत्य और अहिंसा में अब उन्हें वह गुण नहीं दिखाई पड़ रहे जो साठ साल तक दिखते रहे थे। बोले कि 'अभेद्य अन्धकार' ने घेर लिया है उन्हें।

पर हारे नहीं। प्रख्यात समाजशास्त्री प्रोफेसर निर्मल कुमार बोस–जो नोआखाली में गांधी के सचिव, अनुवादक और बांग्ला के शिक्षक थे–से कहा : 'मैं सफल होकर मरना चाहता हूं, विफल होकर नहीं। पर हो सकता है कि विफल ही मरूं।'

क्या थे गांधी के दुःख? इस सवाल का एक छोटा-सा सीधा जवाब दिया जा सकता है। वह जवाब है गांधी के इस व्यथित सवाल में : 'आज हिन्दुस्तान में कौन-सी ऐसी चीज हो रही है जिससे मुझे खुशी हो सके?'

इस व्यथा से गुजर रहे गांधी की दिल्ली में दिन-रात सेवा कर रहे ब्रजकृष्ण चाँदीवाला ने लिखा है :

> गांधीजी सब कुछ सुन रहे थे, सब कुछ देख रहे थे। इन दुर्घटनाओं ने उनका हृदय चूर-चूर कर दिया था। उनकी आँखों में आँसू न थे, क्योंकि वह किस-किस के लिए विलाप करते।...वह ऊपर से शान्त और स्थिर थे, मगर उनके अन्दर एक भीषण दावानल धधक रहा था और क्षण-प्रतिक्षण उन्हें भस्म करता जा रहा था। जिस अहिंसा के बल पर उन्होंने देश को स्वतंत्र करवाया था, अपनी उसी जीवन-संगिनी अहिंसा को उन्होंने देश की गली-गली और कूचे-कूचे में धक्के खाते, अपमानित होते देखा। जनता जिस सीढ़ी से अन्तिम मंजिल पर पहुँची थी, उसे ही उठाकर उसने फेंक दिया था। उनके मुँह से अब बार-बार यही शब्द निकलने लगे थे 'इस पतन को देखने के लिए मैं जिन्दा रहना नहीं चाहता।' 'करूँगा या मरूँगा' की चाह अब उनके मन में बस गई थी। उनके हृदय की वेदना को समझने की शक्ति किसी में न थी। वह हँसते थे और खेलते भी थे मगर उनके अन्दर प्रचंड अग्नि सुलग रही थी। घायल की गति को घायल ही समझ सकता है। मगर उन जैसा घायल तो कोई था ही नहीं, समझे कौन? उनके दर्द को अनुभव करने की सामर्थ्य रख ही कौन सकता था? उसकी थाह लगाने की शक्ति या तो स्वयं उनमें थी, या उनके राम में जिसके पुण्य नाम का उच्चारण वह कभी-कभी बड़ी दर्द-भरी ध्वनि में किया करते थे।

'हे राम!' के अलावा गांधी अपने आपसे ही 'क्या करूँ, क्या करूँ'

कहने लगते। मन और शरीर दोनों की पस्ती घेर लेती उन्हें। 1946 के अन्त में नोआखाली को शान्त करने में लगे गांधी ने निर्मल कुमार बोस को चुप्पे से बताया–और अपनी डायरी में भी लिखा–कि उनका शरीर 'गिर जाता है।' उन्होंने यह भी कहा कि 'मेरा दिमाग हार जाता है।' इससे पहले कभी भी, उन्होंने माना, उनका दिमाग ऐसा अस्थिर और धुँधला नहीं हुआ था।

पर यह पस्तता उस देह की पस्तता थी जो अनथक चले जा रही थी एक गाँव से दूसरे गाँव, एक नगर से दूसरे नगर, एक प्रान्त से दूसरे प्रान्त और तत्पर थी देश के उस टुकड़े में जाकर काम करने के लिए जो एक नया देश बन चुका था। लगी हुई थी चहुँ दिस फैल रहे पागलपन से उबारने में लोगों को।

उस मन की पस्तता भी ऐसे मन की पस्तता थी जो, अपने सारे धुँधलके के बावजूद, औरों से बहुत ज्यादा गहराई से चारों ओर व्याप्त संकट की विकटता को समझ पा रहा था। और अपनी गहरी समझ के कारण संकट की जड़ को मिटाने का भगीरथ प्रयास कर रहा था, जबकि बाकी सब लगे हुए थे जैसे-तैसे संकट पर फौरी काबू पा लेने में।

I

गांधी का सवाल–'आज हिन्दुस्तान में कौन सी ऐसी चीज हो रही है जिससे मुझे खुशी हो सके?'–बहुत-कुछ बता देता है हमें उनके दुःखी मन के बारे में। पर फिर भी उनके दुःखों का सही अन्दाज तभी हो सकता है जब उन दुःखों की चर्चा थोड़े विस्तार से, और यथासम्भव उनके अपने शब्दों में, की जाए।

वैसे तो ये दोनों बातें जैसे-जैसे यह चर्चा बढ़ेगी स्पष्ट होती जाएँगी, पर शुरुआत में ही अगर गांधी के दुःखों से सम्बन्धित दो तथ्यों का जिक्र हो जाए तो अच्छा रहेगा। पहला यह कि जिस 'आज' को लेकर गांधी नाउम्मीद होने लगे हैं वह देश की आजादी से शुरू होता है। संघर्ष के तीस साल का किया-धरा–सारे आदर्श, सारे सपने–अचानक चौपट हुआ नजर आ रहा है। पूरी तरह से चौपट।

दूसरा यह कि गांधी के दुःख आम लोगों के दुःखों से बहुत अलग हैं।

ऐसा नहीं कि आम लोगों वाले दुःख उन्हें व्यापते नहीं। पर वह उन दुःखों से अपने को विह्वल नहीं होने देते। एक बार कलकत्ता में बातों-ही-बातों में उन्होंने कहा था कि जीवन में जो दारुण दुःख उन्हें भोगने पड़े थे वह काफी थे हुगली नदी में डूबकर आत्महत्या करने के लिए। पर ईश्वर में उनके विश्वास ने उन्हें बचाए रखा था। महादेव देसाई का जाना, कस्तूरबा का जाना, परिजनों का दूर होते जाना, गांधी के बड़े दुःखों में शामिल थे। पर इन दुःखों को वह अपने अन्दर दबाए रहते थे। जिन दुःखों ने उन्हें त्रस्त कर रखा था वे सार्वजनीन दुःख थे। नोआखाली के हिन्दुओं में उनका कोई सगा या जानने वाला नहीं मरा था कि बाकी सबकुछ छोड़कर वह पहुँच लिये शान्ति कायम करने वहाँ। न ही बिहार के मुसलमानों में मारा गया था उनका कोई अपना कि नोआखाली छोड़ चल दिए बिहार।

अपने-पराए का फर्क मिटा चुके गांधी के लिए हिन्दुस्तान-पाकिस्तान के समूचे करोड़ों का दुःख उनका अपना दुःख था। पर वे समूचे करोड़ तमाम छोटे-छोटे करोड़ों या लाखों या इकाइयों में बँटे थे। अपने निजी और सामुदायिक दुःखों से हट कुछ और देख ही नहीं पा रहे थे। यही कारण था कि पाकिस्तान बन गए हिस्सों से भाग हिन्दुस्तान में शरण लेने वाले अनगिनत हिन्दू और सिख गांधी को मुँह पर गालियाँ दे पाते थे। गुस्से से बिलबिलाते थे कि उन पर आई विपदाओं को अनदेखा कर गांधी लगे हैं मुसलमानों का पक्षपात करने में। उन लोगों के अपने दुःख ही उनका पूरा संसार और पूरे संसार की उनकी समझ निर्धारित कर देते थे।

गांधी समझते थे व्यक्तियों के, परिवारों के, सम्प्रदायों के अलग-अलग दुःख। पर वह उस बड़े दुःख को भी समझ रहे थे जो, इन परस्पर विरोधी दुःखों के टकराव से एक विकराल ऐतिहासिक समस्या बन, उन्हें—गांधी को—हिन्दुस्तान और पाकिस्तान दोनों की ही आजादी और उनके भविष्य के बारे में चिन्तित कर रहा था।

II

गांधी का सबसे बड़ा दुःख—आजादी के मौके पर व्यापने वाले उनके सारे दुःखों का स्रोत—था अहिंसा की विफलता। तीस साल तक सत्य और

अहिंसा पर आधारित सत्याग्रह आन्दोलन के अन्त में, उसके फलस्वरूप, जब आजादी आने लगी तो लोग वहशीपन पर उतर आए। कैसे पैदा हो सका सत्याग्रह से ऐसा फल? अन्तर की कौन सी गहराइयों में दबी पड़ी थी ऐसी क्रूरता और हिंसा?

गहरे सोच में डूब गए गांधी। जो जवाब उन्हें मिला वह चौंकाने वाला था। इतिहास, स्मृति और प्रचलित मान्यताओं को झुठलाने वाला था उनका जवाब। उस जवाब को न विद्वत्समाज और न ही लोक-मानस ने गम्भीरता से लिया है। बल्कि सच शायद यह है कि उस पर ध्यान ही नहीं दिया गया है। हम अभी भी, और बाकी दुनिया भी काफी हद तक, यही मानते हैं कि भारत ने विश्व के इतिहास में पहली बार सामूहिक अहिंसक संघर्ष की सफलता सिद्ध कर एक नितान्त नई सम्भावना स्थापित कर दी।

गांधी को गहन मनन के बाद जो जवाब मिला वह यह था कि जिसे सब सत्याग्रह मानते रहे थे वह सत्याग्रह था ही नहीं। आजादी से एक महीना पहले, 14 जुलाई के अपने प्रार्थना-प्रवचन में, गांधी ने कहा :

> पिछले तीस साल जो लड़ाई हमने की वह अहिंसा के बल पर नहीं थी। वह तो सिर्फ मन्द विरोध था और ऐसा विरोध कमजोरों का हथियार है। उसे वे लोग इस्तेमाल करते हैं जो अहिंसा का उपयोग जानते नहीं, यह नहीं कि अहिंसा का उपयोग करना चाहते नहीं। अगर हममें अहिंसात्मक लड़ाई करने की बहादुरी होती और उसके लिए वीरों की बहादुरी चाहिए तो हम दुनिया के सामने आज आजाद हिन्द का एक और ही चित्र दिखा सकते। लेकिन आज तो हम दो टुकड़े का हिन्द बना रहे हैं, एक ऐसा देश जहां भाई-भाई आपस में लड़ रहे हैं और एक-दूसरे पर जरा भी विश्वास नहीं रखते।

इस प्रवचन के समय, लगता है, गांधी का मन खासा उखड़ा और उदास था। इसकी शुरुआत ही उन्होंने इस तरह की थी : 'कहा जाता है कि मेरे भाषण आजकल निराशा पैदा करने वाले होते हैं। कुछ लोग तो कहते हैं कि मुझे बिलकुल बोलना ही नहीं चाहिए।' इसी सन्दर्भ में यह पूछते हुए कि क्या अब वह बिलकुल ही आशा छोड़ दें कि जनता कभी भी उन्हें सुनेगी, उन्होंने कह दिया : 'और अगर न सुनना चाहे तो फिर मेरे ऊपर जो नुक्ताचीनी करते हैं उनका क्या बिगड़ता है; और वे मुझे बोलने से क्यों

रोकें?' 'मैं केवल बोलने के लिए नहीं बोलता,' गांधी ने कहा, 'मैं सिर्फ यह समझकर बोलता हूं कि मेरे पास लोगों के लिए देने लायक सन्देश है।'

उनका बोलना इसलिए भी जरूरी था कि उनका सन्देश अब दूसरों के सन्देशों से अलग होता जा रहा था। इसी प्रवचन में उन्होंने बताया : 'यह सच है कि आज मेरे और मेरे घने दोस्तों में कुछ मतभेद है। बाज बातें जो उन्होंने कीं या कर रहे हैं, उनसे मैं सहमत नहीं। लेकिन दिल्ली में रहकर मेरे लिए मौजूदा हालात पर अपनी राय न देना असम्भव है।'

अपने आपको अकेला ही नहीं बल्कि अनचाहा भी महसूस कर रहे गांधी, लगता है, न चाहते हुए भी अन्दर-ही-अन्दर एक ऐसी तल्खी से भी लड़ रहे थे जो उनके स्वभाव के विपरीत थी। दक्षिण अफरीका से शुरू हुए अपने लम्बे सार्वजनिक जीवन में उन्होंने कभी ऐसा आभास नहीं दिया था–न ही शायद महसूस किया था–कि लोग उनके साथ कोई बेईमानी कर रहे हैं या अपनी स्वार्थ-सिद्धि के लिए उनका उपयोग कर रहे हैं। पर इस समय उनके मन में कुछ इस तरह की भावना आने लगी थी कि उनके साथ उनके ही लोगों ने धोखा किया है। जाहिर है कि इस तरह का भाव, खासतौर से तब जबकि वह अपने मन में इसे आने नहीं देना चाहते थे, उनके बोलने या लिखने में आसानी से आने वाला नहीं था। पर अगर इसके बावजूद वह अपने किसी सार्वजनिक कथन में इस तरह का भाव प्रकट कर गए, तो उससे अन्दाज लगाया जा सकता है कि वह कैसे सन्ताप से गुजर रहे होंगे। ऐसा एक विरल उदाहरण उनके 16 जून 1947 के प्रार्थना-प्रवचन में मिलता है। उस दिन सदा सीधे-साफ तरीके से अपनी बात करने वाले गांधी ने लगभग उलाहना देते हुए कहा :

> एक दिन था जब गांधी को सब मानते थे, क्योंकि गांधी ने अंग्रेजों के साथ लड़ने का रास्ता बताया था। और वे अंग्रेज भी कितने, केवल पौन लाख। पर उनके पास इतना सामान था, इतनी ताकत थी कि बकौल एनी बेसेंट रोड़े का जवाब गोली से दिया जाता था। तब अहिंसा से काम बनता दीखता था, इसलिए उस समय गांधी की पूछ थी। पर आज लोग कहते हैं कि गांधी हमें रास्ता नहीं बता सकता है, इस वास्ते स्वरक्षा के लिए हमें शस्त्र हाथ में लेने चाहिए।...उस समय हमको किसी ने एटम बम बनाना नहीं बताया था। अगर हम वह विद्या जानते होते तो उसी से अंग्रेज को खत्म करने को सोचते;

> पर दूसरा कोई चारा नहीं था, इसलिए तब मेरी बात मानी गई और मेरा सिक्का जमा।

लेकिन महीने भर बाद यही बात, 14 जुलाई के उसी प्रवचन में जिसका हवाला ऊपर दिया जा चुका है, गांधी ने बड़े संयत अन्दाज में इस तरह रखी :

> अहिंसा मेरा धर्म है, कांग्रेस का धर्म कभी नहीं रहा। कांग्रेस ने तो उसे केवल नीति के रूप में स्वीकार किया था। नीति उसी वक्त तक धर्म रह सकती है जब तक कि उसे चलाया जाए। उसके बाद नहीं। कांग्रेस को पूरा अधिकार है कि जिस वक्त जरूरत न रहे उसी वक्त नीति को बदल ले। धर्म की बात और होती है। वह तो अमर है। वह कभी बदल नहीं सकता।

बहरहाल महत्त्व की बात यह नहीं है कि वैयक्तिक स्तर पर गांधी कितने आहत हुए। महत्त्व दरअसल उस ऐतिहासिक-मानवीय प्रक्रिया का है जो गांधी ने अपने इस एहसास में उजागर होते देखी कि उनके नेतृत्व में होने वाला आन्दोलन सत्याग्रह था ही नहीं। इस प्रक्रिया को समझने में गांधी को थोड़ा वक्त लगा। नोआखाली, अर्थात् अक्टूबर-नवम्बर 1946, से ही यह सवाल तो उन्हें परेशान करने लगा था कि अहिंसा के फलस्वरूप हिंसा कैसे आ सकती है, और धीरे-धीरे वह यह भी समझने लगे थे कि जिसे वह अहिंसा समझते आए थे वह अहिंसा नहीं थी उस अर्थ में जो उन्होंने दिया था सत्याग्रह को और इस शब्द को। पर तीस साल तक चली भ्रामक अहिंसा और उसके बाद फट पड़ी हिंसा के बीच कोई अनिवार्य कार्य-कारण सम्बन्ध था, यह समझने में उन्हें थोड़ी देर लगी। जून-जुलाई 1947 में बार-बार इस विषय का जिक्र करते-करते गांधी एक दिन बिलकुल स्पष्ट तरीके से कह सके :

> परन्तु अब 32 वर्ष के बाद मेरी आंखें खुली हैं। मैं देखता हूं कि अब तक जो चलती थी वह अहिंसा नहीं थी, बल्कि मन्द-विरोध था। मन्द-विरोध वह करता है जिसके हाथ में हथियार नहीं होता। हम लाचारी से अहिंसक बने हुए थे, मगर हमारे दिलों में तो हिंसा भरी हुई थी। अब जब अंग्रेज यहां से हट रहे हैं तो हम उस हिंसा को आपस में लड़कर खर्च कर रहे हैं।

इसी बात को थोड़ी और सफाई से उन्होंने इस तरह कहा एक और दिन :

> मैं तो यह कबूल कर चुका हूं कि हमारी अहिंसा दुर्बलों की थी। मगर सच्चाई तो यह है कि दुर्बलों के साथ अहिंसा का कभी मेल बैठता ही नहीं। अतः उसे अहिंसा के बजाय निष्क्रिय प्रतिरोध कहना चाहिए। मगर मैंने जो अहिंसा चलाई थी वह दुर्बलों की नहीं थी, जबकि निष्क्रिय प्रतिरोध दुर्बलों का होता है।...इसके अलावा निष्क्रिय प्रतिरोध सक्रिय और सशस्त्र प्रतिरोध की तैयारी होती है। नतीजा यह हुआ कि लोगों के दिलों में जो हिंसा भरी थी, वह एकाएक बाहर निकल पड़ी।

इसी के साथ-साथ गांधी ने एक और मारके की बात जोड़ दी :

> आज जो हिंसा दिखाई दे रही है, वह भी नामर्दों की हिंसा है। एक मर्द की हिंसा भी होती है। मान लीजिए, चार-पांच आदमी अपनी तलवारों से लड़ते-लड़ते मर जाते हैं। उसमें हिंसा जरूर है, परन्तु वह मर्दों की हिंसा है। जब दस-बारह हजार सशस्त्र आदमी एक गांव के निहत्थे लोगों पर हमला करके स्त्री-बच्चों समेत उन्हें काट डालते हैं तो वह नामर्दों की हिंसा हुई। अमरीका का एटम बम एक तरफ और सारा जापान दूसरी तरफ। वह नामर्दों की ही हिंसा थी।

फ्रॉयड ने 'दमित के प्रतिशोध'–'रिवेंज ऑव द रिप्रेस्ड'–की बात की है। गांधी फ्रॉयड को पढ़े बगैर बरसों दबी पड़ी रही हिंसा के उफन पड़ने की भयावहता को लेकर त्रस्त थे। संकट के उस वक्त में सबसे जरूरी काम, उनके हिसाब से, यही था कि इस हिंसा को रोका जाए। और हिंसा रोकने का मतलब उनके लिए यह नहीं था कि फौज और पुलिस के जोर से लोगों को शान्ति बनाए रखने के लिए मजबूर कर दिया जाए। चूँकि उस स्थिति में तो दिलों में दबी हिंसा सुलगती ही रहेगी और मौका पाते ही फिर फट पड़ेगी।

हिंसा को काबू में करने का एक ही कारगर तरीका गांधी जानते थे। वह था लोगों के सोचने के तरीके को बदलना। ऐसा करना कि वह समझ सकें कि हिंसा से उनकी कोई परेशानी दरअसल दूर नहीं होती। उन्होंने कहा :

> हिन्दू-मुसलमान दोनों हैवान बने हुए हैं। क्या इसमें से निकलने का कोई रास्ता नहीं है? रास्ता तो है। दोनों में से एक जानवर न बने यही इसमें से निकलने का सीधा रास्ता है।

गांधी यह भी जानते थे कि केवल बातों से लोगों को बदलना सम्भव नहीं था। जरूरी था उनके बीच में जाकर अपने अमल से अपनी बात की सच्चाई को दिखाना।

यही कारण था कि जैसे ही गांधी को नोआखाली की हिंसा की खबर मिली उन्होंने वहाँ जाकर हिन्दू और मुसलमानों के बीच शान्ति स्थापित करने का फैसला कर लिया। पूर्वी बंगाल (वर्तमान बांग्लादेश) में स्थित नोआखाली में उन दिनों हिन्दुओं की संख्या कुल आबादी का 18 प्रतिशत थी। बंगाल में मुस्लिम लीग की सरकार थी जिसके प्रमुख थे सुहरावर्दी। बात 1946 के अक्टूबर की है। अभी दो महीने भी नहीं बीते थे जब 16 अगस्त को 'डायरेक्ट एक्शन दिवस' के मौके पर कलकत्ता में भीषण साम्प्रदायिक हिंसा फट पड़ी थी। पाकिस्तान की अपनी माँग को जबर्दस्ती मनवाने के इरादे से मुस्लिम लीग ने 'डायरेक्ट एक्शन दिवस' का आयोजन किया था, और सुहरावर्दी की सरकार इसे सफल बनाने पर आमादा थी। हिंसा की पहल मुसलमानों ने की थी और सरकार से संरक्षण न मिलता देख कुछ ही घंटों में हिन्दू भी ईंट का जवाब पत्थर से देने के लिए निकल पड़े थे। बड़ी निर्मम रही थी वह हिंसा।

इसी के बाद, 10 अक्टूबर को, नोआखाली में लक्ष्मी पूजा के अवसर पर मुसलमानों ने जगह-जगह हिन्दुओं पर निर्दय हमले कर दिए। कई दिनों तक इस हिंसा की कोई खबर दुनिया को नहीं मिलने दी गई। पर जैसे ही गांधी को इसका पता चला उन्होंने नोआखाली जाने का फैसला कर लिया। उनको देर न लगी समझने में कि अगर समय रहते इस तरह की साम्प्रदायिक हिंसा पर काबू न पा लिया गया तो सारा देश तबाही की तरफ चला जाएगा।

कितनी तेजी से गांधी ने इस समस्या के समाधान में अपने को लगा दिया उसका प्रमाण इससे मिलता है कि नोआखाली की खबर पाने के बारह दिन के अन्दर वह कलकत्ता पहुँच लिये और नोआखाली में अपना अभियान शुरू करने की तैयारी करने लगे। हालाँकि कलकत्ता में हुई हिंसा के बाद

सुहरावर्दी की निष्पक्षता में हिन्दुओं का विश्वास बिलकुल खत्म हो गया था, गांधी अपना काम अविश्वास से नहीं शुरू करना चाहते थे। उनका कहना था कि चूँकि सुहरावर्दी बंगाल की जनता द्वारा चुनी गई पार्टी के नेता और प्रान्त के प्रधानमंत्री हैं, उनका–गांधी का–कर्तव्य था कि सुहरावर्दी के साथ मिलकर शान्ति बहाल करने का काम शुरू किया जाए। बाद में अगर समझ में आए कि सुहरावर्दी गड़बड़ कर रहे हैं तो जरूर उनसे अलग होकर काम करना होगा।

गांधी कितने निष्कपट और पारदर्शी तरीके से काम करते थे उसको हम कलकत्ता पहुँचने के तुरन्त बाद बंगाल के अंग्रेज गवर्नर से हुई उनकी बातचीत से समझ सकते हैं। गवर्नर ने खासतौर से गांधी को बुलावा भेजा और आरम्भिक शिष्टाचार के बाद पूछा कि बंगाल में शान्ति स्थापित करने के लिए वह–गवर्नर–क्या कर सकते हैं। गांधी का सीधा जवाब था, 'कुछ नहीं।' शान्ति बहाल करने का काम जनता द्वारा निर्वाचित सरकार का था। अंग्रेजों का फर्ज सिर्फ इतना था कि जल्दी-से-जल्दी अपने देश लौट जाएँ। अगर शान्ति स्थापित करने के लिए फौज का इस्तेमाल जरूरी हो भी, तो वह फैसला सुहरावर्दी और उनकी सरकार को करना होगा, गवर्नर या फौज के किसी उच्च अधिकारी को नहीं।

कलकत्ता में, 29 अक्टूबर को वहाँ पहुँचने के बाद, जो आठ दिन नोआखाली की तैयारी में उन्होंने लगाए, उनमें एक बड़ा काम था सुहरावर्दी को इस बात के लिए तैयार कर लेना कि वह और गांधी दोनों मिलकर लोगों से शान्ति और भाईचारा बनाए रखने की अपील करें। और कुछ नहीं तो नैतिक स्तर पर–थोड़ा-बहुत मानसिक भावनात्मक असर की दृष्टि से भी–इस संयुक्त अपील का महत्त्व था। जो कुछ भी अगस्त की हिंसा के बाद से सोचा जाता रहा हो सुहरावर्दी के बारे में हिन्दुओं-सिक्खों द्वारा, वही सुहरावर्दी अब गांधी के साथ मिल कर सब लोगों से साम्प्रदायिक विद्वेष समाप्त करने की अपील कर रहे थे, और विश्वास दिला रहे थे कि गांधी को नोआखाली में शान्ति स्थापित करने के काम में हर मुमकिन सरकारी मदद मुहैया कराई जाएगी।

सुहरावर्दी को साथ लेकर गांधी जो करना चाहते थे वह हो न सका। इसलिए नहीं कि सुहरावर्दी विश्वास करने योग्य नहीं थे और उन्होंने गांधी

को धोखा दे दिया। बल्कि इसलिए कि साम्प्रदायिक हिंसा जिस तरह से नोआखाली के बाद फैली उसने सुहरावर्दी के लिए, एक सामान्य व्यक्ति और सामान्य राजनीतिक नेता होने के कारण, गांधी के साथ खड़े रहना, उन पर अपना विश्वास बनाए रखना, असम्भव-सा कर दिया।

17 अक्टूबर को नोआखाली की खबर पाते ही गांधी को खटका हो गया था कि नोआखाली और बंगाल से बाकी देश को अछूता रखना मुश्किल हो जाएगा। वह अभी कलकत्ता में ही थे और नोआखाली की तैयारी कर रहे थे कि जिस संक्रामक साम्प्रदायिक हिंसा का उन्हें डर था वह बिहार में फूट पड़ी। मुसलमानों का शिकार शुरू हो गया वहाँ, नोआखाली के हिन्दुओं का बदला लेने के लिए। बिहार में कांग्रेस की सरकार थी। मुसलमानों में कहा जाने लगा कि इस भयंकर हिंसा के पीछे प्रान्त की कांग्रेसी सरकार का हाथ है।

यहाँ सवाल किसी ऐतिहासिक सच्चाई का नहीं है। अगर है तो सिर्फ इस सच्चाई का कि अनेक मुसलमानों को यकीन था कि बिहार की हिंसा–नवम्बर 1946 के पहले हफ्ते तक 50 हजार मुसलमान मौत के घाट उतार दिए गए माने जा रहे थे–कांग्रेसी सरकार की कारस्तानी थी। आज दस्तावेजों का अध्ययन करके इतिहासकार भले ही सही कह सकें कि वास्तव में मरने वालों की संख्या दस हजार से भी कम थी, उससे वह यकीन तो अनैतिहासिक हो नहीं जाएगा जिससे गांधी और सुहरावर्दी दोनों का ही सामना हो रहा था।

गांधी क्रिया और प्रतिक्रिया के तांडव को, दो गहराते परस्पर अविश्वासों के टकराव से पैदा हुए खतरे की बढ़ती भयावहता को, साम्प्रदायिक विभाजनों से ऊपर उठकर रोक देना चाह रहे थे। सुहरावर्दी के लिए वह सम्भव न था। वह एक औसत आदमी थे, और मुसलमानों के नेता थे। हिन्दू और मुसलमान दोनों को एक मान पाना, और समझ पाना कि गांधी का नोआखाली जाना केवल हिन्दुओं को बचाने के लिए नहीं था, मुश्किल था सुहरावर्दी के लिए।

नतीजा यह हुआ कि तमाम मुसलमानों के मन में यह भाव आने लगा कि गांधी को नोआखाली में काम करने के बजाय बिहार जाकर वहाँ साम्प्रदायिक शान्ति बहाल कर मुसलमानों को बचाना चाहिए। सुहरावर्दी भी

इस सोच से ऊपर न उठ पाए। पहले थोड़ा सँभल-सँभलकर और जल्दी ही सार्वजनिक तौर पर गांधी से कहने लगे कि उन्हें बिहार चले जाना चाहिए।

गरज यह कि नोआखाली पहुँचते ही गांधी की समझ में आने लगा कि सुहरावर्दी और उनकी सरकार से अपेक्षित सहयोग मिलने वाला नहीं है। पर उन्हें तो अपना काम करना था। न केवल इसलिए कि अगर वह नोआखाली में कामयाब हो गए—ऐसा उनका मानना था—तो बाकी देश में शान्ति बनाए रखना आसान होगा, बल्कि इसलिए भी कि उन्हें पूरा विश्वास था कि नोआखाली में रहकर भी, कांग्रेस में अपने प्रभाव के कारण, वह बिहार में मुसलमानों को बचा लेंगे। साथ ही यह विश्वास भी था कि उनके अपने नैतिक बल का कुछ असर जरूर होगा। सो उन्होंने बिहार से सार्वजनिक अपील करते हुए कहा :

> हालांकि बिहार मुझे बुला रहा है, नोआखाली का अपना कार्यक्रम मुझे रोकना नहीं चाहिए। और जिस साम्प्रदायिकता का आरोप कांग्रेसी मुस्लिम लीग पर लगाते हैं, क्या उसका प्रत्युत्तर प्रति-साम्प्रदायिकता है? बिहार के चौदह प्रतिशत मुसलमानों को निर्दयतापूर्वक कुचलना क्या राष्ट्रवाद है?

गांधी ने अपनी अपील को लोगों के विवेक—राष्ट्रवादी विवेक—तक ही सीमित नहीं रखा। लोगों की भावनाओं—मानवोचित भावनाओं—को भी जगाने की कोशिश की। कलकत्ता पहुँचने के बाद गांधी ने, मुख्यतः स्वास्थ्य को ध्यान में रखते हुए, कुछ दिनों के लिए अपने रोज के भोजन में कटौती कर दी थी। पर अब उन्होंने घोषणा कर दी कि बिहार की त्रासदी के प्रायश्चित्तस्वरूप उनका भरपेट न खाना अब आंशिक अनशन के रूप में अनिश्चित अवधि तक जारी रहेगा। इतना ही नहीं, उन्होंने यह भी कह दिया कि अगर बिहार के लोग रास्ते पर नहीं आए तो यह आंशिक अनशन आमरण अनशन बन जाएगा।

मुसलमान, गांधी जानते थे और दुःख से कहते भी थे, उस समय उन पर विश्वास नहीं करते थे; अपना दुश्मन मानते थे उनको। पर हिन्दू तो बड़ी संख्या में उनके प्रति श्रद्धा और स्नेह का भाव रखते थे। वे थोड़े तो विचलित होंगे ही गांधी को अधपेट गुजारा करते देख।

गांधी घूमते रहे नोआखाली के गाँवों में। पैदल। नितान्त अकेले। प्रायः

खेतों की मेड़ों से रास्ता बनाते और सँकरे डाँवाँडोल काठ के पुलों को पार करते। उन रास्तों पर चलते जिन पर उन्हें अपना दुश्मन समझने वाले मुसलमान काँटे और काँच बिछा देते थे। कभी भर पेट नहीं।

कोई असर नहीं हुआ अपने ही लोगों की अन्तरात्मा को जगाने के लिए किए गए गांधी के आंशिक अनशन का।

पता नहीं गांधी को कैसा लगा ऐसा होने पर, लेकिन हम तो सोच सकते हैं कि क्या है मानव प्रकृति में जो उसे इतना कुछ अछूता छोड़ जाता है।

कोरी भावुकता का सवाल नहीं है यह। हम आगे देखेंगे कि मानवीय विवेक और परिणामतः मानवीय नियति से जुड़ा है यह सवाल।

जो गांधी देख पा रहे थे–'मुझे भविष्य बहुत ही मनहूस दिखलाई पड़ता है। उसे बताते हुए मैं काँपने लगता हूं'–उससे देश को बचाने के लिए वह बार-बार लोगों के विवेक को जगाना चाह रहे थे। उनकी बुद्धि पर चोट कर रहे थे। उसका कोई असर न होते देख–हम अगले अध्याय में देखेंगे–वर्षों की अर्जित अपनी नैतिक पूँजी–महात्मा गांधी की जिंदगी–दाँव पर लगाने को विवश हो जाते। पर जोर हर समय लोगों के विवेक को जगाने पर ही रहता। वह भी–उनके या देश के दुर्भाग्य से–मात्र अरण्य-रोदन बनके चुक जाता। मसलन, बिहार में जब हिंसा फूटी तो उन्होंने कहा :

> कांग्रेस लोगों की संस्था है। मुस्लिम लीग हमारे मुसलमान भाइयों और बहनों की है। कांग्रेस का जहां राज है अगर वह वहां मुसलमानों की हिफाजत नहीं कर सकती तो कांग्रेसी प्रधानमंत्री होने का क्या फायदा? उसी तरह, जहां मुस्लिम लीग की सरकार है और वहां हिन्दू सुरक्षित नहीं हैं तो वहां लीगी प्रधानमंत्री किसलिए है? अगर उनमें से किसी को भी मुस्लिम या हिन्दू अल्पसंख्यकों को सुरक्षित रखने के लिए फौज की मदद लेनी पड़ती है, तो उसका मतलब सिर्फ यह है कि संकट के समय में दोनों में से किसी का भी आम जनता पर कोई बस नहीं है। और अगर ऐसा है तो इसका मतलब सिर्फ यह है कि हम ब्रिटेनवासियों को आमंत्रित कर रहे हैं कि वे भारत पर अपना प्रभुत्व बनाए रखें।

सामान्य लोकतांत्रिक जीवन के सत्व की बात कर रहे थे गांधी, अहिंसा की कोई सैद्धान्तिक मीमांसा नहीं कर रहे थे। बता रहे थे कि अगर लोगों

की चुनी हुई सरकार को शान्ति और व्यवस्था बनाए रखने के लिए सैनिक बल की जरूरत पड़े तो लोकतंत्र बेमतलब है। इस विषय पर थोड़ी और चर्चा होगी अगले अध्याय में। अभी इतना ही। वैसे सचेत पाठक-पाठिकाओं के मन में इतना तो आ ही गया होगा कि गांधी ने जिस सच्चे लोकतंत्र की बात संकट के उस समय में की, आज हम उससे इतनी दूर आ गए हैं कि फौज और जो नाना प्रकार के अर्द्ध-सैनिक बल देश में बन गए हैं लोकतांत्रिक आजादी के 60 सालों में, उनके मार्फत कायम होती शान्ति और व्यवस्था आज नियम बन गई है, और हमारे राजनीतिक जीवन का ऐसा अभिन्न अंग कि हम उस स्थिति में कोई खोट भी नहीं देख पाते।

गांधी चार महीने रहे नोआखाली में। एक अनोखा प्रयोग करते रहे वहाँ। लोगों के बीच जा-जाकर उनको समझाना, और ऐसी स्थिति पैदा कर देना कि हिन्दू और मुसलमान पुनः वहाँ मिल-जुलकर रहने लगें।

मगर बिहार ने मजबूर कर दिया उनको नोआखाली छोड़ने के लिए। नोआखाली में रहकर और आंशिक अनशन करके बिहार को रास्ते पर न ला सके वह। उम्मीद नहीं छोड़ी पर जब डॉ. सैयद महमूद जैसे सम्मानित बिहारी मुसलमान कांग्रेसी नेता ने भी कह दिया कि उन्हें बिहार में होना चाहिए तो गांधी चल दिए नोआखाली से। लेकिन नोआखाली को छोड़ नहीं दिया उन्होंने। अपने योग्य विश्वासपात्र सहयोगियों को पीछे छोड़ गए नोआखाली में काम करने के लिए। और साढ़े पाँच महीने बाद ही, जब देश 15 अगस्त के दिन आजादी का जश्न मनाने की तैयारी कर रहा था, गांधी एक बार फिर नोआखाली के लिए रवाना हो गए। कलकत्ता ही पहुँचे थे कि वहीं रोक दिए गए। शहर में अशान्ति थी, मुसलमानों के मारे जाने का खतरा था। वही सुहरावर्दी जो बंगाल के प्रधानमंत्री की हैसियत से खुलेआम गांधी को ताने देकर नोआखाली छोड़ बिहार जाने को उकसा रहे थे केवल पाँच महीने पहले तक, विनती करने लगे कि पहले कलकत्ता में अमन पक्का कर दें गांधी, तभी आगे नोआखाली जाएँ। कलकत्ता में तो शान्ति ले आए गांधी, और इसके लिए उन्हें अपनी जिन्दगी को भी दाँव पर लगाना पड़ा। पर आगे नोआखाली जाना न हो सका। पंजाब जाना ज्यादा जरूरी हो गया। प्रधानमंत्री जवाहरलाल नेहरू तार भेजकर बुला रहे थे।

जहाँ सरकार अपनी पुलिस और फौज के बावजूद हार जाती थी वहाँ

गांधी की जरूरत पड़ने लगती थी। कहाँ-कहाँ जा और रह सकते थे गांधी? और कैसा बदल गया था वक्त, और लोग कि जिस गांधी की बात कभी जादू की तरह असर करती थी अब उसी गांधी को एक जगह से दूसरी जगह भागना पड़ रहा था कुछ कर पाने को। और, बिलकुल बाद के महीनों में, उनकी अपनी मौजूदगी का भी असर घटने लगा था।

यह एक बड़ा दुःख था गांधी का।

III

इसी से जुड़ा हुआ था पाकिस्तान का सवाल। एक ऐसा सवाल जिस पर उस समय गांधी को न समझा गया और न माना गया, और जिसको लेकर आज तक जनमानस भ्रान्ति-ग्रस्त है। देश के बँटवारे को साठ साल से ऊपर हो गए। इसी बीच एक दूसरा बँटवारा भी हो गया। उसको भी हुए चालीस साल हो गए। अभी भी स्थिति स्थिर नहीं कही जा सकती। कहीं-न-कहीं और बँटवारों की माँगे चलती ही रही हैं कमोबेश शिद्दत से। राष्ट्रीय अखंडता अथवा अनेकता का सवाल, परिणामतः, आज भी लोगों को उद्वेलित कर देता है और—चाहे वे हिन्दुस्तान में हों, पाकिस्तान में हों, या बांग्लादेश में—इस विषय पर निष्पक्ष और गम्भीर मनन करने में वे असमर्थ-से हो जाते हैं।

गांधी आखिरी पल तक विभाजन के खिलाफ रहे। हमें उनके विभाजन से सम्बन्धित रवैए के बारे में और कुछ मालूम हो या न मालूम हो, उनका यह कथन हम भुला नहीं पाते कि देश का बँटवारा उनकी लाश पर होगा। यही नहीं, इस भुला न पाने के साथ एक विश्वासघात जैसा भाव भी जुड़ा रहता है। यह भाव कि कैसे सत्य के पुजारी थे गांधी, कैसे सदा राम को याद करने वाले—'प्रान जाय पर वचन न जाई'—जो भूल गए अपनी भीष्म प्रतिज्ञा। बैठ गए होते आमरण अनशन पर तो विभाजन टल न जाता! न भी टलता तो भी एक भगीरथ प्रयास तो हो जाता देश की अखंडता को बचाने का।

विश्वासघात का यह भाव कुछ ऐसा हावी हो जाता है, गांधी के इस मुद्दे पर आमरण अनशन न करने के कारण, कि उनको देश के विभाजन

के लिए जिम्मेदार भी ठहरा दिया जाता है।

इसके बाद जानने के लिए कुछ बचता ही नहीं। क्यों नहीं किया एक अन्तिम आर या पार का आमरण अनशन? न-हुए बलिदान से पैदा हुई बेचैनी में ही खो जाता है यह सवाल, और अपने में ही बन जाता है जवाब भी।

गांधी ने खुद भी उठाया था यह सवाल। और लम्बा जवाब दिया था इसका। न केवल शब्दों में बल्कि अपने बचे-खुचे जीवन की अपनी करनी में भी।

3 जून को–आजादी से ढाई महीने पहले–कांग्रेस ने देश के बँटवारे का प्रस्ताव औपचारिक रूप से स्वीकार किया। जानते हुए कि गांधी इसके विरुद्ध हैं। दूसरे ही दिन अपनी प्रार्थना-सभा में बोलते हुए गांधी ने इस फैसले को अपना समर्थन दे दिया। पर उसी के साथ यह कहने से नहीं चूके कि वह स्वयं इस फैसले को गलत मानते हैं। एक और महत्त्वपूर्ण बात जो उन्होंने कही वह यह थी कि अगर सब लोग कभी समझ सकें कि यह फैसला गलत है तो वे मिलकर उसे बदल भी सकते हैं।

'मैं यह नहीं कह सकता,' गांधी ने पाकिस्तान के बनने के बारे में कहा, 'कि यह सारा बुद्धि का ही प्रयोग हुआ है।' किन्तु :

> हम किसी को मजबूर नहीं करना चाहते। बहुत-बहुत कोशिशें कीं। बहुत समझाया, पर वे लोग विधान-परिषद् में आए ही नहीं और लीग वाले यही कहते रहे कि वहां आने में हमें हिन्दू-बहुमत का डर लगता है।...इतना मैं कहूंगा कि उनका पाकिस्तान मांगना गलत चीज थी; पर वे दूसरा कुछ सोच ही नहीं पाते। वे कहते हैं कि हम वहां रह ही नहीं सकते जहां ज्यादा हिन्दू हों। इसमें उनका नुकसान है और मैं ईश्वर से मांगता हूं कि जल्द-से-जल्द वह उन्हें इस नुकसान से बचा लें।

कहीं उनके कहे का यह अर्थ न लगा लिया जाए कि गलती केवल मुसलमानों की थी, गांधी ने यह जोड़ना जरूरी समझा :

> इतना हम समझ लें कि हरेक इनसान भूलों से भरा पड़ा है। हिन्दू, सिख, मुसलमान सभी। ऐसा कह सकते हैं कि मुसलमानों ने बड़ी गलती की है, पर हम अपने को अच्छे किस आधार पर कहें? न्याय करना ईश्वर पर ही छोड़ें।

और यह भी कि भले ही जोर लीग और मुसलमानों की तरफ से पड़ता रहा हो देश के बँटवारे के लिए, हिन्दू और सिख पाकिस्तान बनने की जिम्मेदारी से अपने को बरी नहीं मान सकते :

> आपने जब मांगा है तब वह (पाकिस्तान) दिया गया है। कांग्रेस ने नहीं मांगा था। मैं तो यहां था ही नहीं; पर कांग्रेस लोगों के मन की बात जान लेती है। उसने जान लिया कि खालसा भी यही चाहते हैं और हिन्दू भी।

कांग्रेस को सही साबित करने के लिए नहीं कह रहे थे गांधी यह सब। पाकिस्तान को मानने का फैसला उनकी नजरों में अभी भी गलत ही था। पर उनकी तरह सोचना तो अब उत्तरोत्तर अव्यावहारिक लगने लगा था। जैसा कि अपने दृष्टिकोण के बारे में उस दिन उन्होंने कहा :

> मैंने तो कह दिया था कि आप अराजकता की फिक्र न करें। मैं तो जुआ खेलने वाला ठहरा। पर मेरी कौन सुने? आप मेरी नहीं सुनते; मुसलमानों ने मुझे छोड़ दिया और कांग्रेस से भी मैं अपनी बात पूरी-पूरी मनवा नहीं सकता।

'लेकिन अब यह फैसला हो गया तो क्या मैं यह कहूँ कि हम सब कांग्रेस से बागी बन जाएँ? या वाइसराय से कहूँ कि आप बीच में पड़ो?' बस एक ही विकल्प था गांधी के हिसाब से। सो उन्होंने व्यक्त कर दिया : 'पर अब जो हो गया है, वही हम स्वीकार कर लें। इसमें यह खूबी भी है कि हम जब चाहें उसे मिटा सकते हैं।'

4 जून के इस प्रार्थना-प्रवचन के अन्त में गांधी ने कहा :

> ...जिन्ना साहब से मैं कहता हूं, मिन्नत करता हूं कि अब तो आप हम सबसे सीधी बात करें। जो हुआ ठीक है, पर आगे की सब कार्रवाई हम मिलकर करें। वाइसराय को अब आप भूल जाएं और अब जो समझौते करने हैं उन्हें करने के लिए आप हम लोगों को अपने पास बुला लें, ताकि हमारा सबका भला हो।

किसी एक का नहीं, 'हमारा सबका भला' चाहते थे गांधी। अपने-पराए के फर्क और उससे उपजती संकीर्णता से ऊपर उठ चुके थे वह। देख सकते थे कि 'सबका भला,' शीघ्र होने वाले विभाजन के सन्दर्भ में, केवल नैतिक

दृष्टिकोण से ही नहीं वरन् अपने-अपने स्वार्थ की दृष्टि से भी, सबके लिए जरूरी था। आपस में मिलकर, परस्पर अविश्वास और शत्रुता त्याग कर, काम करने से ही दोनों देश अपना भला कर सकते थे।

पाकिस्तान बनाने के प्रस्ताव की औपचारिक स्वीकृति के तुरन्त बाद जो कुछ गांधी ने इस प्रवचन में कहा वह पूरी तरह उन बातों से मेल खाता है जो वह इस विषय में पहले कहते रहे थे। मिसाल के तौर पर, 7 मई 1947–जब लगभग कांग्रेस फैसला कर चुकी थी यद्यपि औपचारिक घोषणा होनी बाकी थी–की शाम को गांधी ने कहा :

> जिन्ना साहब पाकिस्तान चाहते हैं। कांग्रेस ने भी तय कर लिया है कि पाकिस्तान की मांग पूरी की जाए...लेकिन मैं तो पाकिस्तान किसी भी तरह मंजूर नहीं कर सकता। देश के टुकड़े होने की बात बर्दाश्त ही नहीं होती। ऐसी तो बहुत-सी बातें होती रहती हैं जिन्हें मैं बर्दाश्त नहीं कर सकता, फिर भी वे रुकती नहीं, होती ही हैं। पर यहां बर्दाश्त न हो सकने का मतलब यह है कि मैं उसमें शरीक नहीं होना चाहता, यानी मैं इस बात में उनके वश में आने वाला नहीं हूं।...मैं किसी एक पक्ष का प्रतिनिधि बनकर बात नहीं कर सकता। मैं सबका प्रतिनिधि हूं। सारे हिन्दुस्तान में जितने हिन्दू हैं, जितने मुसलमान हैं, जितने सिख और पारसी हैं, जैन और ईसाई हैं, उन सबका ट्रस्टी बनने का मेरा प्रयत्न है। अगर ट्रस्टी नहीं बन सका हूं या बनने लायक नहीं हूं तो भी मैं चाहता हूं कि मैं ट्रस्टी बनूं। इसलिए मैं पाकिस्तान बनाने में हाथ नहीं बंटा सकता।

इतने साफ और सशक्त तरीके से बँटवारे का विरोध करके, और कहकर कि 'हमें मिलकर ही रहना होगा,' गांधी ने अपने इसी वक्तव्य में यह भी कहा : 'मिलकर रहने के लिए भी किसी के ऊपर आपको बल-प्रयोग नहीं करना चाहिए।' चूँकि जैसा गांधी एक महीना पहले, 5 अप्रैल को, कह चुके थे :

> अगर हमने शान्ति नहीं रखी और जबरन देश को एक बना रखा तो वह पाकिस्तान हमारे मन में भर जाएगा। और जब पाकिस्तान हमारे दिल में रहेगा और हम किसी भी तरह अपने भाइयों के साथ अमन से रहने को तैयार न होंगे तो मैं आगाह करता हूं कि हिन्दुस्तान आजाद रह ही नहीं सकेगा।

इसके ठीक बाद जो वाक्य गांधी ने बोला वह बहुत उल्लेखनीय है। उन्होंने कहा : 'हां, पाकिस्तान एक तरह अमृतमय हो सकता है।' और ठीक इस वाक्य के बाद उन्होंने पूछा : 'लेकिन उसके लिए पिस्तौल, भाला, तलवार क्यों होनी चाहिए?' अगर जोर-जबर्दस्ती हुई 'तो चारों ओर ऐसी आग फैल जाएगी कि हम सब उसमें भस्म हो जाएंगे, कोई भी नहीं बचेगा। अन्धाधुन्ध लूट-खसोट और आग जलाने से देश भर में बर्बादी ही फैलेगी।' महाभारत की याद दिलाते हुए गांधी ने कहा कि भाइयों की इस लड़ाई में कोई जीतने वाला नहीं होगा :

> पांडवों ने भी जीत कर हार ही पाई। युद्ध की कथा सुनने भर को इने-गिने लोग बच पाए और आखिर उनका जीवन भी इतना किरकिरा हो गया कि उन्हें हिमालय में जाकर स्वर्गारोहण करना पड़ा। आज हमारे देश में जो चल रहा है, वह सब ऐसा ही है।

अभी भी, लगता है, कुछ वैसा ही है। हिन्दुस्तान और पाकिस्तान दोनों देशों के अन्दर। और दोनों देशों के बीच भी। जब कि, नैतिकता को भूल जाएँ तो भी, दोनों देशों के आपसी हित में है गांधी के 5 अप्रैल 1947 के इस कथन पर अमल करना :

> अमृतमय हिन्दुस्तान वह है जो केवल हिन्दू का नहीं है; पर साथ में मुसलमान, पारसी, ईसाई और सिख का भी उतना ही है जितना हिन्दुओं का। और अमृतमय पाकिस्तान भी वही है जिसमें सभी कौमों के लिए जगह हो और किसी के बारे में वहां जहर न हो।

जो भी हो, 4 जून को पाकिस्तान बनने की बात मानने से पहले इसका प्रबल विरोध करने के दौरान भी गांधी ने इतना कुछ बहुत ही साफ तरीके से कह दिया था कि विश्वासघात जैसा एहसास तो दूर, लोगों को आश्चर्य नहीं होना चाहिए था कि इतनी आसानी से वह कांग्रेस के फैसले को मान बैठे। पर हुआ आश्चर्य। नेहरू और पटेल तक घबराए हुए थे कि वायसराय से अपनी मुलाकात के दौरान गांधी पाकिस्तान के मसले पर क्या रुख लेंगे। बड़ी राहत की साँस ली थी गांधी की मंजूरी मिलने पर पाकिस्तान बनाने का फैसला करने वालों ने।

दूसरी तरफ विश्वासघात वाली तीखी प्रतिक्रिया भी थी। 4 जून की रात

से ही सन्देशे आने लगे। इनमें से एक तार का हवाला देते हुए 5 जून के प्रार्थना-प्रवचन में गांधी ने बताया कि इसमें उनसे पूछा गया था :

> आपने चार-पांच दिन इतनी लम्बी-लम्बी बातें बनाईं कि हम एक इंच भी पाकिस्तान मजबूरी से देना नहीं चाहते बुद्धि से हृदय को जाग्रत करके भले ही जो चाहे सो लें, लेकिन वह तो बन गया। अब आप इसके लिखाफ अनशन क्यों नहीं करते?

'और वे पूछते हैं,' गांधी ने आगे बताया, 'कि तब आपने ऐसी बातें क्यों कही थीं और अब आप ठंडे क्यों बने हैं? आप कांग्रेस के बागी क्यों नहीं बनते और उसके गुलाम क्यों बनते हैं? आप उसके खादिम कैसे रह सकते हैं? अब आप अनशन करके मर क्यों नहीं जाते?'

जाहिर है गांधी यहाँ कोई सन्देश जस का तस पढ़कर नहीं सुना रहे। पर जो वह बता रहे हैं वह लोगों की तीखी प्रतिक्रिया को सही व्यक्त कर रहा है। कोई नमक-मिर्च नहीं लगाई गई है इस रिपोर्टिंग में।

ऐसी खरीखोटी के पीछे जो गुस्सा है उसे गांधी समझते हैं। और समझाते हैं : 'गुस्सा करने का मतलब है थोड़ा पागल होना। अंग्रेजी में कहा है–"एंगर इज शॉर्ट मैडनेस" और गीता में भी कहा है–"क्रोधाद्भवति सम्मोहः सम्मोहात्स्मृतिविभ्रमः"।' फिर कहते हैं :

> किसी के कहने पर अनशन कैसे करूं? मैं मानता हूं कि मेरे जीवन में एक और उपवास लिखा है। आगा खां महल के उपवास के बाद से ही मेरे दिल में यह बात जमी हुई है कि वह आखिरी उपवास नहीं था। एक और 'उपवास' मुझे करना होगा लेकिन वह किसी के कहने पर मैं नहीं करूंगा। खुदा जब कहेगा, करूंगा।

यह कहते वक्त गांधी नहीं जानते थे कि कितना और जीना उन्हें बदा था। पता नहीं जानते होते कि सिर्फ नौ महीने जीने की मुहलत और है तो भी क्या एक और उपवास करने का दावा इतने ही विश्वासपूर्वक करते। जो वास्तव में हुआ वह हम जानते हैं। उन्हें उन बचे हुए नौ महीनों में दो बार आमरण अनशन पर बैठना पड़ा। पर उतना आगे अभी नहीं। फिलहाल इतना ही कि अगर गांधी ने पाकिस्तान बनने के खिलाफ अनशन नहीं किया तो प्राणों का मोह उसका कारण नहीं था। वैसे भी वह इस समय तक अपनी

इस बात का मर्म भली-भाँति समझ चुके थे कि 'मरने का इल्म सीखो तब जिन्दा रहोगे।'

गांधी इस समय किस तरह से सोच रहे थे, और उनका खुदा उनसे कैसे बात कर रहा था, इसका अन्दाजा मिलता है उनके आगे के शब्दों से :

> मैंने कह दिया है कि मैं जिन्ना साहब का साक्षी बन गया हूं। वे चाहते हैं, देश में शान्ति हो और मैं भी यही चाहता हूं। फिर भी अगर जगह-जगह दंगा चलता ही रहा और सारा हिन्दुस्तान डांवांडोल हो जाता है और ईश्वर मुझसे कहता है यानी मेरा दिल मुझसे कहता है कि अब संसार से तुझे उठ जाना है तो मैं वैसा करूंगा ही।

यानी कि अगर पाकिस्तान बनने से शान्ति स्थापित होनी है, और पाकिस्तान भी न्याय और समानता के सिद्धान्त पर चलने को वचनबद्ध है, तो गांधी बँटवारे को सफल बनाना ही अपना कर्तव्य समझते हैं। उन्होंने कहा :

> मुझे खुशी है कि जिन्ना साहब ने कहा है कि पाकिस्तान शहनशाह का नहीं, जनता का रहेगा और अल्पमत को भी बराबर का माना जाएगा। उनकी इस बात में इतना इजाफा मैं करना चाहूंगा कि जैसा वे कहते हैं वैसा करें भी। अपने पैरोकारों को भी वे यह बात समझा दें और कह दें कि अब लड़ाई की बात भूल जाओ।'

सौ बात की एक बात कह दी थी गांधी ने। 'अब लड़ाई की बात भूल जाओ।' इस बुनियादी बात को उनके जीते जी ही हवाई समझे जाने वाले उनके सद्धान्तों से जोड़कर इसे भी हवा में न उड़ा दिया जाए, सो गांधी ने एक सीधा-सा सवाल भी जोड़ दिया इसके साथ : 'यह टुकड़े दोस्त बनने के लिए किए गए हैं? या दुश्मन बनने के लिए?' कैसी विडम्बना थी कि देश के बँटवारे को अभी भी गलत मान रहे गांधी से देश की अखंडता के स्वघोषित समर्थक आमरण अनशन पर जाने का आग्रह कर रहे थे, कोस रहे थे उन्हें ऐसा न करने के कारण, और वही गांधी बँटवारे को सफल बनाने पर जोर दे रहे थे। समझा रहे थे कि आपसी कलह को निपटाने के एकमात्र अन्तिम उपाय के तौर पर जब बँटवारा मान ही लिया गया तो एक ही चीज बचती है करने को। बँटवारे का ऐसा अमलीकरण किया जाए कि इच्छित

उद्देश्य अच्छी तरह से पूरा हो जाए। ऐसा न किया तो 'यादव स्थली मच जाएगी।' सबकी बरबादी होगी यदि लड़ाई की बात चलती रही। जीतने वाला कोई न बचेगा।

अनशन न करने के अपने फैसले के औचित्य में गांधी ने आगे कहा :

> अगर कांग्रेस पागलपन पर उतर आवे तो क्या मैं भी पागलपन करूं? क्या मैं मर कर यह सिद्ध करने बैठूं कि मेरी ही बात सच्ची है? मैं तो कांग्रेस की, आप की, मुसलमानों की और अपने साथी जिन्ना साहब की बुद्धि पर चोट करना चाहता हूं और उनके हृदय पर कब्जा करना चाहता हूं।

अपने को अहिंसा का आचार्य मानने वाले गांधी–जो इससे जरा पहले कह चुके थे कि 'मेरा दिल मुझसे कहता है कि संसार से तुझे उठ जाना है तो मैं वैसा करूंगा ही'– ने अपनी स्थिति और स्पष्ट करते हुए कहा :

> अनशन भी राक्षसी हो सकता है। ईश्वर भी मुझे ऐसे राक्षसी अनशन से बचाए, वह मुझे राक्षसी कार्य, राक्षसी उच्चार, राक्षसी विचार सभी से बचाए रखे। अच्छा हो कि ऐसा मैं करूं, उससे पहले वह मुझे उठा ले। मैं जब करूंगा, सात्विक और दैवी अनशन ही करूंगा।

व्यवहार और सिद्धान्त का ऐसा मेल हो गया था उस वक्त कि गांधी दोनों के ही आधार पर बँटवारे के अपने विरोध को त्यागने पर विवश हो गए थे। बँटवारे का प्रबल सार्वजनिक विरोध करते समय उनके मन में यह विश्वास तो था ही कि बँटवारे से किसी का भी फायदा नहीं होगा। मुसलमानों का भी नहीं। इसी के साथ-साथ उन्हें यह भी विश्वास था कि देश के लोग बँटवारे के विरुद्ध हैं। उनका पहला विश्वास तो वैसा का वैसा बना हुआ था पर यह विश्वास टूट गया था कि लोग बँटवारे के खिलाफ हैं। 9 जून को अपने लिखित सन्देश में उन्होंने कहा :

> आजकल तो मेरे पास बहुत ऐसे खत आते रहते हैं, जिनमें मेरे ऊपर हमला होता है। एक मित्र लिखते हैं कि आप जो कहा करते थे कि हिन्दुस्तान का काटना तो समझो मेरे शरीर को काटना है, तो आज आपकी यह बात कितनी कमजोर पड़ गई है, और मुझे इस बँटवारे का विरोध करने को कहते हैं। मैं तो अपना इसमें कोई दोष नहीं

> देखता। जब मैंने कहा था कि हिन्दुस्तान के दो भाग नहीं करने चाहिए तो उस वक्त मुझे विश्वास था कि आम जनता की राय मेरे पक्ष में है; लेकिन जब आम राय मेरे साथ न हो तो क्या मुझे अपनी राय जबर्दस्ती लोगों के गले मढ़नी चाहिए? मैंने यह भी जरूर कई बार कहा है कि असत्य और बुराई के साथ तो कभी समझौता नहीं करना चाहिए और आज मैं दावे से कह सकता हूं कि अगर तमाम गैर-मुस्लिम लोग मेरे साथ हों तो मैं हिन्दुस्तान के दो टुकड़े न होने दूंगा। लेकिन आज मुझे स्वीकार करना पड़ता है कि आम राय मेरे साथ नहीं और इस कारण मुझे पीछे हटकर बैठना चाहिए।

इसी सम्बन्ध में गांधी ने एक निहायत महत्त्वपूर्ण फर्क की ओर ध्यान दिलाते हुए कहा :

> जो मुझे पाकिस्तान का विरोध करने के लिए कहते हैं उनमें और मेरे में कोई समानता नहीं, सिवा इसके कि देश का बंटवारा हम दोनों को नापसन्द है। मेरे और उनके विरोध में बुनियादी फरक है। प्रेम और वैर का मेल किस तरह से हो सकता है?

प्रेम और वैर का मेल! यह मात्र साध्य और साधन के बीच नैतिक तालमेल का सवाल नहीं था। कि अच्छे साध्य–एक विशिष्ट दृष्टि से देखने पर देश की अखंडता का साध्य–को पूरा करने के लिए एक गलत साधन–वैर, जोर-जबर्दस्ती–का इस्तेमाल क्या जायज है? सीधे-सीधे व्यावहारिकता का भी सवाल था। क्यों जोर-जबर्दस्ती से–क्यों न आमरण अनशन की नैतिक जबर्दस्ती ही हो वह–देश की अखंडता के साध्य को साधा जा सकता था? व्यवहार में क्या यह साधन आत्मघाती सिद्ध होने वाला नहीं था?

प्रेम और वैर के इस बुनियादी फर्क का आधार स्पष्ट था। प्रेम की बात करने वाला कह सकता था : 'भूगोल के दो टुकड़े हो गए उसके पीछे सिर क्या फोड़ना?' उसे दिलों को टुकड़े होने से बचाना था। वैर वालों की चिन्ता नकशाई अखंडता को लेकर थी, जिसके लिए वे गांधी को भी कुर्बान कर सकते थे। आज भी गांधी को विभाजन के लिए जिम्मेदार ठहराने वालों को इस फर्क पर गौर करना होगा।

अपने समय की व्यावहारिक सम्भावनाओं की गांधी जैसी पैनी पकड़ शायद ही किसी और की रही हो। अपने समय की ही क्यों, गांधी तो

मानवीय सम्भावितव्य का एक नया सीमान्त प्रदर्शित कर चुके थे जिस वक्त उन्होंने देश के विभाजन के विरुद्ध अपने अन्तिम शस्त्र—आमरण अनशन— की न केवल प्रभावहीनता बल्कि उसकी आत्मघातकता को भी पहचान उसके प्रयोग से इनकार किया।

अपनी ऐतिहासिक प्रतिकल्पना को प्रश्नातीत मान आज भी गांधी को देश के विभाजन के लिए दोषी मानने वालों को कम से कम इतना तो करना ही पड़ेगा कि एक बार खुले मन से गांधी के उस समय के कहे और किए पर विचार कर लें। सोचें कि क्या गांधी का यह मानना गलत था कि 'बँटवारे से तो हम आज बच नहीं सकते चाहे वह हमें कितना ही नापसन्द हो?' और क्या उनकी अपनी ऐतिहासिक प्रतिकल्पना सही है कि गांधी आमरण अनशन कर बँटवारा रोक सकते थे? या यह कि न भी रुक पाता बँटवारा, तो भी गांधी को आमरण अनशन करना ही चाहिए था? यह भी कि जोर-जबर्दस्ती के उलटे परिणाम वाला गांधी का तर्क भी गलत था?

सच तो यह है कि गांधी ने विभाजन को मानकर भी नहीं माना। जैसे ही उन्हें लगा कि पाकिस्तान का बनना निश्चित है, उनकी व्यवहार बुद्धि ने समझ लिया कि अब केवल एक विवेकपूर्ण विकल्प बच रहा था। वह था दिलों के बँटवारे को बचा लेने में लग जाना। सो इसी में लग गए गांधी। अपनी कथनी से भी और करनी से भी।

करनी की चर्चा अगले अध्याय में। यहाँ कथनी ही।

दिलों के बँटवारे को बचाने का मतलब था भौगोलिक-राजनैतिक बँटवारे को मानवीय-व्यावहारिक स्तर पर निरस्त-प्राय कर देना। देश के अविभक्त रहने पर भी लोगों के दिलों में पाकिस्तान घर किए रह सकता है, ऐसी सूक्ष्म समझ वाले गांधी को यह भी लग रहा था कि अगर विवेक से काम हो तो विभाजन के बाद भी देश एक बना रह सकता है। तरह-तरह से और हर दिन अब वह इसी एक बात को समझाने में जुट गए।

बँटवारे का प्रस्ताव मान लेने के अगले हफ्ते ही गांधी ने कहा :

> भले ही भूगोल के टुकड़े हो गए हों पर दिलों के टुकड़े नहीं हुए तो हमें रोना नहीं है; क्योंकि जब तक दिलों के टुकड़े नहीं होते तब तक खैर ही है। फिर चाहे मुल्क के हिस्से पाकिस्तान-हिन्दुस्तान कुछ भी हों। हम एक ही हो जाने वाले हैं। यह नहीं कि वे थककर और

> परेशान होकर हमें मिलने आएंगे। पर हमारा बरताव ऐसा होगा कि चाहने पर भी वे हमसे अलग रह नहीं सकेंगे।

इसी बात को थोड़ी दूसरी तरह रखते हुए गांधी ने उसी हफ्ते कहा :

> अब मैं ऐसा मानता हूं कि हिन्दुस्तान के हिस्से हो गए हैं और सब कांग्रेस ने मजबूरी से कबूल किया है। लेकिन हिन्दुस्तान के टुकड़े हो जाने पर अगर हम खुश नहीं रह सकते हैं तो हम रंजीदा भी क्यों हों? हमें अपने दिल के टुकड़े नहीं होने देने चाहिए। हृदय को चूर-चूर होने से बचाना चाहिए। वरना जिन्ना साहब की बात सही साबित हो जाएगी कि हम दो राष्ट्र हैं।...हम सच्चे बनेंगे, ईश्वर के बन्दे बनेंगे और जरूरत पड़ने पर मरेंगे भी। जब ऐसा करेंगे तब हिन्दुस्तान अलग और पाकिस्तान अलग, यह बात नहीं रह जाएगी और ये कृत्रिम हिस्से निकम्मे बन जाएंगे। अगर हम लड़ाई करेंगे तो हम पर दो राष्ट्र का इलजाम सच्चा साबित होगा। इसलिए आप और मैं ईश्वर से प्रार्थना करें कि हिन्दुस्तान और पाकिस्तान अलग तो हुए पर अब हमारे दिल अलग-अलग न हों।

एक तीसरे दिन, उसी हफ्ते में, गांधी ने कहा :

> हम चाहें तो हिन्दुस्तान तथा पाकिस्तान को या और जो कोई नाम धरो वह बिगाड़ भी सकते हैं और सुधार भी सकते हैं।...कांग्रेस का धर्म अब यह बन गया है कि पाकिस्तान का हिस्सा छोड़कर जो उसके हाथ में रह जाता है उसे वह अच्छे-से-अच्छा बनावे और पाकिस्तान वाले अपने हिस्से को कांग्रेस वालों से भी अच्छा बनावें। तो फिर दोनों मिल जाते हैं और हम सुख से रह सकते हैं।

पहले ही 'अमृतमय' पाकिस्तान की बात कर चुके गांधी ने कहा—और जिन्ना सिद्धान्ततः पाकिस्तान में सब नागरिकों की बराबरी की घोषणा कर ही चुके थे—कि वह ऐसा पाकिस्तान चाहते हैं 'जिसमें भगवद्गीता का पाठ भी कुरान शरीफ के बराबर ही किया जा सके और मन्दिर तथा गुरुद्वारे की भी मस्जिद के समान ही इज्जत की जाए, ताकि पाकिस्तान के आज तक के विरोधी भी अपनी भूल पर पछतावें और आला पाकिस्तान की प्रशंसा-ही-प्रशंसा करें।''

बँटवारे के बावजूद बँटवारे से बचने की अपनी बात को हर तरीके से

लोगों तक पहुँचाने की कोशिश में लगे गांधी ने एक ऐसे तर्क का भी इस्तेमाल किया जिसका लोगों के रोजमर्रा के अनुभव से सम्बन्ध था। उन्होंने कहा : 'जब भाई-भाई का बँटवारा होना तय हो जाए तो फिर वह रूठ-खीजकर नहीं हो सकता।' इसलिए सबको यह 'श्रद्धा दिल में' रखनी चाहिए कि 'हम जुदा हो रहे हैं तो भी वह जुदाई एक ही खानदान के भाइयों की होगी, और हम मित्र तो रहेंगे ही।'

ऐसा नहीं है कि दिलों के बँटवारे को रोकने पर जोर दे रहे गांधी ने कार्य-कारण के सामान्य सम्बन्ध को उलट-पुलट दिया था। कि वह समझ रहे थे कि लोगों के दिलों का बँटवारा शुरू होगा भौगोलिक बँटवारे के बाद। हकीकत पर पैनी नजर बनाए रख कर ही वह अपने फैसले करते थे और अपने विचार निर्धारित करते थे। दिलों का जहाँ तक देश के बँटवारे से सम्बन्ध था, वह जानते थे और लोगों को बता भी सकते थे : 'हमारा दिल टूट गया है, इसलिए हमारी जमीन के भी दो टुकड़े हो गए हैं।''

पर दिलों का यह टूटना या बँटना दिलों की हकीकत का एक हिस्सा भर था, पूरी हकीकत नहीं। वही दिल जो बँट चुके थे, जुड़े भी हुए थे। दिलों की स्थिति अपने ही अन्दर विभाजित थी। संश्लिष्ट और अस्थिर थी वह। परिवर्तनीय। समझ से, सहानुभूति से, धीरज से, और अपने उबलते दिल को काबू में रखकर, उन्हीं उन्मत्त दिलों को शान्त किया जा सकता था। सामूहिक उन्माद के उस क्षण में दिलों के किसी निचले-पिछले कोने में धकेल दी गई उन भावनाओं को उजागर किया जा सकता था जो एका और भाईचारा चाहती थीं।

आज हमारे लिए यह समझना मुश्किल नहीं है कि बँटवारे के घोर समर्थकों के दिल भी अपने अन्दर बँटे हुए थे। पाकिस्तान की ललक अपनी जगह थी पर अपने घर और अपनी जमीन से बिछोह का शदीद एहसास उस ललक ने मार नहीं दिया था। आपसी लड़ाई के वक्त या आतंकवादी घटनाओं के कारण होने वाले विद्वेष के उबाल के बावजूद, पहले की ही तरह, आम लोग आज तक सीमा के आर-पार एक अपनापा भी महसूस करते हैं।

आज के अपेक्षाकृत संयत वातावरण में हम समझ सकते हैं कि उस जुनूनी और जालिम वक्त में भी लोगों के दिल बस एक ही दिशा में नहीं

बह गए थे। उस दिशा से विपरीत दिशा में ले जाने वाले भाव भी उन दिलों में बसे हुए थे। पर यह समझ सकने के बाद भी गांधी के उस समय के कहे हुए को पढ़ते हुए हमारे अन्दर, प्रायः, जो भाव आता है वह उनके कहे की निरर्थकता का होता है। कुछ ऐसा भाव कि क्या असर होने वाला था ऐसे कहे का उस वक्त? क्या सोच रहे थे गांधी कर पाने की यह सब कह कर?

बिलकुल स्वाभाविक है यह हैरानी। पर अगर इस हैरानी के साथ यह हैरत भी न हो कि क्या था इस आदमी में जो सारे सामाजिक-धार्मिक-ऐतिहासिक विभाजनों के परे जा वैसे विकराल काल में भी अपनी आदमीयत निभा सका, तो क्या उसे भी स्वाभाविक ही कहा जाएगा? अगर हाँ, तो क्या वैसी हैरत पैदा न कर सकने वाले स्वभाव को लेकर चिन्ता का कारण नहीं बनता?

खैर, हम जो भी सोचें अपने सोचने के बारे में, गांधी जो भी कह रहे थे बगैर किसी खुशफहमी के कह रहे थे। वह जान रहे थे कि वह अकेले हैं। कि उनका सोचना लोगों को मूर्खता लग रहा है। पर बढ़ती बेचारगी की इस स्थिति में वह ऐसा कुछ तो नहीं कह सकते थे जो उनकी नजरों में गलत था। उन्हें तो वही कहना था जो उनके हिसाब से सही था। और वह सब कहते वक्त यह जोड़ना भी जरूरी था : 'जो मेरे लिए सही है, वह सबके लिए सही है।'

वैसे तो गांधी की अपनी यथार्थ की पकड़ बड़ी पक्की थी, पर यदि वह किसी कारण से अपनी हैसियत और समझ को लेकर किसी खुशफहमी में मुब्तिला हो भी जाते तो लोग उनको किसी भ्रम में रहने देने वाले नहीं थे। उदाहरण के लिए, एक दिन गांधी ने बताया :

> मेरे पास कितने ही खत आते हैं जिनमें मुझ पर तरह-तरह के कटाक्ष किए जाते हैं। कोई लिखता है कि 'तूने हिन्दुओं को बर्बाद कर दिया। तू मुसलमानों की खुशामद करता रहता है', आदि। मेरे दिल पर इन गालियों का असर नहीं होता। मैं किसी की खुशामद नहीं करता, और करता हूं तो केवल ईश्वर की। उसकी भी खुशामद क्या, उसके तो हम सब गुलाम हैं, हम सब उसके बन्दे हैं। वह किसी की खुशामद नहीं मानता, क्योंकि वह तो सर्वशक्तिमान है। मैं इन खतों पर गुस्सा

> करके भी क्या करूं? आखिर मेरा गुनाह क्या है? मैं यही तो कहता हूं कि कोई व्यक्ति पापी बनने से या फरेब रच कर या दूसरों पर अत्याचार करके अपने धर्म की रक्षा नहीं कर सकता। यह बात हिन्दू, मुसलमान सब पर लागू होती है।

यहाँ गांधी धर्म पर जिस तरह जोर दे रहे हैं उसे गांधी के दिमाग का फितूर न समझ कर उस समय के ऐतिहासिक सन्दर्भ में देखना होगा। गांधी स्वयं धर्म को–स्थापित धर्मों के परे के धर्म को–जीवन का आधार भले ही मानते रहे हों, इस समय वह धर्म पर जोर दे रहे थे उन लोगों के जवाब में जो धर्म के नाम में अपनी राजनीति चला रहे थे। इस सन्दर्भ में देखने पर–यह सन्दर्भ आज और व्यापक हो गया है–गांधी के कहे का मर्म कहीं ज्यादा उभरकर आएगा।

'धर्म तो केवल धर्म की मार्फत ही बच सकता है।' यह था गांधी का तकाजा। हिन्दू से, मुसलमान से, सब से। और चूँकि उन्हें लग रहा था कि जो भी सम्भावना–या ज्यादा-से-ज्यादा सम्भावना–उनके सुने जाने की थी वह हिन्दुस्तान में ही थी, और पाकिस्तान बनने के बावजूद ऐसे हालात पैदा करने की असल जिम्मेदारी हिन्दुओं पर ही आती थी कि दिलों का बँटवारा रुक जाए, गांधी ने कहा : 'लोग जोर-जोर से कहे ही जाते हैं कि हम मुसलमानों की खबर लेंगे। और इस तरह हम खुद पाकिस्तान को पक्का बनाने की पैरवी करते हैं।' और इसके साथ एक बड़ा सूत्र भी जोड़ा गांधी ने : 'हिन्दू को मिटाने वाला हिन्दू ही हो सकता है, दूसरा नहीं।'

सोचना होगा कि कोरी नैतिक-सैद्धान्तिक लफ्फाजी है यह, या यही असल व्यावहारिकता भी है। ठीक है, गांधी अपवाद-पुरुष थे। सच थे जब कहते थे कि 'आज हिन्दू-मुस्लिम ऐक्य है तो मेरे हृदय में है।' इसी कारण ऐसी वेदना से पूछ सकते थे : 'हमारी जमीन के टुकड़े हो गए तो क्या हम अपने भी दो टुकड़े कर दें?' वही एक अकेले थे जो सोच सकते थे :

> मैं तो पाकिस्तान और हिन्दुस्तान को अलग मानता ही नहीं हूं। मुझे पंजाब जाना हो तो मैं पासपोर्ट लेने वाला नहीं हूं। सिन्ध भी मैं ऐसे ही चला जाऊंगा और पैदल जाऊंगा। कोई मुझे रोक नहीं सकेगा। भले ही वे मुझे दुश्मन कहें; पर जब मैं जाऊंगा तो किसी असेम्बली की मेम्बरी करने नहीं जाऊंगा, सेवा के लिए जाऊंगा। मेरी जिन्दगी

> में वह पहला मौका न होगा। नोआखाली में चला ही गया था और अब भी कोई न समझे कि वह इस्लामिस्तान में होने को है, इसलिए मैं वहां नहीं जाऊंगा। मेरा दिल वहीं पड़ा है और वहां जाकर मैं हिन्दुओं से कहूंगा कि अगर आप सच्चे हिन्दू हैं तो चाहे कितनी ही मार-काट करने वाले आप के चारों ओर क्यों न फिरते हों आप किसी का डर न मानें।

जो वह देख और सोच पा रहे थे, और जिसके किए जाने पर वह जोर दिए जा रहे थे, वही एकमात्र तरीका था उद्देश्यपूर्ति का। उस उद्देश्य को पूरा करने का तरीका जिसके लिए देश का विभाजन स्वीकार कर लिया गया था। और जो थी सो थी वह, व्यवहार-बुद्धि की बात भी थी गांधी की बात।

गांधी जानते थे और गालिब जैसे सोज़ से कह सकते थे कि 'अहिंसा कोई हल्दी-मिर्च तो है नहीं जो बाजार से मोल आ जाएगी।' आखिरी दिनों में तो उन्होंने, सिवा अपने से, यह उम्मीद ही छोड़ दी थी कि लोग अहिंसा पर अमल करेंगे। उनका तकाजा अब केवल व्यवस्थित नागरिक जीवन को बनाए रखने का था। भले ही लोगों को अब गांधी की अहिंसा की दरकार न रही हो, सामान्य नागरिक जीवन हिंसा को त्यागे बगैर चल नहीं सकता था। न ही सामान्य नागरिक जीवन चल सकता था बदले का सिलसिला बन्द किए बगैर : 'मैं कहूंगा, दस नहीं एक के बदले सौ भी काटो, फिर भी शान्ति न होगी।' और शान्ति बिना सामान्य जीवन कैसे होगा?

कोई भारी-भरकम सिद्धान्त या असाध्य आदर्श नहीं थोप रहे थे गांधी। सहज बुद्धि, सामान्य दुनियादारी की बात कर रहे थे। स्वराज हासिल होने के महीने भर बाद 17 सितम्बर के प्रार्थना-प्रवचन में बोले :

> मैं आपके गुस्से और इससे पैदा होने वाले उतावलेपन को समझने के लिए तैयार हूं। लेकिन अगर आप अपनी आजादी के लायक बनना चाहते हैं, तो आपको अपना गुस्सा दबाना होगा और न्याय पाने की भरसक कोशिश करने के लिए अपनी सरकार पर विश्वास रखना होगा। मैं आपके सामने अपना अहिंसा का तरीका नहीं रख रहा हूं, हालांकि मैं उसे रखना बहुत पसन्द करूंगा। लेकिन मैं जानता हूं कि आज मेरी अहिंसा की बात कोई नहीं सुनेगा। इसलिए मैंने आपको वह रास्ता अपनाने की बात सुझाई है, जिसे लोकशाही हुकूमत वाले सारे देश अपनाते हैं।...स्टेट, लोकशाही के द्वारा और लोकशाही के

> लिए राज चलाती है। अगर हर आदमी कानून अपने हाथ में ले ले, तो स्टेट नहीं रह जाएगी। वह अराजकता हो जाएगी। यानी समाजी नियम या स्टेट की हस्ती मिट जाएगी। यह आजादी को मिटा देने का रास्ता है।...अगर आप यह आशा करते हों कि आपके मुसलमान भाई-बहनों को हिन्दुस्तान से निकाल देना चाहिए, तो आप इन सब चीजों के होने की आशा नहीं रख सकते।...आप मुसलमानों के साथ अन्याय करके न्याय नहीं पा सकते। इसके अलावा, अगर यह सच है कि पाकिस्तान में अल्पमतों यानी हिन्दुओं और सिखों के साथ बहुत बुरा बर्ताव किया गया, तो यह भी सच है कि पूर्वी पंजाब में भी अल्पमत वालों यानी मुसलमानों के साथ बुरा बर्ताव किया गया है।...दोनों राज्यों के लिए ठीक-ठीक समझौता करने का आम रास्ता यह है कि दोनों पार्टियां साफ दिल से अपना पूरा-पूरा दोष स्वीकार करें और समझौता कर लें। अगर दोनों में कोई समझौता न हो सके, तो सामान्य तरीके से पंच-फैसले का सहारा लें। इससे दूसरा जंगली रास्ता और है लड़ाई का; मुझे तो लड़ाई के विचार से ही नफरत होती है।

यह तो नसीहत की बात थी। एक ऐसे आकबत-अन्देशी की नसीहत जो अपने-पराए के फर्क से पूरी तरह से मुक्त हो सबका कल्याण चाह रहा था, और समझ नहीं पा रहा था कि कैसे लोगों को अपनी बरबादी आप करने से रोक ले। जो वह समझ पा रहा था वह था उसकी बात के न सुने जाने का अंजाम। सो उसने कहा :

> हमारे आज के तरीकों का मतलब तो लश्कर बढ़ाना हो रहा है। दोनों ही लश्कर बढ़ाएंगे। अगर एक ओर बढ़ेगा तो दूसरी ओर भी बढ़ेगा। पाकिस्तान वाले कहेंगे कि हम हिन्दुस्तान वालों से बचने के लिए लश्कर बढ़ाते हैं, क्योंकि हम करोड़ों तो नहीं हैं। हिन्दुस्तान वाले भी इसी तरह की बातें कहेंगे। आखिर परिणाम लड़ाई आता है।

यह 6 जुलाई 1947 की बात है। उस समय दोनों देशों की जो हैसियत थी, उसमें इस होड़ के अर्थ को व्याख्यायित करते हुए गांधी ने जोड़ा :

> हम अपना पैसा तालीम में खर्च करेंगे, या दियासलाई में, बारूद में करोड़ों रुपए लगा देंगे? फिर तोपों में और फिर बन्दूकों में खर्च करेंगे? और फिर अपने नौजवानों को तालीम भी वही देंगे?

हिन्दुस्तान-पाकिस्तान के सन्दर्भ में बन्दूकों-तोपों पर रुक जाने वाले गांधी हिरोशिमा-नागासाकी को नेस्तनाबूद करने वाला आणविक संहार देख चुके थे। समझ गए थे मानव नियति के लिए एटम बम के आविष्कार का असल अर्थ। तीन हफ्ते पहले 17 जून 1947 को कह चुके थे : 'एटम बम का शास्त्र...ईश्वर को नहीं मानता, बल्कि वह खुद ही ईश्वर बन जाता है।' आकबत-अन्देशी गांधी—ऐसा दूरन्देश जो प्रलय के बाद तक का हाल देख ले—बन्दूक और तोप के सिलसिले और बन्दूक और तोप की तालीम के सिलसिले के तर्क को ताड़ गए थे। तब से अब तक के अपने अबाध विकास में वह सिलसिला लगभग नियन्ता—ईश्वर—बन चुका है हमारा। एटम बम से लैस करा दिया है दोनों देशों को, और तालीम भी ऐसी दे दी है कि निजात की गुंजाइश ही न बचे।

IV

सत्याग्रह जब सच्चा सत्याग्रह नहीं था तो सत्याग्रह के गुमान में जो चला उससे मिली आजादी सच्ची आजादी नहीं हो सकती थी। गांधी के हिसाब से तो नहीं ही। हिंसा के बिना आजादी हासिल करने का तरीका-भर नहीं था सत्याग्रह अपने आपको आजादी के लायक बनाने की तैयारी भी था। सत्याग्रह के नाम या भुलावे में चला निष्क्रिय प्रतिरोध विदेशी हुकूमत को विवश कर सकता था चले जाने के लिए; खासतौर से तब जबकि दूसरे ऐतिहासिक दबावों के तहत वह कमजोर पड़ने लगी थी। लेकिन निष्क्रिय प्रतिरोध उस तरह का बदलाव, नैतिक निखार, नहीं ला सकता था लोगों में जो उन्हें योग्य और समर्थ नागरिक बना दे।

32 वर्षों तक, जब वह समझ रहे थे कि करोड़ों लोग अहिंसा की तालीम हासिल कर रहे हैं, गांधी ने ऐसे स्वराज का सपना देखा था जो वास्तव में 'लोक-राज्य' होगा। ऐसे लोगों का स्वराज जो—कम से कम *हिन्द स्वराज* के वक्त से गांधी कहे आ रहे थे—'अपने आप पर राज' करना जानते थे। यह स्वराज सच्चे, सजग नागरिकों से चलने वाला था, फौज और सिविल सर्विस के जरिए नहीं। वैसा हुआ नहीं। जो हुआ उसमें गांधी को कहना पड़ा :

> मगर आज तो बहुत बुरी हालत पड़ी है इस देश की। हिन्दुस्तान जैसे मुल्क में, जहां 32 साल से मैं सत्य और अहिंसा सिखाता रहा हूं, कपड़ा और अनाज का राशन करने की क्या आवश्यकता थी यदि लोगों का एक-दूसरे पर विश्वास होता। यदि हम दयानतदारी से अन्न खाएं और कपड़ा पहनें तो हिन्दुस्तान में दुष्काल हो ही नहीं सकता।...यदि आप लोग स्वयं अपनी टांगों पर खड़े हो जाएं और सिविल सर्विस पर निर्भर रहना छोड़ दें तो फिर हमें यहां न तो किसी चीज का राशनिंग चाहिए और न आजकल की सिविल सर्विस चाहिए।

लोगों में ही नहीं, बड़े-बड़े आदर्शों की दुहाई देती रही कांग्रेस पार्टी में भी कोई नैतिक निखार नहीं आया। पूत के पाँव पालने में ही दीख गए। आजादी आने में अभी 45 दिन बाकी थे। जवाहरलाल नेहरू के नेतृत्व में अन्तरिम सरकार देश में प्रशासन की बागडोर सँभाल चुकी थी। तभी, 'एक छोटे से भले व्यापारी' से मिले पोस्टकॉर्ड का ह वाला देते हुए, गांधी ने कहा :

> लेकिन अंग्रेज की क्यों कहें। कांग्रेसी भी स्वार्थी हो गए हैं। इन्हें क्या कहें? समुद्र में आग लगी हो तो उसे कौन बुझाएगा? नमक अगर अपना नमकीनपन छोड़ देगा तो रस कहां से आएगा? कांग्रेस ने इतना त्याग किया, इतनी लड़ाई की, वह उसका गौरव कहां गया? अब तो वे लोग प्रधान बनना चाहते हैं, सेक्रेटरी बनना चाहते हैं। मेरी राय में यह सारा का सारा परदेशीपन है।

'देश में बदबू आ रही है,' गांधी ने कहा। ऊपर से नीचे तक। 'हवा में आजकल झूठ, हिंसा, तिरस्कार और अविश्वास जोरों से फैला है।' कहना पड़ा उन्हें : 'आजादी हमारे करीब आ गई है तब हमारा कर्तव्य है कि अपने से पूछें कि क्या हम उसे पाने और रखने के योग्य भी हैं?' सवाल में छिपा डर छलका पड़ रहा था।

आजादी आने में चार महीने से ऊपर बचे थे अभी। जैसे-जैसे दिन घटने लगे, गांधी का डर बढ़ने लगा। 19 जुलाई 1947 को उन्होंने कहा :

> एक बात की ओर मैं आज आपका ध्यान दिलाना चाहता हूं और वह यह है कि कांग्रेसी लोगों में आज ऐसी बेसब्री या इसे गन्दगी कहना

> चाहिए, पैदा हो गई है कि किसी न किसी तरह कांग्रेस की मार्फत ऊपर चले जाएं। अगर कांग्रेस केवल मुट्ठी भर लोगों की होती और वे ऐसी इच्छा रखते, तब तो बात समझ में आने लायक थी। परन्तु कांग्रेस में तो करोड़ों की तादाद में लोग हैं और यदि ये सब के सब ऐसी इच्छा करें तो हुकूमत तो मर जाएगी।

इसके ठीक दूसरे दिन गांधी ने कहा कि 'आजादी के दिन, अर्थात् 15 अगस्त को खुशी नहीं मना' सकते वह। बोले : 'मैं आपको धोखा देना नहीं चाहता, इसलिए मैं जाहिरा यह बात कह रहा हूं।' इससे ग्यारह दिन पहले वह कह चुके थे : 'जिस तरह के स्वराज की कल्पना की जाती थी वह बहुत दूर है।' चिन्तित होते जा रहे थे वह देश–हिन्दुस्तान और पाकिस्तान दोनों ही–के भविष्य को लेकर। औरों से नहीं कह रहे थे कि वे भी आजादी की खुशी न मनाएँ। पर यह भी जोड़ देते थे साथ में : 'आखिर सब काम मेरी मर्जी के मुताबिक थोड़े ही होते हैं।' मतलब यह कि जो लोग चीजों को समझ सकें उनके लिए खुशी की बात नहीं थी–एक बड़ी चिन्ता की शुरुआत थी–पर आगे अपनी-अपनी समझ का सवाल था। आखिर बड़े-बड़े नेता भी खुशियाँ मनाने की तैयारी कर ही रहे थे :

> जिन लोगों के हाथों में हमने बागडोर सौंपी है वे बहुत बड़े आदमी हैं। वे जब कहते हैं कि खुशी मनानी चाहिए तब आपको वह मनानी चाहिए। यह न सोचें कि गांधी क्यों नहीं खुशी मनाता। अगर कोई न मनाना चाहे तो कांग्रेस किसी को मजबूर तो करती नहीं, परन्तु मेरी अपनी राय है कि वह दिन खुशी मनाने के लिए नहीं है।...हकीकत तो यह है कि आज जो आजादी हमें मिली है वह हिन्दुस्तान और पाकिस्तान दोनों को आपस में लड़ाई का सामान भी साथ देती है। तब हम उस दिन दीया-बत्ती क्या जलाएं? मैं तो उस दिन आजादी मिली समझूंगा जबकि हिन्दू और मुसलमानों के दिलों की सफाई हो जाएगी।...मैं तो केवल एक ही लड़ाई जानता हूं और वह सत्याग्रह की लड़ाई है। उस लड़ाई से आत्म-शुद्धि होती है। वह लड़ाई अगर दुनिया में हमेशा चलती रहे तो अच्छा ही है।...अंग्रेजों का यहां से चले जाना ही मेरे लिए काफी नहीं है।

इस कदर परेशान थे गांधी कि अपने को रोक नहीं पा रहे थे बार-बार लोगों को समझाने से। जान रहे थे कि अकेले पड़ चुके हैं, लोग उन्हें

अनसुना कर रहे हैं। पर चुप हो अलग बैठ नहीं सकते थे। 'करो या मरो' का व्रत लिये हुए थे। इस विश्वास के साथ कि उनका करना तो उनकी मौत के बाद भी चलता रहेगा। 'जब तक साँस तब तक आस' के आगे पहुँच चुके गांधी जीते जी रुकने वाले नहीं थे। संशय, मायूसी, अकेलापन, थकन, रूठन घेरने लगे थे इन दिनों उन्हें, और यदाकदा तिर के आ भी जाते थे उनके बोलने में। पर कुछ भी उन्हें उनके स्वधर्म–सत्याग्रह–से डिगा नहीं सकता था। सो लगातार तीसरे दिन भी गांधी आ गए उसी बात पर :

> मैं इतना जरूर मानता हूं कि 15 अगस्त किसी तरह उत्सव मनाने का दिन नहीं है; वह दिन प्रार्थना और अन्तर्विचार का है।...या तो 15 अगस्त को सब भाई-भाई मिलकर खुशी मनावें या बिलकुल नहीं। आजादी की खुशी मनाने का दिन ही तब हो सकता है जब हम सच्चे दिल से दोस्त बनें। लेकिन यह तो मेरा विचार है और इस विचार में मुझे कोई साथ देने वाला नहीं है।

अचरज होता है कि आगे की सुध ले सकने के लिए बीती को कितनी जल्दी और पूरी तरह से बिसार सकते थे गांधी। सच कहें तो जो नहीं बीता था उसे भी बिसार सकते थे। अभी पिछले ही महीने देश के बँटवारे का औपचारिक फैसला हुआ था। तीन हफ्ते बाकी थे उसके अमल में आने में। गांधी सिरे से उस फैसले को गलत मान रहे थे। पर जानते थे कि वह टलेगा नहीं। सो तुरन्त मान बैठे थे उसे। और मानने के साथ ही अपनी 'हिन्द माता' के कटने-बँटने से होने वाले दुःख को दफना दिया था गहरे अपने अन्दर। ताकि जो एकमात्र रास्ता बचा था इस गहराते संकट से बचने का उस पर चला जा सके। वह था बँटवारे को सच्चे दिल से मानकर दोस्ती की राह चलना। आजादी उसके बिना साकार नहीं होनी थी।

हम आज भी वैसा नहीं कर पा रहे। सोच भी नहीं सकते कि दोनों देशों की आजादी आज भी वैसा कर पाने या न कर पाने से जुड़ी हुई है। कारण कि हम तो अपने आपको आजाद ही मानते आए हैं 15 अगस्त से। बस वह कीमत चुकाते रहे हैं अपनी आजादी की जो हिन्दुस्तान-पाकिस्तान की बन्द न होती दुश्मनी के कारण बढ़ती ही जाती है। कुछ देख भी पाते हैं तो इतना ही कि पाकिस्तान–हम नहीं–दूर है वाकई अभी असली आजादी से।

प्रार्थना और अन्तर्विचार पर जोर दे रहे गांधी जानते थे कि आसार

बिलकुल ही उलटे हैं। कि सबको अपनी पड़ी है। इसीलिए और ज्यादा लग जाते समझाने में। समझाते-समझाते एक दिन कह बैठे :

> आज की हिन्दुस्तान की हालत देखकर मुझे उस मुर्गी की मिसाल याद आती है जो सोने के अंडे देती थी। मुर्गी वाले ने सारे अंडे एक साथ निकालने के लिए उस मुर्गी को मार डाला।...आज जो हमारे हाथ में हुकूमत आई है वह उसी किस्म की मुर्गी है। हम अगर यह उम्मीद करें कि उस मुर्गी से सब सोने के अंडे आज ही निकालकर खा जाएं तो निश्चय ही वह मुर्गी मरेगी ही, उसके साथ हम भी मरने वाले हैं।

अक्टूबर 1946 में अचानक नोआखाली के लिए कूच कर जाने और वहीं से बिहार चले जाने के बाद यह पहला मौका था कि गांधी दो महीने से ऊपर–25 मई से 30 जुलाई तक–दिल्ली में रह लिये थे। ये अजीब दिन थे उनके लिए। मन तो उनका बिहार और नोआखाली में था। वह मानते थे कि अगर उन्होंने वहाँ साम्प्रदायिक उन्माद को खत्म कर लोगों में भाईचारा स्थापित कर दिया तो सारे देश में शान्ति आ जाएगी और विभाजन के बावजूद सब कुछ सही हो जाएगा। मसलन 11 जुलाई को उन्होंने कहा :

> बहुत से लोग मुझसे ऐसा भी कहते हैं कि तुम नोआखाली में ही क्या करोगे? जब सब चीज हिन्दुस्तान में तय हो जाएगी तब नोआखाली में अपने आप तय हो जाएगी। मगर मैंने तो इससे उलटा ही सीखा है।

दो महीने से अधिक के इस प्रवास से पहले भी गांधी को साम्प्रदायिक हिंसा से प्रभावित लोगों के बीच अपने काम को छोड़ दिल्ली आना पड़ा था। पाँच महीने भर रह पाए थे नोआखाली और बिहार में कि अप्रैल में एक बार और मई में दो बार बुला लिये गए थे। इस बार, यानी मई में दुबारा, जो आए तो लम्बा रहना हो गया। दिल्ली में उनके पुराने सहयोगी–नेहरू, पटेल, राजेन्द्र प्रसाद, वगैरह–रोज ही राय-मशवरा करते उनसे; वायसराय माउंटबेटन भी अक्सर बुला भेजते; विभिन्न विचारधाराओं, पार्टियों, संगठनों और संस्थाओं के लोग तरह-तरह के विषयों और तरह-तरह की समयस्याओं पर बात करने जाते। किन्तु जो भी अहम फैसले होते, गांधी की राय के

विपरीत होते।

दिल्ली में पड़े रहने की व्यर्थता का एहसास घेरने लगा उन्हें। नया नहीं था यह एहसास। पहली बार अप्रैल में बुलाए जाने पर भी हुआ था। उस बार दस दिन रहने के बाद 'एकाएक' ग्यारहवें दिन उन्होंने बिहार लौट जाने का निश्चय कर लिया था, और उसके दूसरे दिन चल भी दिए थे। 11 दिन के उस प्रवास में अपने अन्तिम प्रार्थना-प्रवचन में उन्होंने कहा था :

> बिहार जाना मेरा स्वधर्म है। मैं गीता का सेवक हूं। गीता सिखाती है कि स्वधर्म का पालन करो और अपने ही क्षेत्र में बने रहो। गीता ने साफ-साफ कहा है कि स्वधर्म में और स्वक्षेत्र में मरना अच्छा है, परधर्म में जाना भयावह है। इसीलिए दिल्ली जैसे परक्षेत्र में रहना भयावह हो जाता है।

जाहिर है गांधी अभिधा में नहीं लक्षणा में बोल रहे हैं। स्वधर्म व स्वक्षेत्र दोनों का इस्तेमाल एक फौरी सन्दर्भ में कर रहे हैं, वह सन्दर्भ जिसमें वह नोआखाली और बिहार में सच्चा साम्प्रदायिक भाईचारा पैदा करके पूरे देश में शान्ति ला सकते हैं और हिन्दुस्तान-पाकिस्तान के बीच दोस्ती पैदा कर सकते हैं। इस तरह से बिहार या नोआखाली अलग से गांधी के स्वक्षेत्र नहीं हैं, और न ही वहाँ निभाया जाने वाला उनका धर्म उनके समग्र स्वधर्म से जुदा है। दिल्ली भी बार-बार वह अपने स्वधर्म को मुल्तवी करके नहीं, उसे निभाने के लिए आते हैं। जब आते हैं दिल्ली तो परक्षेत्र नहीं स्वक्षेत्र आते हैं। इस उम्मीद में कि जो भी वहाँ रहकर वह कर सकते हैं, जिसके लिए उन्हें बुलाया गया है, करेंगे। पर जब लगने लगता है कि यहाँ रहकर कुछ कर नहीं पा रहे तो परधर्म और परक्षेत्र वाली भयानक मनःस्थिति बन जाती है।

ऐसी ही मनःस्थिति में एक बार फिर गांधी चल दिए, 31 जुलाई को, दिल्ली से नोआखाली के लिए। अगले अध्याय में हम थोड़े विस्तार से देखेंगे कि नोआखाली पहुंचने से पहले ही उनको कलकत्ता में रोक लिया गया नगर को साम्प्रदायिक उत्पात से उबारने के लिए। अभी सिर्फ 15 अगस्त और गांधी की चर्चा।

दिल्ली छोड़ने से तीन दिन पहले गांधी कह चुके थे : 'मैं तो उस दिन [15 अगस्त] उपवास करूंगा और मेरी प्रार्थना भी खासतौर से उस दिन यही

होगी कि हे ईश्वर! हिन्दुस्तान आजाद तो हुआ, परन्तु उसे बर्बाद न कर!' कलकत्ता पहुँचने के दूसरे दिन ही, 10 अगस्त को, बंगाल सरकार के कांग्रेस मन्त्री उनसे मिलने गए और पूछा कि 15 अगस्त किस तरह मनाया जाए? गांधी ने कहा : 'सब दिक [लोग] जल रहे हैं, भूखों मर रहे हैं, नंगे मर रहे हैं। ऐसे में कोई जश्न नहीं हो सकता, सिवाय उपवास, प्रार्थना और चरखे के प्रति समर्पण के।'

गांधी के कलकत्ता पहुँचने वाले दिन ही भारत सरकार के सूचना विभाग का एक अधिकारी 15 अगस्त के अवसर पर छापे जाने के लिए उनका सन्देश लेने गया। गांधी ने कह दिया कि वह अन्दर से सूख गए हैं, कुछ नहीं है उनके पास कहने को। भारत सरकार तैयार नहीं थी इस गजब के लिए। सो दो और अधिकारी भेजे गए गांधी से सन्देश देने की विनती करने के लिए। विनती करते हुए उन्होंने कहा–कोई भी कहता–कि बहुत ही खराब होगा अगर इस ऐतिहासिक अवसर पर गांधी का कोई 'मैसेज' न छपा। गांधी का जवाब था : 'है नहीं कोई मैसेज, होने दो खराब।'

इसी के दो दिन बाद बी.बी.सी.–ब्रिटिश ब्रॉडकास्टिंग कॉरपोरेशन–का एक नुमाइन्दा आया गांधी से एक संक्षिप्त सन्देश लेने के लिए जो 15 अगस्त को दुनिया भर में प्रसारित होना था। उसे भी गांधी ने कहला दिया कि उन्हें कुछ नहीं कहना है। वह भी, स्वाभाविक ही, खाली हाथ जाने को तैयार नहीं था। एक बार फिर कोशिश करते हुए उसने गांधी को कहलाया कि हिन्दुस्तान की आजादी के मौके पर सारी दुनिया जानना चाहेगी कि गांधी को क्या कहना है, और इसलिए बी.बी.सी. ने तय किया है कि उनका सन्देश दुनिया की तमाम भाषाओं में अनुवाद करके प्रसारित किया जाए। इस बार पहले ही इस्तेमाल किए गए किसी कागज के एक टुकड़े की दूसरी तरफ दो वाक्य अंग्रेजी में लिखकर गांधी ने उसको भिजवा दिए। ये वाक्य थे : 'आई मस्ट नॉट ईल्ड टू द टेम्प्टेशन। दे मस्ट फॉरगेट दैट आई नो इंग्लिश'। (मुझे इस लालच में नहीं फंसना चाहिए। उन्हें भूल जाना चाहिए कि मुझे अंग्रेजी आती है।)

'होने दो खराब।' कितनी कुछ गूँज जाती है गांधी की उस वक्त की व्यथा हमारे अन्दर इन शब्दों से। क्या और क्यों जिद हावी हो गई थी उन पर कि 15 अगस्त के लिए कोई औपचारिक सन्देश उन्हें नहीं देना। केवल

मौन ही होगा उनका सन्देश। जिसे समझना हो समझ ले, जो नहीं समझ सकता उस दिन उनके मौन का मतलब उसे बताकर ही वह क्या समझा देंगे? आजादी के जश्न से पहले दिल्ली से नोआखाली के लिए कूच, यह कर्म ही सन्देश था गांधी का देश और दुनिया को 15 अगस्त के बारे में।

बड़ा सांकेतिक था गांधी का वह मौन। खराब लगने वाला मौन। पर खराब किस तरह? किसके लिए? किसको लगा था खराब दुनिया में और देश में, कि गांधी मौन थे 15 अगस्त के दिन? और क्यों? और आज? याद भी है हमें उनका उस दिन का मौन? दिल्ली से प्रस्थान?

बड़े संकल्प का भी था वह मौन। बहुत बोल के देख चुके थे गांधी। बार-बार, तरह-तरह से कहते रहे थे अपनी बात। आजादी के बारे में। कोई सुनने वाला नहीं था। अब केवल करना–या–मरना बचा था। अपने जीवन को सचमुच दांव पर लगा देने के अर्थ में मरना। अगला अध्याय उसी करने या मरने के बारे में होगा।

'होने दो खराब।' एक बिझुराए बुढ़ाते महानायक का खंडित मान खनकता है इन तीन शब्दों में। अनुमान ही किया जा सकता है, पर अचरज न होगा अगर ऐसा कोई भाव वाकई रहा हो इनके पीछे। जो भी हो, दक्षिण अफरीका से वापसी के बाद शुरू हुए गांधी और भारत के 32 साल लम्बे ऐतिहासिक रिश्ते का दुःखान्त तो झलक ही आता है यहाँ। एक ऐसा दुःखान्त जिसमें, उस विशिष्ट रिश्ते के परे, हम मानव स्वभाव और मानव नियति–अपने स्वभाव और अपनी नियति–की झलक पाए बिना नहीं रहते।

उस नियति के अलावा, 'होने दो खराब' एक सम्भावित नियति भी मानव के लिए छिपाए है अपने में। देश के विभाजन की औपचारिक घोषणाओं को बगैर ना-नुच किए तुरन्त मान लेने के सिर्फ नौ दिन बाद गांधी ने कहा था : 'मेरे नसीब में जन्म से ही लड़ाई पड़ी है। मैं चाहता हूँ कि वह और न लड़नी पड़े।' तब से लगातार जिस तरह से वह अपना अरण्य-रोदन चलाए जा रहे थे, लग रहा था कि थक चुके हैं वह, और लड़ाई बची नहीं है उनके लिए। 'है नहीं कोई मैसेज, होने दो खराब' में लोगों को झलक मिली भी होगी गांधी के पस्त आक्रोश की। पर अगले ही कुछ दिनों में जाहिर होने वाला था इन शब्दों का असल अर्थ। वह यह कि गांधी ने एक नया निर्णय कर लिया था। कि समझाना है, मैसेज से नहीं कर्म से,

कि खराब वास्तव में क्या है। वह कर्म भी, गांधी के पहले कर्मों की तरह, दिखाने वाला था कि जाने-पहचाने अटल मान लिये गए इतिहास प्रवाह की अनिवार्यता से मुक्त हो सकती है मानव नियति।

V

पालने में ही दिख गए पूत के पाँवों का जिक्र पहले ही हो चुका है। अब हम देखेंगे कि आजादी में बसर किए अपने कुल जमा साढ़े पाँच महीनों में गांधी को क्या-क्या देखना-भोगना बदा था। क्या-क्या से आभास हो सकता है कि पूरा हिसाब होने जा रहा है उस देखे-भोगे का। वह न मुमकिन है, न जरूरी। अन्दाज-भर काफी है गांधी के दुःखों का।

देखना ही दुःखी होना था गांधी के लिए उन साढ़े पाँच महीनों में। जो देखते, जिधर देखते, यकीन न होता कि इतने जतन से इसी आजादी की तैयारी होती रही थी। उन दिनों के प्रार्थना-प्रवचनों में, जहाँ वह रोज अपना अन्तर उँडेले दे रहे थे, शायद ही कोई प्रवचन होगा जिसमें प्रत्यक्ष या परोक्ष उनका रोना न हो। कभी-कभी तो यह रोना बहुत कातर हो जाता। ये कुछ बेतरतीब नमूने बता सकेंगे कि वह क्या देख-भोग रहे थे : 'हमारे हिन्दुस्तान में कैसे-कैसे खेल चल रहे हैं।' 'हमारा धर्म गया, कर्म गया और इस तरह से हमारा मुल्क भी चला जाएगा।' 'मैं तो कहूंगा पहले से ज्यादा बुराइयां आ गईं।' 'या फिर हमें गिरना ही है?' 'आज हम कहां तक गिर गए हैं।' 'आज हमारे प्यारे हिन्दुस्तान में कितनी गन्दगी पैदा हो गई है?' 'आज तो वह (देश की गाड़ी) पीछे जा रही है।' 'तो क्या हरेक अपना ही खयाल करेगा और हिन्दुस्तान की भलाई कोई नहीं सोचेगा?'

आजाद हिन्दुस्तान में गांधी के दुःख और उनकी शर्म का अन्दाज उनके इस विवरण से हो सकता है :

> बर्मा के प्रधानमंत्री मुझसे मिलने आ गए थे। वह बड़े नम्र और सज्जन हैं। उनसे मैंने कहा, आप हमारे यहां आए, यह अच्छी बात है। हमारा मुल्क बड़ा है, हमारी सभ्यता प्राचीन है। मगर आज हम जो कर रहे हैं, उसमें आपके सीखने-जैसा कुछ नहीं है।

गांधी के अनगिनत नित बढ़ते दुःखों को लाइलाज-सा कर देने वाला

एक और बड़ा दुःख था। वह था अपनी निष्प्रभावता का निर्भ्रम ज्ञान : 'मेरी आवाज कौन सुनता है?' बड़बोला लगता यह दावा करने के बाद कि 'मुझे ऐसा कोई खयाल नहीं है कि जिसमें पड़ा उसमें कामयाब नहीं हुआ', गांधी ने मारे जाने से 23 दिन पहले कहा :

> आज तो मेरी दीन हालत हो गई है। एक जमाना था, जबकि मैंने कहा ऐसा होना चाहिए तो हो जाता था। आज ऐसी बात नहीं रही।...वह जमाना चला गया।

बदलते जमाने में गांधी की बदलती हैसियत का बड़ा ही मार्मिक चित्र उनके उसी प्रवचन में उभरकर आता है जिसमें वह अपने दुःख व सारे हिन्दुस्तान के दुःख की कथा का जिक्र करते हैं। उनकी बेचारगी, बेचारगी के बावजूद हार न मानने की जिद, उनके मन और वचन की पारदर्शिता, सबके हित की उनकी चिन्ता जिस तरह आते हैं, अच्छा होगा अगर एक लम्बा उद्धरण यहाँ दे दिया जाए। बहुत लम्बे एक ही पैराग्राफ में—मानो एक साँस में सब निकला आ रहा है—गांधी ने कहा :

> अभी मेरे पास पाकिस्तान के 'डॉन' और 'पाकिस्तान टाइम्स' दोनों अखबार आ गए हैं। ये दोनों पाकिस्तान के अच्छे बड़े अखबार हैं। जब 'डॉन' में या 'पाकिस्तान टाइम्स' में कुछ निकलता है तो हम यह नहीं कह सकते कि अरे, यह तो कुछ अखबार नहीं है। तब तो वहां के लोग भी कह सकते हैं कि 'हिन्दुस्तान टाइम्स' में जो लिखा है, वह क्या है, 'बम्बई क्रॉनिकल' में जो लिखा है वही क्या है? यह तो एक निकम्मी बात हो जाती है। मैं तो यह मानता हूं कि वे भी अच्छे अखबार हैं, उनको मुसलमान लोग पढ़ते हैं और अच्छे-अच्छे मुसलमान उनको चलाते हैं। तो उनमें वे काठियावाड़ के मुसलमानों के बारे में लिखते हैं। जब सरदार (वल्लभ भाई पटेल) जूनागढ़ में चले गए थे तब तो मुझको बहुत अच्छा लगता था यह देखकर कि वहां के मुसलमानों ने भी उनका इस्तकबाल किया। वे कहने लगे, आप तो भले आए, हम सब परेशान हो रहे थे, अब शायद आराम से रह सकेंगे। जब काठियावाड़ के सब राजा और प्रजा एक तरफ मिल गए हैं तब जूनागढ़ कहां तक अलग जा सकता था। इसलिए मुझको अच्छा लगा कि कुछ मारपीट भी न हुई और सारा मामला निपट गया। वे बिलकुल अहिंसा पर तो कायम नहीं रहे, मगर जो हिंसा उन्होंने

अख्तियार की थी उसमें उन्होंने बहुत सोच-विचारकर काम लिया। मैं तो यह सब देखकर खुश हुआ था। लेकिन अभी सुनता हूं और 'डॉन' अखबार में भी है कि काठियावाड़ में मुसलमान आज आराम से नहीं बैठ सकते हैं। ठीक मौके पर एक मुसलमान का भेजा हुआ मुझको तार भी मिल गया है। काठियावाड़ ऐसा मुल्क है जहां मुसलमान बहुत आराम से रहते थे और कोई उनको छूता भी नहीं था। वहां अच्छे और तगड़े मुसलमान भी थे और बलवाखोर भी थे। बलवा वे कोई आपस-आपस में नहीं करते थे, बल्कि जीविका के लिए कुछ कर लेते थे। आज उसी काठियावाड़ में उनको ऐसा लग रहा है कि वे वहां रह सकेंगे कि नहीं। तब क्या काठियावाड़ से सारे-के-सारे मुसलमान चले जाएं या उनको हिन्दू काट डालें? हैरान हैं वे सब-के-सब और मेरे लिए तो यह एक बहुत बड़ी दुश्वारी है, क्योंकि मैं काठियावाड़ में पैदा हुआ हूं, वहां के सब राजाओं को जानता हूं और हजारों लोगों को भी मैं वहां जानता हूं। वहां पर तो जो मेरा लड़का-सा ही सामलदास गांधी है वही जूनागढ़ का सबकुछ होकर बैठ गया है। उसने एक आरजी हुकूमत भी बना रखी है। इन लोगों की हुकूमत के होते हुए काठियावाड़ में ऐसा हो कि जिस मुसलमान ने कुछ भी नहीं किया उसको भी लोग मार डालें तो फिर यह आरजी हुकूमत क्या हुई? जब लोग इस तरह से कानून को अपने हाथ में ले लेते हैं तो फिर मुसलमान कैसे वहां सही-सलामत रह सकते हैं? अगर यह पीछे सब जगह फैल जाए तब क्या हो, मैं जानता नहीं। यह सब वहां हुआ है या नहीं यह भी नहीं जानता, लेकिन 'डॉन' में जो लिखा है वह मैंने पढ़ा है और तार भी मेरे पास आ गए हैं। बाद में मैंने चन्द हिन्दुओं से भी पूछा और उन्होंने भी कहा कि हां, कुछ आग लगाने के मामले तो हुए हैं, कुछ लूट भी हो गई है, मगर किसी का खून भी हुआ कि नहीं यह हम नहीं जानते और मुसलमानों की औरतें भी छीनी गई हैं कि नहीं यह भी हम नहीं कह सकते। लेकिन 'डॉन' तो लिखता है कि ये चारों बातें हुई हैं और अच्छे बड़े पैमाने पर हुई हैं। बहुत-से तार मेरे पास आ गए थे, लेकिन मुझको एक ही तार बताया गया और दूसरे तार गफलत से नहीं बताए गए। शायद ऐसे पचास तो आ गए होंगे, मुसलमानों ने इधर-उधर से भेजे होंगे। और उनको हक है मुझसे यह कहने का कि तुम्हारा लड़का वहां का सबकुछ बना हुआ है। लड़का जो कुछ करे उसकी जिम्मेदारी मैं कैसे लूं? लेकिन इससे तो मैं दुनिया को या उन मुसलमानों को क्या समझा सकता हूं? वे तो

ठीक ही मुझको लिखते हैं। लेकिन मैं लड़के को सुनाता भी कब? आज ही तो मैंने यह सब पढ़ा है। इसलिए मैं आपकी मार्फत, अपने लड़के को ही नहीं, सारे काठियावाड़ को सुनाना चाहता हूं कि अगर हिन्दू वहां के ऐसे पाजी हो गए हैं...तब काठियावाड़ सही-सलामत नहीं रह सकता। हमने जूनागढ़ लिया तो सही, मगर इस तरह से हम उसको खोने वाले हैं, ऐसे ही, जैसे कि हमने अपने मुल्क की आजादी ली तो सही, लेकिन खोने के लिए ली। पीछे वे ख्मुसलमान, सुनाते हैं कि याद है सरदार ख्पटेल, ने जूनागढ़ में क्या कहा था? उसने कहा था कि अगर मुसलमान का एक बच्चा भी होगा तो उसके एक बालक को भी कोई छू नहीं सकेगा, बशर्ते कि वह काठियावाड़, यानी हिन्द यूनियन के प्रति वफादार बनकर रहा। अगर मुसलमान की एक भी छोटी लड़की है, और उसको कोई छूता है तो मैं देख लूंगा। वह तो ऐसा कह सकते थे, क्योंकि एक तो सरदार, और दूसरे हिन्दुस्तान के गृहमंत्री थे। उनको तो कहने का हक था। उन्होंने कहा तो, लेकिन वह अब कहां गया, मैं पूछता हूं। मेरे दिल में चुभता है कि काठियावाड़ में ऐसा हो सकता है और वहां के लोग इस तरह दीवाने बन सकते हैं।...मेरा तो यही धर्म था कि मैं आप लोगों को यह सब बता दूं। हमारे अखबारों में तो ऐसी चीजें आती नहीं हैं। मेरे पास ये सब आ जाती हैं। मेरा धर्म तो था कि मैं इतनी तहकीकात करता, लेकिन मेरे पास कहां इतना वक्त है! इसलिए जैसे मैंने सुना वैसे ही मैंने आपको कह दिया। मैं तो जब लियाकत अली साहब ख्जिनसे गांधी थोड़ी देर पहले ही मिलकर आए थे, से मिला तब भी मैंने कहा कि अगर आपकी इजाजत हो तो एक बात पूछना चाहता हूं। उन्होंने कहा कि पूछो। तब मैंने कहा कि क्या आप काठियावाड़ के बारे में कुछ जानते हैं? उन्होंने कहा कि मैं सबकुछ जानता हूं। ऐसा वहां हुआ है और यही चारों बातें हुई हैं, लेकिन कितने पैमाने पर हुईं, यह मैं नहीं कह सकता। वे तो पाकिस्तान के प्रधानमंत्री हैं। इसलिए उन्होंने तो सब साफ-साफ कहा, हालांकि मैं तो दबी जबान से ही बात कर रहा था। तब मैंने सोचा कि आज शाम को मैं इसको जरूर कह दूंगा। मेरे दिल को इस बात से कितनी चोट पहुंची है।

'काठियावाड़ मेरा घर है,' उस शाम की कथा पूरी करते हुए गांधी ने कहा, 'जब घर ही इस तरह से जल जाता है तो फिर किसी को कहने का क्या मौका रह जाता है!'

यह कथा उस शाम खत्म होने वाली नहीं थी। सरदार पटेल दिल्ली में ही थे। खबर मिल गई उन्हें कि उनसे सरेआम जवाब-तलबी की है गांधी ने। सामलदास उस समय जूनागढ़ से बम्बई गए हुए थे। वहीं उनको पता चल गया कि उनके रहते जूनागढ़ में हुए पाजीपन की बापू ने खुली भर्त्सना की है। हम सोच सकते हैं कि जो भी कहना रहा हो, पटेल और सामलदास को इस बाबत, बहुत बेइज्जत महसूस किया होगा दोनों ने। बौखलाए होंगे कि दुनिया-भर में शोर करने से पहले एक बार सीधे उनसे क्यों न बात कर ली बापू ने। न सिर्फ पटेल या सामलदास या वे सब लोग जो उस मुश्किल वक्त में पूरी लगन से शान्ति और व्यवस्था बहाल करने में लगे हुए थे, हम भी सोच सकते हैं कि बगैर तसदीक के खुल्लमखुल्ला इतना कुछ कह जाने की क्या जरूरत आन पड़ी थी गांधी को। चोट भी उन्हें तभी लगनी चाहिए थी जब जान लें कि वाकई उनके अपने घर में—काठियावाड़ में—मुसलमानों को सताया जा रहा था। अगर लग भी गई थी किसी वजह से जानकारी पाए बिना, तो उतावली क्या थी उसी शाम उसे दिखा बैठने की? यह समझ भी खो चुके थे क्या कि उनके इतना कुछ कह देने से—भले ही साथ में जोड़ दिया हो कि अगर ऐसा हुआ है—हालात और बिगड़ सकते थे?

27 नवम्बर को सुनाई थी गांधी ने काठियावाड़ की कथा। अगले आठ दिनों तक चली वह उनके प्रार्थना-प्रवचनों में। दूसरे ही दिन और उसके बाद एक दिन छोड़कर, 30 नवम्बर को, इस मामले में पटेल ने गांधी से बात की। पटेल का दावा था कि काठियावाड़ में 'एक भी मुसलमान को मारा नहीं गया और एक भी मुसलमान का मकान जलाया नहीं गया और लूटा भी नहीं गया।' हाँ, उनके काठियावाड़ जाने से पहले 'कुछ लूटमार भी हुई और शायद एकाध मकान जलाया भी गया', पर उस वक्त भी 'न तो किसी को मारा गया और न किसी लड़की को उठाया गया।' पटेल ने यह भी बताया कि काठियावाड़ के कांग्रेसी हिन्दुओं ने 'अपनी जान खतरे में डालकर भी मुसलमानों को और उनकी मिल्कियत वगैरा को बचाया।' इसके अलावा पटेल ने सम्बद्ध अधिकारियों को हुक्म भेज दिया कि किसी तरह की गड़बड़ी न होने दी जाए। 'वहाँ', पटेल ने गांधी को आश्वस्त किया, 'कोई गुंडाबाजी चल नहीं सकती।' गांधी ने सारी बात लोगों को बता दी।

30 नवम्बर को हुई बातों के दौरान पटेल ने गांधी से कहा कि उन तक

जो खबरें आती हैं 'बहुत बनी-बनाई' होती हैं।' चूँकि ये खबरें यकीन के लायक नहीं होतीं, गांधी को उन्हें प्रसारित नहीं करना चाहिए। जाहिर है पटेल गांधी को आड़े हाथों ले रहे थे। पर गांधी का सोचना बिलकुल जुदा था। सो यह बता देने के बाद कि पटेल 'मुझको सुनाते थे कि वहाँ से जो बातें आती हैं वे तुम्हारे कहने लायक नहीं होतीं,' गांधी ने कहा :

> मैं ऐसा सोचूं कि क्या पता ऐसा हुआ है कि नहीं, तो ऐसे काम नहीं निपटता। इसलिए मैंने बड़ा अच्छा किया कि जो कुछ उनमें ख्अखबारों और तारों में, पढ़ा था वह आपके सामने रख दिया। मैं नहीं जानता कि वह सब सही है या नहीं। अगर वह सही है तो सारे काठियावाड़ के लिए बड़ी शर्म की बात है और अगर सही नहीं है तो पीछे जो अखबारों में लिखने वाले हैं उनके लिए शर्म की बात है। तब एक या दूसरों के लिए शर्म की बात तो हो ही गई।

पूरी जानकारी हासिल करने तक चुप रहने के बजाय अपने पास आई खबरों को, 'अगर यह सही है तो' जोड़कर, लोगों तक पहुँचाने के अपने तरीके के हक में एक और महत्त्वपूर्ण तर्क देते हुए गांधी ने कहा :

> अगर पाकिस्तान के बड़े-बड़े अखबारों में लिखे इल्जामों की तरफ मैं ध्यान न देता, खास करके जब पाकिस्तान के प्रधानमंत्री ने भी कहा कि इल्जाम मूल में सही है, तो मुसलमान उन इल्जामों को वेद-वाक्य मानने वाले थे। मगर अब भले मुसलमानों के मन में उनकी सच्चाई के बारे में शक है।

जिस तरह से 'हवा' बिगड़ गई थी, और 'एक दूसरे पर इल्जाम-ही-इल्जाम लगाए' जा रहे थे, यह सोचना मूर्खता थी कि 'हम गलती कर ही नहीं सकते।' जरूरत थी 'समझदारी और शनाख्त' की। शनाख्त मतलब उपलब्ध जानकारी की मदद से ही अन्दाज कर लेना कि जो खबर आई है उसके सही होने के क्या आसार हैं। 'मैं,' गांधी ने कहा, 'मानता हूं कि लम्बे अभ्यास से मैं शनाख्त करना थोड़ा-बहुत सीख गया हूं।'

फिर मामला कोरे इल्जामों का नहीं था। दोनों ही देशों में एक से बढ़कर एक मुजाहिरे हो रहे थे हैवानियत के। लेकिन जिम्मेदारी लेने को कोई तैयार नहीं था। काठियावाड़ में भी कहा नहीं जा सकता था कि कौन सता रहा

था मुसलमानों को। हिन्दू महासभा और राष्ट्रीय स्वयंसेवक संघ पर उँगलियाँ उठ रही थीं जरूर, पर उन पर भी इल्जाम साबित नहीं हुआ था। तो क्या तसदीक न होने तक चुप बैठे रहना था? पूछना नहीं था कि 'तो फिर किसने उनको सताया है?' गांधी का मानना था :

> आज तो यह इल्जाम सारे हिन्दुओं और सिखों पर पड़ता है, जैसा कि पाकिस्तान में सारा इल्जाम मुसलमानों पर पड़ता है, और वह ठीक तो पड़ता है।

हिन्दुस्तान में सब हिन्दुओं और सिखों की और पाकिस्तान में सब मुसलमानों की सामूहिक जिम्मेदारी का गांधी का आरोप किसी गूढ़ नैतिक-दार्शनिक सिद्धान्त पर आधारित नहीं था। वह ठेठ व्यवहार की बात कर रहे थे। दिखाते हुए कि सर्वोच्च नेतृत्व से लेकर आम लोगों तक सबका ही दोष था, गांधी ने 3 दिसम्बर के प्रार्थना-प्रवचन में कहा :

> आज तो ऐसा हो गया है कि पाकिस्तान की हुकूमत जो कहती है उसको उनके मातहत जो आदमी हैं, वे करते नहीं हैं। आज हिन्दुस्तान में भी ऐसा हो गया है। जवाहरलाल कह देंगे, सरदार कह देंगे कि हम तो मुसलमानों की हिफाजत करेंगे, हम नहीं चाहते कि जबर्दस्ती एक भी मुसलमान को पाकिस्तान जाना पड़े; लेकिन चलती नहीं है, उनके पास ऐसे करने वाले नहीं हैं, क्योंकि उनके मातहत करते नहीं हैं, पीछे प्रजा तो करती ही नहीं है।

नीयत नेक हो और असलियत विपरीत, तो इल्जाम बनेगा ही। जो सताए जा रहे हैं उनके मन में सन्देह जन्मेगा ही। अफवाहें भी फैलेंगी। सच और झूठ गुँथ जाएँगे बुरी तरह से एक दूसरे में। ऐसे में तुनक-मिजाजी नहीं चलेगी कि बैठ गए बुरा मान कर। गांधी का कहना था :

> मैं 'अगर' कहकर इल्जामों का जिक्र करता हूं तो उससे किसी को घबराने की जरूरत नहीं, शर्त सिर्फ यह है कि जिन पर इल्जाम लगाया जाता है वे सचमुच इल्जाम से सर्वथा मुक्त हों।

सो जब गांधी के उलाहने से सामलदास को 'चोट' लगी और वह फौरन बम्बई से जूनागढ़ लौट गए ताकि अगर स्थिति बिगड़ी हुई है तो उसे सुधार दें, गांधी ने बगैर किसी परेशानी के कह दिया, 'सामलदास को मेरे कहने

की चोट लगी, लगनी ही चाहिए थी।'

तहकीकात के बाद सामलदास ने तार भेजकर जो खबर गांधी को दी लगभग वही थी जो पटेल पहले ही दे चुके थे कि गांधी तक पहुँचे विवरण अतिशयोक्ति भरे थे। सामलदास ने कहा :

> मेरे पास हिन्दू-मुसलमान का भेद नहीं। तो जो मुसलमान भाई मुझे लिखते हैं उनका मैं पूरा-पूरा साथ देना चाहता हूं। मगर शर्त यह है कि वे सच्चाई की राह पर हों। वे अतिशयोक्ति भरी खबरें भेजें, सारी दुनिया में शोर मचावें, यह मुझे बुरा लगता है। हिन्दुस्तान में से भी मेरे पास तार आते हैं, उन्हें तो मैं बर्दाश्त कर लेता हूं, लेकिन जब विदेशों से तार आते हैं तो मुझे लगता है कि यह तो बहुत हुआ।

जैसा कि उनका तरीका था, गांधी ने सामलदास से आए दोनों तारों का पूरा हवाला 4 और 5 दिसम्बर के अपने प्रार्थना-प्रवचनों में दे दिया।

इस किताब के मकसद—अपने वैयक्तिक और सामूहिक मन की पड़ताल—के सन्दर्भ में काठियावाड़ का यह प्रकरण बहुत प्रासंगिक है। ध्यान देने की बात है कि काठियावाड़ में हुई-न-हुई साम्प्रदायिक हिंसा को लेकर गांधी ने जो कुछ कहा उसका न सिर्फ पटेल और सामलदास ने बुरा माना और दूसरे लोगों—हिन्दुओं-सिखों—ने भी उसकी आलोचना की, बल्कि हमारे मन में भी आता है कि गांधी को इस मामले में एहतियात बरतना चाहिए था। और इतनी स्वाभाविक होती है यह प्रतिक्रिया कि हम उसके होने के बारे में सोचना भी जरूरी नहीं समझते।

क्योंकर होती है ऐसी प्रतिक्रिया? सवाल इसके सही या गलत होने का नहीं है। इसके होने की स्वाभाविक आत्म-असजगता का है। एक बार अगर हमें अपनी ऐसी प्रतिक्रिया की स्वाभाविकता का भान हो जाए, तो देर-सबेर इसी तरह के दूसरे सन्दर्भों के उठने पर बहुत सम्भव है कि हमारी जो भी प्रतिक्रिया हो, हम उसके प्रति आत्म-सजग हो जाएँ। मसलन, सम्भव है कि पाकिस्तान में उन दिनों हो रही हिंसा की हिन्दुस्तानी अखबारों में छपी खबरों को पढ़ते-पढ़ते हम अपने आप से पूछ बैठें कि उन खबरों की कितनी तसदीक की गई थी। एक बार दिमाग में ऐसा खटका हो जाए तो यह परेशानी भी होगी कि कैसे 'अपनी' और 'पराए' की एक-सी करनी देखते वक्त हमारी नजर बदल जाती है, और हमें उस फेर का भान तक नहीं होता।

अपने और पराए का फर्क मिटा चुके गांधी की नजर में वैसा फेर आने की वजह खत्म हो गई थी। दर्द के दबाव में काठियावाड़ के अपना 'घर' और सामलदास के अपना 'लड़का' होने का भाव उभर के आ सकता था उनके मन में, पर वैसे ही जैसे कि एक विशेष मनःस्थिति में वह दिल्ली को परक्षेत्र बता वहाँ से कूच कर सकते थे। दर्द तो उन्हें पूरे घर का था, भले ही उसका बँटवारा हो गया हो। (अकारण नहीं कि तबाही के इन दिनों में गांधी 'महाभारत' को बहुत याद करते थे।) आजादी से पहले जो दर्द उन्हें नोआखाली खींच ले गया था, उससे कम दर्द बिहार ने नहीं दिया था उन्हें। बल्कि जल्दी ही वह समझ गए थे और कहने लगे थे कि बिहार की हिंसा नोआखाली से ज्यादा थी, और उसके बाद पंजाब की हिंसा बिहार से भी ज्यादा।

'साबूत' बने रहना कितना भी मुश्किल क्यों न हो गया हो उन दिनों में, गांधी ने अपना मन साबूत बनाए रखा। बँटने नहीं दिया उसे देश के विभाजन से। उनका अनबँटा मन स्वभावतः–किसी बाह्य आदर्श के बौद्धिक प्रभाव के तहत नहीं–देख सका सबके दुःख एक-सी नजर से। बुद्धि भी अविभाजित रही उनकी। समझ चुकी थी नवम्बर 1946 में शुरू हुए नोआखाली और बिहार के अपने अनुभव से कि चाहे बंगाल की मुस्लिम लीगी सरकार हो या बिहार की 'अपनी' कांग्रेसी सरकार, साम्प्रदायिक हिंसा सम्बन्धी सरकारी दावों पर आँख मूँद कर यकीन नहीं किया जा सकता था। समझदारी से शनाख्त दोनों की ही जरूरी थी। बचाव किसी का नहीं करना था। इल्जाम लगे तो सफाई पटेल और सामलदास तक से माँगनी थी। और जो भी सफाई दी गई हो उसको लोगों के सामने रख देना था।

जिस बिगड़ती हवा की शिकायत गांधी कर रहे थे वह इस कदर बिगड़ गई थी कि दूसरों के दर्द से उपजा उनका अपना दर्द उनके अपने ही लोगों को क्षुब्ध ज्यादा करने लगा, द्रवित कम। सच्चाई, प्रेम और आत्मोत्सर्ग के सहारे दूसरों को राह दिखाने वाले के लिए इससे बड़ी विडम्बना–बेबसी की इन्तिहा–नहीं हो सकती थी कि जो बरसों उसके पीछे चले थे, और अभी भी उसकी जयजयकार कर रहे थे, सन्देह करने लगे थे उस पर अब।

27 नवम्बर के प्रार्थना-प्रवचन से शुरू हो हमारी आज की प्रतिक्रिया तक खिंच आया काठियावाड़ प्रसंग एक ऐसे सिलसिले की ओर इशारा करता है जिस पर खास ध्यान देने की जरूरत है। उस प्रवचन में गांधी ने

एक बड़ा चुभने वाला वाक्य बोला था। सिर्फ एक वाक्य। और वहीं छोड़ दिया था उस विषय को। अगले आठ दिनों में भी, जब काफी कुछ कहना पड़ा था उन्हें अपने बचाव में, वापस नहीं आए थे उस पर। मानो देख रहे हों कि लोग समझते भी हैं या नहीं उस कहे का मर्म। नहीं समझे लोग। समझना नहीं चाहते थे। आज भी शायद न समझें। न चाहें समझना। आखिरकार हाल तो आज भी, वही न सही, वैसा ही है जिसमें उस वक्त अनसुना रह गया था वह मार्मिक वाक्य।

विस्तार से बताने के बाद कि 'डॉन' और 'पाकिस्तान टाइम्स' में काठियावाड़ के बारे में क्या छपा था और किस तरह की खबरें उन्हें निजी तौर पर स्थानीय मुसलमानों और हिन्दुओं से मिली थीं, गांधी ने कहा था : 'हमारे अखबारों में तो ऐसी चीजें आती नहीं हैं।' और जोड़ दिया था, 'मेरे पास ये सब आ जाती हैं।'

क्यों नहीं आती हमारे अखबारों में ये चीजें? इतनी गहरी चली गई है अपने-पराए की भावना–साम्प्रदायिक अलगाव जिसे विभाजन के बाद राष्ट्रवाद ने और पैना कर दिया–कि हमारे अखबार हमारी अपनी करतूतें नहीं छापेंगे, पाकिस्तान में हो रहे अनर्थ को उछालते रहेंगे। एकतरफा रिपोर्टिंग होती रही तो हिंसा को सम्भव बनाने वाली अपने-पराए की भावना में दरार भी नहीं पड़ पाएगी। हम–और हमारी तरह वे भी–अपने को मासूम और उत्पीड़ित मानते रहेंगे। हिंसा करेंगे, किन्तु दोष मढ़ते रहेंगे दूसरे के मत्थे। आजादी-विभाजन के वक्त दोनों तरफ सवाल था, साम्प्रदायिक हिंसा का। पाकिस्तान ने इस बीच अपने यहाँ उस सवाल को 'न रहे बाँस न बजे बाँसुरी' के फॉरमूले से लगभग पूरी तरह हल कर लिया है। हिन्दुस्तान में अलबत्ता चले ही जा रहा है वह सवाल। मौका देता रहता है पाकिस्तान को शिकायत का। लेकिन और दूसरे मसाइल, या बहाने, खड़े होते रहे हैं इस बीच दोनों देशों को एक दूसरे पर इल्जाम लगाते रहने के लिए। इनकी रिपोर्टिंग दोनों देशों के अखबारों और अन्य संचार माध्यमों में निरन्तर वैसी ही इकतरफा और अविश्वास-आधारित रही है जैसी शुरू के उस उन्मादी वातावरण में थी।

परस्पर वैर में परस्पर विनाश की गांधी की छोटी-सी बात न सुनी गई और न सुनी जा रही है।

गांधी का हताश बयान कि आज हिन्दुस्तान में कौन सी चीज हो रही है कि उन्हें खुशी हो सके, बहुत-कुछ बता देता है उनकी जिन्दगी के आखिरी दुःखी दौर के बारे में। इस तथ्य को इस तरह भी समझा जा सकता है कि उन आखिरी डेढ़ेक सालों में गिनती के शायद तीन दिन थे जब उन्हें अपनी और देश की चलती चली जा रही दुःख-कथा के बीच खुशी के कुछ पल मिले थे। पर, अगले अध्याय में अनुमान होगा, टिक नहीं पाए थे वे पल। फिलहाल एक अन्तिम प्रकरण इस दुःख-गाथा से विदा लेने के निमित्त।

'अभी एक चीज आई है—वह करुणाजनक है।' यह था पहला वाक्य मारे जाने से 19 दिन पहले दिए गए गांधी के प्रार्थना-प्रवचन का। और वह करुणाजनक चीज थी अन्तरिम सरकार के पालने में ही दिख गई कांग्रेस की असलियत का आजादी के चन्द महीनों में ही और भ्रष्ट हो गया रूप। इस रूप को उजागर करते हुए दो चिट्ठियाँ आई थीं गांधी के पास आन्ध्र प्रदेश से। इन में से एक चिट्ठी थी किसी नौजवान की जिसे गांधी नहीं पहचानते थे और दूसरी थी एक 'बूढ़े बुजुर्ग' की जिन्हें गांधी जानते थे। यह थे देशभक्त कोंडा वैंकटप्पैया गारू। जैसे-तैसे बैसाखियों के सहारे घर में धीरे-धीरे चल पाने के अलावा ज्यादा कुछ कर पाने में असमर्थ कोंडा वैंकटप्पैया गारू ने लिखा था कि कांग्रेसियों की अधोगति देख वह मजबूर हो गए थे गांधी तक यह सब हाल पहुँचाने को। उनका अपना कोई स्वार्थ नहीं था लिखने में।

ऐसा तो था नहीं कि गांधी देख नहीं रहे थे देश और कांग्रेस का हाल। पर आन्ध्र प्रदेश से आई चिट्ठियों ने उन्हें ज्यादा ही व्यग्र कर दिया। इनका हवाला देते हुए उन्होंने शाम को अपने प्रवचन में कहा :

> जब से पन्द्रह अगस्त आया है तब से लोगों के दिल में ऐसा आ गया है कि अभी हमारा क्या है। अंग्रेजों का डर था वह रहा नहीं, सजा का डर नहीं है, अब किसी का डर नहीं है। भगवान का डर कौन पहचानता है।...आज कांग्रेस गिरती जा रही है। कांग्रेस में जितने हैं वे सब असेम्बली के सदस्य बनते हैं। सदस्य बनकर देश का काम नहीं करते, अपना करते हैं।...पैसा खाते हैं। इतना ही नहीं, सिविल कर्मचारियों को डराते हैं। कहते हैं कि नहीं मानोगे तो तुम्हारा ऐसा हो जाएगा। बेचारे पेट भरने के लिए तो काम करते हैं, क्या करें। इस तरह से दोनों तरफ से बिगड़ते हैं हमारे दफ्तर में पड़े हैं वे बिगड़ते

> हैं और प्रतिनिधि कहलाते हैं वे बिगड़ते हैं।...पीछे ख्वे जो कांग्रेस और स्वाधीनता संग्राम से कोसों दूर थे, कांग्रेस पर कब्जा करने की कोशिश करते हैं। फिर और दूसरी बातें पड़ी हैं, कम्यूनिस्ट हैं, समाजवादी हैं...वे भी आपस में ऐसा कहते हैं कि हम बड़े हो गए, हम सारे हिन्दुस्तान पर कब्जा कर लेंगे। तो हिन्दुस्तान किस पर कब्जा करेगा। कांग्रेस में भी यही है, समाजवादियों में भी यही है, तो मैं सबसे कहूंगा कि हम हिन्दुस्तान के बनें, हिन्दुस्तान हमारा न बने। हिन्दुस्तान एक-एक का बने तो हिन्दुस्तान कहां जाए।

यह शाम की बात है। उस दिन इतने व्यग्र हो गए थे गांधी कि सुबह तड़के पौने चार बजे शुरू हुई प्रार्थना के पूरा होने पर उन्होंने अपने इने-गिने साथियों से कहा :

> हमारा इतना अधिक नैतिक अधःपतन हो रहा है...मुझे आज ही इस संस्था ख्कांग्रेस, के बुरे दिनों की आगाही हो रही है।...सब तरह की पहुंच रखने वाले और केन्द्र में बैठे जैसों के लड़के भी किस तरह पैसा कमाया जाए, इसके लिए धमाचौकड़ी मचाते हैं। आखिर यह सब किस बात का संकेत है? अगर हम सचमुच ऐसे ही हों, तो कहना पड़ेगा कि हम गुलाम ही रहने लायक हैं।...सिर्फ कांग्रेस संस्था और खादी के बिल्ले की बदौलत मनमाने ढंग से चारों ओर से अन्धाधुन्ध कमाई करते रहें, तो यह सब कहां जाकर रुकेगा? मैं तो यह सब जानकर स्तब्ध हो गया हूं। अब तो कम-से-कम उस गज-ग्राह की तरह भगवान ही स्वयं समझकर मेरी लाज रख लें, तो मैं उसके अनन्त उपकार मानूंगा।

11 जनवरी को हुआ यह। अगली शाम गांधी ने 13 जनवरी से आमरण अनशन करने की घोषणा कर दी। हालाँकि उनके अनशन का प्रयोजन दिल्ली में साम्प्रदायिक शान्ति बहाल करना था, बहुत सम्भव है कि उस गहरे अवसाद ने अनशन पर बैठ जाने के लिए उन्हें प्रेरित किया हो।

'यह सब कहां जाकर रुकेगा?' बड़ी व्यथा से पूछा था गांधी ने। हम भी पूछते हैं। बगैर उस व्यथा के।

अध्याय-4

अहिंसा की सम्भावना?

हमारे में शायद हृदय नहीं है।

गांधी, 11 दिसम्बर 1947

जो बड़े दुःख गांधी ने अपने अन्त समय भोगे उनमें एक था अपनी अहिंसा की असफलता का एहसास। स्वाभाविक था कि दुनिया भी वह देखे जिसके कारण गांधी को यह दुःख भोगना पड़ रहा था। पूछे उनसे कि हिन्दुस्तान में फैल रही हिंसा के बाद भी क्या वह जगत को अहिंसा का सन्देश देंगे? यह सवाल उठाते हुए दुनिया के अलग-अलग मुल्कों से चिट्ठियाँ आ रही थीं उनके पास। 15 जून 1947, सोमवार, गांधी का साप्ताहिक मौन दिवस था। उस दिन प्रार्थना के बाद पढ़े गए अपने लिखित सन्देश में उन चिट्ठियों का जिक्र करते हुए गांधी ने कहा :

> मैं तो दिवालिया हो गया हूं; लेकिन अहिंसा का दिवाला कभी नहीं निकल सकता।...जिस अहिंसा का हमने इस तीस साल में उपयोग किया वह निर्बल की अहिंसा ही रही है।...आज की बदलती हुई हालत में कमजोरों की अहिंसा के लिए जगह नहीं है। सच तो यह है कि हिन्दुस्तान को आज तक वीरों की अहिंसा के प्रयोग करने का मौका ही नहीं मिला। अगर मैं बराबर कहता रहूं कि बहादुरों की अहिंसा के समान दुनिया में दूसरी कोई शक्ति नहीं है तो उससे कोई खास फायदा नहीं हो सकता। इस सत्य को साबित करने के लिए तो बार-बार और विस्तार से जीवन में उसे प्रकट करने की जरूरत है। जहां तक मुझसे बन पड़ता है मैं तो अपने जीवन में उसे प्रकट करने

> की कोशिश कर ही रहा हूं; लेकिन शायद मेरी काबिलियत कम हो, शायद मैं शेखचिल्ली हूं; तो फिर मैं लोगों को अपने पीछे चलने को क्यों कहूं, जब उसका कुछ नतीजा नहीं?...मैं किसी से नहीं कहता कि वह मेरे पीछे चले। हर एक को अपनी अन्तरात्मा की आवाज का हुक्म मानना चाहिए।
>
> यह मुमकिन है कि मेरा तरीका गलत रहा हो। मुश्किल या उलझन में पुराने नमूने या कठिनाई और उलझन के समय पुराने उदाहरण और अनुभव काम में आते हैं; लेकिन इनसान को यंत्र बनके काम नहीं चलाना है।
>
> इसलिए मैं अपने सब सलाहकारों से यह प्रार्थना करता हूं कि वे मेरे साथ धीरज रखें और इससे भी ज्यादा यह कि वे मेरी इस श्रद्धा में हिस्सेदार हों कि इस दुःखी जगत की पीड़ा हटाने के लिए कठिन होने पर भी सिवा अहिंसा के और कोई सीधा और साफ रास्ता नहीं है। मेरे जैसे लाखों आदमी इस सत्य को भले इस जीवन में सिद्ध न कर पाएं, यह उनकी कमजोरी तथा नाकामयाबी होगी, न कि अहिंसा की।

गांधी की छटपटाहट उभरकर आ रही है इस सन्देश में। अहिंसा में उनका विश्वास अटल है। अपनी विशाल विफलता के एहसास के बावजूद। यही एक सीधा और साफ रास्ता है। बगैर इसे अपनाए मानव जाति की खैर नहीं। पर दूसरों तक कैसे पहुँचाएँ इस जरूरी सच्चाई को? जो सोचा था आधार बन रहा है दुनिया को अहिंसा की व्यावहारिकता में यकीन दिलाने का, वह तो छलावा निकल गया। तो उस किए से तो कोई कारगर तर्क बनना नहीं था अहिंसा के समर्थन में। और उनके कहे की साख घटे जा रही थी तेजी से।

एक ही उपाय समझ में आता था। जो भी हुआ अतीत में, अब फिर लग जाना होगा अहिंसा के सत्य को सिद्ध करने में, वास्तविक जीवन में अहिंसा की असरंदाजी को दिखाने में। पर वह तो लम्बा और अनिश्चित सिलसिला होगा। सो फिलहाल—कैसा भी क्षरण क्यों न रहा हो अपनी साख का—एक हताश अपील तो करनी ही थी कि बाँट लो मेरी श्रद्धा और कर लो विश्वास अहिंसा में।

श्रद्धा में हिस्सेदारी की अपील की गांधी ने। पर श्रद्धा में हिस्सेदारी तो

श्रद्धा से ही हो सकती है। तर्क हावी हो जाए तो श्रद्धा टिक नहीं सकती। सिवाय उस सूरत में जब तर्क समझाए कि हमसे अपनी श्रद्धा में हिस्सेदारी की मिन्नत करने वाला शख्स ऐसा विलक्षण है कि उसकी श्रद्धा हमारे तर्क से आगे देखती है। जैसा कि वास्तव में गांधी के साथ स्वाधीनता आन्दोलन के दौरान बार-बार होता रहा था। तब गांधी को कोई मिन्नत नहीं करनी पड़ती थी। नेहरू जैसे वैज्ञानिक और तार्किक दृष्टि वाले तमाम लोगों ने अपने अनुभव से जान लिया था कि जहाँ उनको लगता था कि गांधी विवेकहीन हो निर्णय कर रहे हैं, बाद में समझ में आता था कि दरअसल सही गांधी ही हैं। कारण कि वे लोग अपने सामान्य तर्क से चलते थे जबकि गांधी की सहज अन्तर्दृष्टि बहुत पहले आगे की देख लेती थी।

पर अब गांधी की चमत्कारी दृष्टि में विश्वास खत्म होने लगा था। यह लगने लगा था कि अब विशुद्ध राजनीति की जरूरत है, गांधी की नीति की नहीं।

कारण जो भी रहा हो, गांधी में बढ़ता अविश्वास एक असन्दिग्ध ऐतिहासिक तथ्य है उनके जीवन के अन्त का। असल में जिस वक्त गांधी ने अहिंसा में श्रद्धा बनाए रखने की अपनी करुण अपील की, उससे कुछ घंटे पहले ही कांग्रेस के सभापति आचार्य कृपलानी ने गांधी की मौजूदगी में अखिल भारतीय कांग्रेस समिति को सम्बोधित करते हुए कहा था :

> मैं गांधी जी के संग पिछले तीस साल से हूं। मैं चम्पारन में उनके पास गया था। उनके प्रति निष्ठा से मैं कभी डिगा नहीं हूं। मेरी यह निष्ठा वैयक्तिक नहीं राजनैतिक है। जब मैं उनसे असहमत भी हुआ हूं, मैंने उनकी राजनैतिक अन्तःप्रेरणा को अपने विस्तीर्ण तार्किक रवैए से ज्यादा सही माना है। आज भी मुझे लगता है कि वह, अपनी महान निर्भयता के चलते, सही हैं और मैं गलत स्थिति में हूं। फिर मैं उनके साथ क्यों नहीं हूं? इसलिए कि मुझे लगता है कि वह अब तक समस्या से सामूहिक स्तर पर निपटने का कोई रास्ता ढूंढ़ नहीं पाए हैं। अहिंसक असहयोग सिखाते समय उन्होंने हमें एक निश्चित तरीका दिखाया था जिसे, यंत्रवत् ही सही, हम अपना सके थे। आज वह स्वयं अंधेरे में भटक रहे हैं। वह नोआखाली गए। उनके प्रयास से वहां की स्थिति थोड़ी सुधरी। अब बिहार में हैं। वहां भी स्थिति थोड़ी सुधरी है। पर इस सबसे पंजाब में फट पड़ी हिंसा का निराकरण

> तो होता नहीं किसी भी तरह। वह कहते हैं कि बिहार से वह पूरे देश में हिन्दू-मुस्लिम समस्या का निराकरण कर रहे हैं। शायद। पर समझ पाना मुश्किल है कि वैसा कैसे हो रहा है। अहिंसक असहयोग में इच्छित लक्ष्य तक पहुंचने के जिस तरह के सुनिश्चित तरीके थे, अब नहीं हैं।

कृपलानी के कहे को लेकर बड़ी बहस की गुंजाइश है। पूछा जा सकता है कि 1920 में, असहयोग आन्दोलन के समय और उसके बाद, क्या लोगों को रह-रहकर गांधी की अहिंसा के कारगर होने के बारे में शक नहीं होता रहता था? कितनी बार उन तीस सालों के दौरान संकटों का सामना होने पर गांधी लम्बी अनिश्चितता और आत्म-संशय से गुजरने के बाद ही उपयुक्त तरीके को तलाश कर पाए थे? वैसे ही जैसे कि इस वक्त जब, इस एहसास के बावजूद कि उनका तर्क भटकते गांधी की अन्तर्दृष्टि के मुकाबले गलत होगा, कृपलानी और कांग्रेस और देश गांधी को अकेला छोड़ने पर आमादा थे।

बहस जो भी हो, कृपलानी की ईमानदारी साफ झलकती है उनके बयान में। ऐसी ईमानदारी जो साथ छोड़ते वक्त भी परित्यक्त नेता की श्रेष्ठता से इनकार नहीं कर पाती। कृपलानी प्रतीक हैं कमोबेश उस कांग्रेस और उस देश के जिसमें नैतिक साहस नहीं था उस नेता के साथ रहने का जो उनसे बहुत आगे था।

और उस नेता के पास कोई चारा नहीं था सिवाय एक ऐसी अपील करने के जो वह भी जानता था सुनी नहीं जाएगी, और लगे रहने के इस कोशिश में कि किसी तरह वह अपने चारों ओर फैल रहे पागलपन को शान्त कर दे।

दक्षिण अफरीका समेत अपने पचासेक साल के सार्वजनिक जीवन में गांधी इतने दयनीय कभी नहीं हुए थे जितने अपने ही सहयोगियों द्वारा अहिंसा में विश्वास बनाए रखने की ऐसी कातर विनती करने के लिए विवश कर दिए जाने वाले दिनों में। अपना अकेलापन बर्दाश्त कर सकते थे वह। अपनी बेचारगी भी। दरकिनार हो जाने या कर दिए जाने में उन्हें अपना अपमान नहीं दिखाई देता था। न ही दूसरों की कृतघ्नता। पर, ठीक उसी वक्त जब अहिंसा की व्यापक व्यावहारिक सफलता सिद्ध होती दिख रही

थी, जो उन्हें मार रहा था वह था यह खयाल कि दुनिया तैयार ही नहीं थी अहिंसा के लिए। पीड़ा अपने शेखचिल्लीपन की नहीं थी। पीड़ा थी इनसान को पागलपन में से न निकाल पाने की।

'चिपके रहने से', 29 जनवरी 1925 के *यंग इंडिया* में गांधी ने लिखा था, 'नैतिक सत्ता सहेजकर नहीं रखी जा सकती। वह बिन माँगे मिलती है और बिना प्रयास के बनी रहती है।' अगले बीस सालों में गांधी का अपना जीवन उनके इस सत्य को चरितार्थ करता रहा। पता नहीं अपना 1925 का कहा उन्हें 1947 में याद था या नहीं। पर बीस साल बाद उनका जीवन नैतिक सत्ता के एक दूसरे ही पहलू को उजागर करने लगा : बगैर प्रयास के चली भी जाती है नैतिक सत्ता।

चली भले ही न गई हो सीधे-सादे अर्थों में, 1947 तक गांधी की नैतिक सत्ता एक बोझ बन गई थी–एक कर्ज–जो उत्तरोत्तर भारी लगने लगा था उनके निकटतम सहयोगियों तक को। और पहली बार गांधी चाह रहे थे कि उनकी नैतिक सत्ता बनी रहे। देख नहीं पा रहे थे कि जितना चाह रहे हैं उसे बनाए रखना, उतनी ही निकली जा रही है। जितनी वह निकलती उतनी ही कोशिश बढ़ती उसे बनाए रखने की। दुःखी जगत की खातिर।

गांधी अपने को 'जुआरी' मानते थे। बड़े-बड़े दाँव लगाए थे उन्होंने अपने सार्वजनिक जीवन में। अगर खेल का पूरा हिसाब लें तो वह जीते ही थे उस जुए में। अंग्रेजी सरकार से हो रहे जुए में। पर अब उन्हें दाँव लगाना पड़ रहा था अपने ही लोगों के खिलाफ। हर बार पासा उनके खिलाफ ही पड़ता नजर आता। जितना हारते, हारते जुआरी की तरह उतनी ही बाजी बढ़ाते। जिन्दगी के आखिरी पाँच महीनों में तो दो बार अपने आप को लगा दिया दाँव पर।

मुखालिफ अपने ही लोग थे। कैसे जीत सकते थे ऐसे दारुण दाँव? हार गए लोग जानबूझकर। खुशी से नहीं, मजबूरी में। चौदह साल पहले भी एक बार गांधी ऐसा ही जुआ खेले थे अपने लोगों से। तब भी लोग हार गए थे। मजबूरी में।

पर क्या गांधी की अहिंसा जीती थी उनमें से एक बार भी? इस सवाल को टटोलेगा यह अध्याय।

I

पिछले अध्याय में हम देख चुके हैं कि नोआखाली की खबर पाते ही गांधी ने फैसला कर लिया था वहाँ जाकर लोगों के दिलों को जीतकर शान्ति स्थापित करने का। वह नोआखाली पहुँच भी नहीं पाए थे, कलकत्ता में ही थे, कि बिहार में ईंट का जवाब पत्थर से देने के अन्दाज में हिन्दुओं ने मुसलमानों का शिकार शुरू कर दिया। गांधी पर दबाव पड़ने लगा बिहार जाकर वहाँ अमन कायम करने का। गांधी नहीं माने और नवम्बर के पहले हफ्ते में नोआखाली पहुँच गए। उन्हें विश्वास था कि बिहार का काम तो वह नोआखाली में रहकर भी कर लेंगे। वैसे भी अगर नोआखाली में वह सफल हो गए तो उन्हें यकीन था कि सारे देश में साम्प्रदायिकता की समस्या पर काबू पा लिया जाएगा। न बिहार शान्त हुआ न नोआखाली, उलटे और भी भीषण हिंसा फैलने लगी उत्तर-पश्चिम सीमान्त और पंजाब में।

इसी हिंसा के दौरान, और काफी हद तक इसके परिणामस्वरूप, कांग्रेस ने विभाजन स्वीकार कर लिया और अंग्रेजी राज्य के अन्त की तारीख तय हो गई। गांधी ने आजादी से पहले ही दिल्ली छोड़ नोआखाली की राह ली, वहाँ के अधूरे काम को पूरा करने के इरादे से। पर कलकत्ता में ही रोक लिये गए। शहर को शान्त रखने के लिए।

9 अगस्त की सुबह कलकत्ता पहुँच, गांधी 11 तारीख को नोआखाली के लिए रवाना होने वाले थे। छोड़ सके कलकत्ता पूरे 30 दिन बाद, 7 सितम्बर की रात में। लेकिन नोआखाली के लिए नहीं।

सत्य और अहिंसा की एक नई राजनीति की व्यावहारिक सम्भावना को समझने के लिए वे 30 दिन बड़े अहम हैं। एक ऐसी राजनीति जो आदर्श और अमल के बीच अटलनीय मान ली गई दूरी को न सिर्फ गैरजरूरी बल्कि अनिवार्यतः नुकसानदेह मानती है। कलकत्ता में उन 30 दिनों में हुए इस 'कमाल' का खासा विस्तृत वर्णन प्यारेलाल, निर्मल कुमार बोस और तेंदुलकर ने दिया है, और ऍटनबरो की बहुप्रदर्शित फिल्म, 'गांधी', में भी वह उभरकर आता है। फिर भी जरूरी है इस नई राजनीति को केन्द्र में रख उन दिनों को गौर से देखना।

गांधी जब कलकत्ता पहुँचे तो शहर में जबर्दस्त साम्प्रदायिक तनाव

व्याप्त था और हिंसा की घटनाएँ हो रही थीं। दरअसल साल भर पहले 16 अगस्त 1946 को मुस्लिम लीग के डायरेक्ट एक्शन से शुरू हुए नर-संहार के बाद से ही शहर में कभी ज्यादा कभी कम साम्प्रदायिक खदबद चल रही थी। अब जबकि आजादी आने में केवल छः दिन बाकी थे और शहर की पुलिस के लगभग सारे मुसलमान अफसर और सिपाही पूर्वी पाकिस्तान जाने का चुनाव कर चुके थे, इस बात का डर बहुत बढ़ गया था कि शहर के मुसलमानों से पुराने हिसाब खुलकर चुकाए जाएँगे।

अविश्वास और दहशत के उस आलम में केवल गांधी थे जिन पर मुसलमान भरोसा कर सकते थे। सो 9 अगस्त को ही तीसरे पहर कलकत्ता के भूतपूर्व मेयर मुहम्मद उस्मान गांधी से मिलने पहुँच गए। मुसलमानों पर मँडरा रहे संकट का पूरा ब्योरा देने के बाद मुहम्मद उस्मान ने गांधी से विनती की कि कम से कम चार दिन कलकत्ता में रुककर ऐसा वातावरण पैदा कर दें कि मुसलमानों पर कोई मुसीबत न आए।

उस शाम अपने प्रार्थना-प्रवचन में गांधी ने इसी विषय की चर्चा की। सारे दिन, उन्होंने बताया, वह मुसलमानों पर आ पड़े खतरे की कहानी सुनते रहे हैं। ऐसा नहीं है कि मुसलमान बड़े समझदार हो गए हैं, पर उन्हें मुसलमानों और हिन्दुओं दोनों ने बताया है कि शहर के हिन्दू पागल हो गए हैं। वे मान रहे हैं कि अब वे आजाद हैं मुसलमानों के साथ वह सब कुछ करने के लिए जो उनके–हिन्दुओं के–हिसाब से मुसलमानों ने उनके साथ किया था। गांधी ने कहा कि अगर वाकई मुसलमान दहशत में रह रहे हैं तो पश्चिम बंगाल की कांग्रेस सरकार के लिए कलंक की बात है। चूँकि सवाल यह नहीं है कि मुस्लिम लीग की सरकार ने क्या किया था। सवाल केवल यह है कि डॉ. प्रफुल चन्द्र घोष की सरकार क्या कर रही है। गांधी यह भी नहीं सुनना चाहते थे कि जो भी गड़बड़ हो रही थी वह गुंडों की कारस्तानी थी। गुंडों की खुली गुंडागर्दी तो लोगों के दिलों में छिपी गुंडागर्दी का लक्षण मात्र थी। जो भी हो, गुंडागर्दी से निपटने की जिम्मेदारी सरकार की थी।

पता नहीं कि ऐसा हो सकने की सम्भावना के बारे में वह क्या सोचते थे, गांधी ने यह भी कहा कि जरूरी हुआ तो लोगों के पागलपन को शान्त करने के लिए वह अपनी जिन्दगी भी खुशी-खुशी कुर्बान कर देंगे।

अगले दिन फिर मुहम्मद उस्मान गांधी के पास गए। इस बार मुसलमानों का एक बड़ा प्रतिनिधिमंडल उनके साथ था। गांधी पर, उन्होंने कहा, मुसलमानों का भी उतना ही अधिकार बनता था जितना हिन्दुओं का। इसलिए कम से कम दो दिन और तो रुकना ही चाहिए उन्हें कलकत्ता में शान्ति बहाल करने के लिए। गांधी ने कहा कि वह रुकने को तैयार हैं। इस शर्त पर कि ये मुसलमान नोआखाली में हिन्दुओं की सुरक्षा का जिम्मा अपने ऊपर ले लें। और जिम्मा यह जानकर लें कि अगर नोआखाली में हिन्दुओं को कुछ हो गया तो गांधी आमरण अनशन कर देंगे। काफी सोच-विचार और तैयारी के बाद गांधी से मिलने को आए मुसलमानों ने अपनी और मुस्लिम लीग की तरफ से नोआखाली में हिन्दुओं की सलामती का आश्वासन दे दिया। इस सन्दर्भ में एक काम इन्होंने यह किया कि 1946 में हुई नोआखाली की हिंसा के प्रमुख आयोजक मियाँ गुलाम सरवर और उनके सबसे खास सहयोगी कासिम अली को साम्प्रदायिक शान्ति बनाए रखने के लिए मना लिया।

गांधी 11 अगस्त के बजाय 13 अगस्त को नोआखाली जाने को तैयार हो गए।

राजधानी दिल्ली छोड़ 'परदेस' बन जाने वाले सुदूर नोआखाली जा रहे गांधी के डेढ़ दिन भर बीते थे अभी कलकत्ता में। इतने में ही उन्हें कलकत्ता, और कलकत्ता की मार्फत विभाजन से प्रभावित पूरे हिन्दुस्तान-पाकिस्तान की संगीन स्थिति का एक अजीब विकट पहलू दिखाई पड़ गया था। वह यह कि राज-काज चलाने वालों के अकेले के बूते में नहीं था उस स्थिति को काबू में करना। अगर शहर के खौफजदा मुसलमान अकेले महसूस कर रहे होते कि गांधी के अलावा कोई और उन्हें नहीं बचा सकता, तो गुंजाइश थी सोचने की कि दरअसल सूरते-हाल ऐसी संगीन नहीं है, और विश्वास किया जा सकता कि राजकर्ता कोई गड़बड़ नहीं होने देंगे।

वैसा था नहीं। गांधी पहुँचे ही थे कलकत्ता कि मुख्यमंत्री प्रफुल्ल घोष उनसे मिलने आ गए थे। पूरे एक घंटे तक बात करते रहे थे। समझाते रहे थे सारी स्थिति। भक्त थे गांधी के और अच्छी तरह जानते-मानते थे उनके आदर्शों को। (उनकी 'महात्मा गांधी : ऐज़ आई सॉ हिम' से पता चलता है कि घोष कितनी संवेदना से गांधी के उन अन्तिम दिनों की बढ़ती वेदना

और बेचारगी को समझ रहे थे।) उसी दिन तीसरे पहर गवर्नर फ्रैडरिक बरोज से मिलने का बुलावा था। गवर्नर ने सीधे शब्दों में गांधी से कहा था कि कलकत्ता को उनकी जरूरत है। कोई भी यकीन नहीं दिला रहा था कि चिन्ता तज यहाँ की, जाओ अपना काम करने नोआखाली, इधर कोई गड़बड़ नहीं होगी।

कलकत्ता का हाल देश का हाल था। राजशक्ति के अलावा नैतिक शक्ति की भी जरूरत थी उस विकट स्थिति से निपटने के लिए। किन्तु न हिन्दुस्तान में न पाकिस्तान में कोई और था वैसा नैतिक पराक्रमी।

स्वाभाविक था कि 10 अगस्त को ही गांधी इस बाबत जो कुछ कहना चाहते हैं, अपने प्रार्थना-प्रवचन में कह दें। वही, उनके लिए, सबसे कारगर तरीका था अपनी बात कह लोगों को समझाने-बुझाने का। सो पिछले दिन की तरह, इस दिन का प्रवचन भी पूरा-का-पूरा साम्प्रदायिक मानसिकता और साम्प्रदायिक हिंसा के वहशीपन का एहसास कराने में निकल गया। उस दिन बोलते वक्त गांधी ने खास खयाल रखा कि वह किसी एक सम्प्रदाय के प्रति पक्षपात करते न दिखाई पड़ें।

प्रवचन के शुरू में ही यह एलान करके कि अपना नोआखाली जाना उन्होंने मुल्तवी कर दिया है, गांधी ने बताया कि जहाँ तक उनसे बन पड़ेगा वह कलकत्ता में फैल रहे पागलपन को शान्त करेंगे। साथ ही उन्होंने यह भी बता दिया कि वह नोआखाली के हिन्दुओं को भूले नहीं हैं, बल्कि उन्होंने अपनी जान का हवाला देकर कलकत्ता में उनको रोकने वाले मुसलमानों से यह वादा ले लिया है कि नोआखाली में कोई उत्पात नहीं होगा। इसके अलावा गांधी ने कहा कि शहर में खुद घूमकर वह देखेंगे कि कहाँ मुसलमानों को हिन्दुओं ने और कहाँ हिन्दुओं को मुसलमानों ने बेघरबार कर दिया है; और दोनों ही तरह के इलाकों में वह लोगों को, अपने पड़ोसियों को इज्जत और प्यार से वापस बुलाने के लिए तैयार करेंगे। लोगों में फैल रहे वहशीपन को दूर करने के अलावा सरकार और प्रशासनिक कर्मचारियों के साम्प्रदायिकता की भावना से बिलकुल मुक्त होने पर भी जोर दिया गांधी ने। उस समय व्याप्त साम्प्रदायिक असुरक्षा और परस्पर अविश्वास के माहौल में पुलिस के महत्त्व को ध्यान में रखते हुए गांधी ने खासतौर से कहा कि अगर पुलिस-बल में साम्प्रदायिकता घुस गई तो भविष्य अन्धकारमय

बन जाएगा। सरकार को भी देखना होगा कि अल्पसंख्यकों को किसी तरह सताया न जाए।

9 और 10 अगस्त को जब शहर के गण्यमान्य मुसलमान गांधी को सिर्फ दो दिन और रुक जाने के लिए बार-बार मना रहे थे उस वक्त सुहरावर्दी कराची गए हुए थे। कराची से लौटते में वह कुछ दिन दिल्ली में रहने वाले थे। पर जैसे ही उन्हें गांधी के कलकत्ता में होने की खबर मिली, सुहरावर्दी तुरन्त दिल्ली से कलकत्ता आ गए। आते ही 11 अगस्त की रात में वह गांधी से मिलने चले गए। उनका तकाजा था कि असल बात गांधी के दो दिन और कलकत्ता में रुक जाने की नहीं थी। उनको रोकने, और उनके रुक जाने, का मकसद था शहर में अमन की बहाली। अतएव गांधी के रुकने की कोई निश्चित अवधि पहले से तय नहीं की जा सकती थी। उन्हें तो तब तक रुके रहना था जब तक शहर में शान्ति का पूरा भरोसा न हो जाए।

यह वही सुहरावर्दी थे जिन्होंने पिछले साल ही गांधी के साथ मिलकर लोगों से साम्प्रदायिक शान्ति बनाए रखने की अपील की थी; बंगाल के प्रधानमंत्री की हैसियत से गांधी और उनके सहयोगियों को नोआखाली में हर मुमकिन मदद का वादा किया था; और फिर बिहार में मुसलमानों के खिलाफ हो रही हिंसा की बिना पर गांधी को मुसलमानों के प्रति उदासीन होने के लिए खुलेआम तब तक कोसा था जब तक गांधी नोआखाली से बिहार नहीं चल गए थे।

मानो वैसा कुछ कभी हुआ ही नहीं था, गांधी ने सुहरावर्दी से कहा कि वह तैयार हैं अनिश्चित अवधि तक कलकत्ता में रहने के लिए। पर उनकी कुछ शर्तें थीं ऐसा करने के लिए। ये शर्तें दिखाती हैं कि गांधी की राजनीति कैसे चलती थी।

गांधी ने कहा कि वह रुक सकते हैं अगर सुहरावर्दी उनके साथ निष्कपट भाव से मिलकर काम करने को तैयार हैं। साथ काम करने के दौरान दोनों जने दंगों से प्रभावित किसी इलाके में एक घर लेकर रहेंगे। जिस किसी को भी मिलना होगा, या जहाँ भी जाना होगा, दोनों साथ होंगे। एक दूसरे की पीठ के पीछे कोई बात नहीं करेगा। जो भी लोग उनसे मिलने आएँ उनमें इतनी हिम्मत होनी चाहिए कि जो भी कहना हो दोनों के सामने

कहें। उसी तरह उन दोनों—गांधी और सुहरावर्दी—में इतनी हिम्मत होनी चाहिए कि जो भी कहना-करना है एक दूसरे के सामने कहें-करें। जो बुनियादी बात दोनों नेताओं को सब लोगों को समझानी थी वह यह थी कि अब जब देश के विभाजन का फैसला हो गया है, तो कोई कारण नहीं बचता आपसी कलह को बनाए रखने का। एक और शर्त जो गांधी ने रखी उसके मुताबिक दोनों नेताओं को बगैर पुलिस या फौज की रक्षा के रहना था। पर प्रशासन इस शर्त को मानने को तैयार नहीं था।

गांधी ने अपनी शर्त का मतलब स्पष्ट करते हुए सुहरावर्दी से कहा कि इनको मानने के लिए पुराने सुहरावर्दी को मरना होगा और एक नया फकीरी लिबास अपनाना होगा। उन्होंने कहा कि जो भी फैसला सुहरावर्दी करें, शान्ति से सोच-समझकर और अपने वृद्ध पिता और इकलौती बेटी से सलाह-मशविरा करके करें।

रात के 11 बजे रुखसत हुए सुहरावर्दी गांधी से बातें करके। दूसरे दिन दोपहर को जाकर फैसला कर पाए। सन्देशा भिजवा दिया गांधी को कि मंजूर हैं उनकी शर्तें। (तीन महीने पहले भी, किसी दूसरे सिलसिले में, गांधी ने इसी तरह साथ रह काम करने की पेशकश रखी थी। तब सुहरावर्दी ने उसे 'पागल' मान टाल दिया था।)

उसी शाम अपने प्रार्थना-प्रवचन में पिछली रात सुहरावर्दी के आने से लेकर कुछ घंटों पहले बगैर किसी टालमटोल के साथ रह काम करने का प्रस्ताव मान लेने तक की एक-एक बात ब्योरेवार बता दी गांधी ने। फिर बताया कि अब दोनों 'दोस्त'—सुहरावर्दी और गांधी—किसी दंगाई इलाके में एक उपयुक्त घर तलाश रहे हैं ताकि वहाँ रहकर अपना काम शुरू कर सकें।

इतना बताने के बाद गांधी उस बात पर आए जो वह जानते थे कि उनको सुनते-सुनते उन तमाम हिन्दुओं को उद्विग्न करने लगी होगी जो सुहरावर्दी को 'गुंडों का सरदार' मानते थे। गांधी ने कहा कि उन्हें आगाह किया गया था कि सुहरावर्दी एतबार के काबिल नहीं हैं। लेकिन बिलकुल यही बात मुसलमानों में उनके अपने—गांधी के—बारे में कही जाती रही थी। उन्हें मक्कार और इस्लाम का सबसे बड़ा दुश्मन बताया जाता था। अगर इसके बावजूद वह चाहते रहे कि उन पर एतबार किया जाए, तो उन्हें भी

दूसरों पर एतबार करना चाहिए। रही बात लोगों के दिलों की, सो वह तो बस ईश्वर ही जान सकता है।

एतबार कर रहे थे गांधी। पर खतरे की सम्भावना भी समझ रहे थे। 13 अगस्त को पटेल को लिखते हुए कहा : 'मैं कलकत्ता में फंस गया हूं और एक जोखिम उठाने जा रहा हूं। वक्त दिखाएगा क्या होता है। गौर से देखते रहना।' गांधी के 'जोखिम' को पटेल ने अपने जवाब में 'भयंकर जोखिम' कहा, और अपनी चिन्ता को आदतन व्यंग्य में ढकते हुए लिखा : 'तो आप रोक लिये गए कलकत्ता में, और वह भी ऐसे इलाके में जो गुंडों और बदमाशों का गढ़ है। और वह भी ऐसी कमाल की संगत [सुहरावर्दी] में!'

पटेल का लिखा बता देता है कि गांधी और सुहरावर्दी ने कैसे इलाके में–13 अगस्त की शाम से–रहना शुरू किया था। बेलियाघाट में 'हैदरी मैंशन' वाले रोबदार नाम का एक जर्जर बड़ा-सा घर था वह। पुराना गन्दा टूटा-फूटा घर। 12 तारीख को उपयुक्त घर की तलाश शुरू हुई, दूसरे दिन ही रिहाइश शुरू कर दी गई पसन्दीदा घर में। लाख लग जाए सारा प्रशासनिक तंत्र उसे रहने लायक बनाने में, पर 24 घंटों में कितना किया जा सकता था? दैहिक असुविधाएँ तो होनी ही थीं वहाँ रहने में। वही गांधी चाहते भी थे। आम लोगों के बीच प्रभावशाली काम आम लोगों की तरह रहकर ही हो सकता था।

'हैदरी मैंशन' में जाने से पहले चार दिन बिताए थे गांधी ने कलकत्ता में। सिवाय तीसरे दिन के, वह अपने रोज शाम के प्रार्थना-प्रवचन में तरह-तरह से लोगों को समझाते रहे थे कि साम्प्रदायिक उन्माद से किसी का भी भला नहीं हो सकता। कहा नहीं जा सकता कि हजारों की संख्या में गांधी को सुनने आए लोगों पर, और रेडियो-अखबार के जरिए उनके कहे को सुनने-पढ़ने वालों पर इन प्रवचनों का क्या असर पड़ा। लेकिन जब गांधी 'हैदरी मैंशन' पहुँचे तो इतना जरूर जाहिर हो गया कि बहुत कुछ करना बाकी है।

वहाँ गांधी का विरोध करने के लिए पहले से ही हिन्दू नवयुवकों का बड़ा मजमा लगा हुआ था। वे चिल्ला रहे थे : 'क्यों आए हो यहाँ? जब हम मुसीबत में थे तब तो नहीं आए थे। अब मुसलमानों ने शिकायत कर

दी तो इतना बावेला हो रहा है। वहाँ क्यों नहीं गए जहाँ से हिन्दुओं को भागना पड़ा है?' बमुश्किल तमाम गांधी और उनके साथ के लोग घर में घुस पाए।

पर जब थोड़ी देर बाद सुहरावर्दी की गाड़ी आई तो जबर्दस्त हंगामा हो गया। भीड़ ने पथराव शुरू कर दिया। जैसे-तैसे नवयुवकों को मनाया जा सका कि वह हंगामा बन्द कर अपने कुछ प्रतिनिधियों को गांधी से बात करने के लिए भेज दें।

भावावेश के ऐसे अमर्यादित वातावरण में भी अपने को धीरज में रख विपक्षी के विवेक को जगाना, यह थी गांधी की राजनीति की बुनियाद। विपक्षी को संवाद में ले आने की विलक्षण सलाहियत थी उनमें। उस रात गांधी की इस सलाहियत का कड़ा परीक्षण हुआ। उनके कमरे में घुसते ही नवयुवकों के प्रतिनिधियों में से एक उबल पड़ा : 'गए साल 16 अगस्त के दिन जब हिन्दुओं पर डायरेक्ट एक्शन की मार पड़ी थी तब आप नहीं आए थे हमें बचाने। अब जबकि मुस्लिम इलाकों में थोड़ी-सी गड़बड़ हो गई है, आप भागे आए हैं उनकी मदद करने। हम नहीं चाहते आप को यहाँ।'

गांधी का जवाब था : 'अगस्त 1946 से अब तक बहुत-कुछ बदल गया है। मुसलमानों ने तब जो किया सरासर गलत था। पर 1947 से 1946 का बदला लेकर क्या हासिल होगा? मैं तो नोआखाली जा रहा था जहां आपके अपने लोग मेरी मौजूदगी चाह रहे थे। लेकिन यहां आकर मैं देख रहा हूं कि यहीं रहकर मुझे नोआखाली की सेवा करनी होगी। आपको समझना चाहिए कि मैं यहां सिर्फ मुसलमानों की नहीं बल्कि हिन्दू, मुसलमान और बाकी सबकी बराबर सेवा करने आया हूं। जो लोग इस तरह की हैवानियत पर उतर आए हैं वे अपने और अपने धर्म के ऊपर कालिख मल रहे हैं। मैं तो आपकी हिफाजत में अपने को छोड़ रहा हूं। आप चाहें तो मेरे खिलाफ जा उलटी ही भूमिका अदा कर सकते हैं। मेरी जीवन-यात्रा अपने अन्तिम चरण में है। मुझे बहुत आगे नहीं जाना। सो आप जान लें कि अगर आप लोग फिर पागल बन जाते हैं तो मैं उसे देखने के लिए जिन्दा नहीं रहूंगा। यही अल्टीमेटम मैंने नोआखाली के मुसलमानों को भी दे दिया है। यह हक मैंने हासिल कर लिया है। नोआखाली में मुसलमानों का पागलपन फिर से शुरू हो, उससे पहले वे मुझे मरा पाएंगे। क्यों नहीं समझ रहे आप लोग

कि ऐसा करके मैंने नोआखाली में शान्ति का जिम्मा सुहरावर्दी और उनके दोस्तों पर डाल दिया है, जिनमें मियां गुलाम सरवर और बाकी सब शामिल हैं? यह कोई मामूली फायदा नहीं है।'

बातें बढ़ती गईं। युवकों की उत्तेजना आसानी से खत्म होने वाली नहीं थी। कई घंटे की बातचीत के बाद मौका पा गांधी ने उन हिन्दू युवकों से एक ऐसी बात कही जिसको नजरअन्दाज करना उन लोगों के लिए मुमकिन नहीं था। गांधी ने कहा : 'मैं आपसे पूछता हूं कि मैं जो जन्म और विश्वास से हिन्दू हूं, और अपने रहन-सहन में हिन्दुओं का हिन्दू हूं, मैं कैसे दुश्मन हो सकता हूं हिन्दुओं का?'

अब तक रात के आठ बज चुके थे। गांधी का सवाल युवकों के दिलों को छूने वाला था। इस जगह बातों का सिलसिला रोका जा सकता था दूसरे दिन आगे बढ़ाए जाने के लिए। इस यकीन के साथ कि आगे की बातों के दौरान युवकों में वह अविश्वास और गुस्सा नहीं होगा जिससे कुछ ही घंटों पहले यह सिलसिला शुरू हुआ था।

वैसा ही हुआ। 14 अगस्त को जब वे नौजवान वापस आए तो गांधी उन्हें विश्वास दिला सके कि जब इस इलाके के हिन्दू वहाँ से भगा दिए गए मुसलमानों को प्यार और इज्जत से पुनः बुला लेंगे, तब सुहरावर्दी के साथ वह शहर के दंगा-ग्रस्त मुस्लिम-बहुल इलाकों में जाकर लोगों को समझाएँगे कि वहाँ से भगा दिए गए हिन्दुओं को वापस बुला लें।

दो दिन जरूर लगे, पर ज्यादातर नौजवान गांधी को समझ गए और साम्प्रदायिक शान्ति के काम में जुट गए। जब 15 अगस्त के बाद सशस्त्र पहरेदार हटा लिये गए—गांधी शुरू से ही सरकारी पहरेदारों के खिलाफ थे—तो इनमें से कुछ नौजवानों ने 'हैदरी मैंशन' की चौकीदारी अपने जिम्मे ले ली।

13 अगस्त को जिस घर में लोग गांधी को घुसने नहीं दे रहे थे, उसी घर के अहाते में दूसरे दिन दस हजार लोग शाम की प्रार्थना में शामिल होने को आए। किन्तु सुहरावर्दी के प्रति गुस्सा अभी ज्यों-का-त्यों था। जिस समय गांधी का प्रवचन चल रहा था—वह कह रहे थे कि जब बीस लाख हिन्दू और मुसलमान कलकत्ता में एक दूसरे के दुश्मन बने हों तो किस मुँह से वह नोआखाली जा सकते हैं—तो अचानक लोग चिल्ला पड़े : 'सुहरावर्दी

कोथाय?’ गांधी ने समझाया कि लोगों की भड़की भावनाओं की वजह से सुहरावर्दी अन्दर घर में बैठे हैं, पर अब जब लोग संयत हो रहे हैं, अगले दिन सुहरावर्दी जाएँगे प्रार्थना में।

इधर गांधी लोगों के सब्र की तारीफ कर रहे थे कि उधर कुछ लोग प्रार्थना-स्थल छोड़ घर में बैठे सुहरावर्दी को सबक सिखाने के लिए दौड़ लिये। सुहरावर्दी को गालियाँ देते हुए उन्होंने घर पर पथराव शुरू कर दिया। अन्दर से दरवाजे-खिड़कियाँ बन्द कर दिए गए और बेचारे सुहरावर्दी फर्श पर दुबककर लेट गए।

प्रार्थना के बाद गांधी लौटे तो उन्हें इस नए हंगामे का पता लगा। उन्होंने अन्दर से खिड़की खोल बाहर जमा भीड़ से बोलना शुरू कर दिया। लोग उनको देख शान्त हो गए। गांधी ने कहा कि जब लोग उनके—गांधी के—साथ काम करने को तैयार हो गए हैं तो उसका मतलब है कि उन्हें सुहरावर्दी के साथ भी काम करना है। इसके जवाब में फिर शोर हुआ : ‘सुहरावर्दी कहाँ है?’ लोग जिद में थे कि सुहरावर्दी को देखे बगैर हिलेंगे नहीं वहाँ से। आखिर में गांधी ने कहा कि सुहरावर्दी रमजान का अपना रोजा खत्म कर रहे हैं, थोड़ी देर में आएँगे। इस बीच भीड़ में से किसी ने ताना कसते हुए कहा कि भरोसे के लायक नहीं है सुहरावर्दी। गांधी का जवाब था : ‘सच्चे नहीं हैं तो टिक नहीं पाएँगे मेरे साथ; जल्दी ही छोड़ कर चले जाएँगे।’

जब गांधी को लगा कि उन्होंने लोगों को थोड़ा ठीक कर लिया है तो इशारा किया सुहरावर्दी को खिड़की पर आने का। अब गांधी बीच में खड़े थे और उनके अगल-बगल थे सुहरावर्दी और मनु गांधी, जिनके कन्धे पर गांधी हाथ टिकाए हुए थे। बगैर गांधी को नुकसान पहुँचाए कोई सुहरावर्दी पर वार नहीं कर सकता था। इस तरह संरक्षण पा, सुहरावर्दी ने बोलना शुरू किया : ‘बंगाल का सौभाग्य है कि इस समय महात्माजी हमारे बीच में हैं। क्या बंगाल अपना सौभाग्य पहचान भाइयों की यह लड़ाई खत्म करेगा?’

इतना कहना था सुहरावर्दी का कि एक आदमी बोल पड़ा भीड़ के बीच से : ‘कलकत्ता के नर संहार के लिए आप जिम्मेदार नहीं हैं क्या?’ सुहरावर्दी ने कहा : ‘हाँ, हम सब जिम्मेदार हैं।’ इतना आसान नहीं था बचके निकल जाना। बड़ा गुबार भरा हुआ था दिलों में। ‘मेरे सवाल का जवाब देंगे

आप?' फिर बोला वह आदमी। सवाल उसका अकेले का नहीं था। सबको जरूरत और जिद थी सुहरावर्दी के जवाब की। गांधी का कहना काफी नहीं था कि उनके साथ काम करने का मतलब है कि सुहरावर्दी के साथ भी काम किया जाए।

कल्पना कर सकते हैं हम कि कैसा नाटकीय और निर्णायक रहा होगा वह पल; कि खिड़की के इस तरफ भीड़ से सुहरावर्दी की हिफाजत कर रहे गांधी को भी उस पल इन्तजार रहा होगा सुहरावर्दी के जवाब का; और कि कितना कुछ घूम गया होगा उस एक पल में सुहरावर्दी के मन और दिमाग में।

'हाँ, वह मेरी जिम्मेदारी थी,' सुहरावर्दी ने कहा।

सारा समाँ बदल दिया उस एक वाक्य ने। दूसरे ही दिन, बजाय लोगों से बचने और गांधी द्वारा बचाए जाने के, सुहरावर्दी खुद गाड़ी चला कर गांधी को दिखाने ले गए कि शहर में जगह-जगह कैसे जोश-ओ-खरोश से हिन्दू और मुसलमान मिलकर आजादी का जश्न मना रहे हैं। यह वही कलकत्ता था जहाँ पिछली रात तक डर था कि मुसलमान 15 अगस्त को मातम का दिन मनाएँगे और हिन्दू न जाने क्या गजब ढा बैठेंगे। अब, मानो कुछ गड़बड़ हुई ही न हो, लोग उनकी गाड़ी रोक रहे थे, उन्हें मान दे रहे थे, 'महात्मा गांधी जिन्दाबाद' के नारे लगा रहे थे, और अपने साथ दोनों नेताओं से 'जय हिन्द' कहलवा रहे थे।

अपनी आँखों से रात में कलकत्ता का ऐसा अप्रत्याशित कायाकल्प देख, अगले दिन गांधी ने अपने 'हरिजन' के लिए एक संपादकीय लिखा। शीर्षक दिया 'चमत्कार या अकस्मात्'। पूरा विवरण देते हुए लिखा कि जो हुआ—चमत्कार या अकस्मात् ('अकस्मात्' के गुजराती अर्थ में जहाँ यह सीधा अंग्रेजी के 'एक्सीडेंट' का पर्याय है)—वह ईश्वर का किया था। वे दोनों—गांधी और सुहरावर्दी—तो निमित्त भर थे ईश्वर के।

अगर केवल इतना ही बताया तो कलकत्ता में पलक झपकाते हो गया वह कमाल बड़ा सरलीकृत, भावोन्मत्त और भ्रामक चित्रण करेगा गांधी की राजनीति का। केवल इतना ही देखा तो लगेगा कि देर भर है किसी सत्यवादी के उठने की, फिर सब होता रहेगा उसके नैतिक प्रताप से। वैसा होता तो यह किताब न होती। होती, तो गांधी की बेचारगी और मानवीय

त्रासदी की बात न करती।

खिलाफत आन्दोलन की चार दिन की चाँदनी के बाद से 25 साल बीत गए थे गांधी को कोशिश करते-करते कि मुसलमान उनको अपना खैरख्वाह मान उन पर भरोसा करें। कुछ असर नहीं हुआ था उनकी मुसलसल कोशिश का। उन्हीं गांधी से इस समय कलकत्ता के मुसलमान विनती किए जा रहे थे उनको बचा लेने की। कोई और ताकत या तदबीर उन लोगों को नहीं सूझ रही थी सिवाय गांधी की शरण के। इसी तरह सुहरावर्दी की भी अपनी दयनीय विवशता उठ खड़ी हुई थी। बंगाल के प्रधानमंत्री की हैसियत से जो भी मदद की हो उन्होंने मुस्लिम लीग के डायरेक्ट एक्शन को सफल बनाने में, अब जबकि पाकिस्तान के पूर्वी बंगाल सूबे में मुस्लिम लीग की सरकार बनने वाली थी, सुहरावर्दी को दरकिनार कर ख्वाजा नाजिमुद्दीन को सौंप दी गई थी वहाँ की सत्ता। न सिर्फ मुक्त हो गए थे सुहरावर्दी पार्टी की जोड़-तोड़ से, बल्कि जो भी सम्भावना थी उनके राजनीतिक भविष्य के सुधरने की वह थी संकट की इस घड़ी में मुसलमानों को बचा लेने के जरिए। उनके लिए भी गांधी के अलावा कोई और ठौर नहीं थी।

गांधी ने जो नैतिक निधि जुटा ली थी उसके बगैर उनकी विशिष्ट राजनीति की सफलता की सम्भावना सोची नहीं जा सकती थी। पर अपने आप में नाकाफी थी सफल होने के लिए वह निधि। मुसलमानों और सुहरावर्दी की बेचारगी का भी बड़ा योगदान था उस सफलता में।

कलकत्ता में हुए उस अकल्पनीय कमाल का ही एक पहलू गांधी की राजनीति की सीमा भी दिखाता है। ध्यान देने वाली बात है कि कलकत्ता में रोक लिये गए गांधी कलकत्ता के मुसलमानों से गारंटी तलब कर सकते थे नोआखाली में हिन्दुओं की सलामती की। मुसलमानों से यह नहीं कह सकते थे कि वे निश्चिन्त हो कलकत्ता में रहें और गांधी को नोआखाली जाने दें, जाने से पहले वह—गांधी—अपनी जान का हवाला देकर हिन्दुओं से कहकर जाएँगे कि मुसलमानों को कोई छुएगा नहीं।

पता नहीं गांधी ने साफ-साफ यह सोचा था या नहीं, पर मुसलमानों से नोआखाली में हिन्दुओं की सलामती की शर्त पर कलकत्ता में रुककर उन्होंने वह कर लिया था जो शायद खुद नोआखाली पहुँचकर न वहाँ कर पाते और न कलकत्ता में होने से रोक पाते।

कलकत्ते में शान्ति स्थापित करने के बाद, 1 सितम्बर 1947 को, नोआखाली के लिए रवाना होने वाले थे गांधी कि उससे पहली रात को उन्हीं के आवास स्थान पर हल्ला बोल दिया गया। दूसरे दिन सुबह से खबरें आने लगीं शहर में मुसलमानों के खिलाफ हिंसा की। उसी दिन गांधी ने आमरण अनशन शुरू कर दिया।

गांधी के आवास पर हिन्दुओं का हमला रात दस बजे हुआ था। उसके सवा बाईस घंटे के अन्दर गांधी अनशन पर थे। ये घंटे उस निरन्तर बढ़ती साम्प्रदायिक हिंसा से जुड़े थे जिसे गांधी देश की सबसे विकट समस्या मानते थे, और जो उनकी हर चन्द कोशिश के बावजूद उनकी पकड़ में नहीं आ रही थी। समय भागा जा रहा था। वह समझ रहे थे कि जल्दी ही कुछ कारगर न हुआ तो बहुत देर हो जाएगी। पिछले ग्यारह महीनों में–नोआखाली में, बिहार में–आमरण अनशन की बात उनके मन में आई थी, पर किसी न किसी कारण टिकी नहीं थी। किन्तु इन सवा बाईस घंटों ने गांधी को साफ-साफ दिखा दिया कि अपना जीवन दाँव पर लगाने की घड़ी आ गई है।

क्या हुआ उन निर्णायक घंटों में कि गांधी पा गए स्पष्टता?

गांधी सो रहे थे जब हिन्दू दंगाइयों ने घर में घुस तोड़-फोड़ शुरू की। आँख खुलने पर समझ नहीं पाए कि शोर-शराबा किस बात का है। पर उनके अगल-बगल लेटी दो लड़कियाँ खतरा भाँप उठ आईं और बहादुरी से दंगाइयों को शान्त हो जाने को कहने लगीं। लड़कियों को गया देख गांधी को भी लगा कि कुछ गड़बड़ है। वह भी उठ कर आ गए। उस समय उनका साप्ताहिक मौन व्रत चल रहा था। पर खतरे को सामने देख, व्रत को उतनी देर के लिए तोड़, वह दोनों हाथ जोड़ शान्ति की अपील करने लगे दंगाइयों से। उनकी विनती का कोई असर नहीं हुआ। बल्कि उन पर भी वार करने की कोशिश की गई। किस्मत से उनकी ओर चलाई गई लाठी का निशाना चूक गया, और उन पर फेंका गया पत्थर उनके बगल में खड़े एक मुसलमान को जाकर लगा।

इसी बीच पश्चिम बंगाल के मुख्यमंत्री प्रफुल्लचन्द्र घोष और कलकत्ता के पुलिस अधीक्षक भी आ गए। गांधी को अन्दर भेज किसी तरह दंगाइयों को रफा-दफा किया उन्होंने।

साम्प्रदायिक हिंसा के सामने अपनी अहिंसा की प्रभावहीनता काफी दिनों से देख रहे थे गांधी। पर अपनी निस्सहायता, अपनी बेबसी का रात का यह अनुभव कुछ ज्यादा ही संगीन था। गांधी की बेबसी और बढ़ने लगी जब, बजाय थमने के, रात की हिंसा शहर में जगह-जगह फैलने लगी। उन्हें ऐन अपने पड़ोस में रहने वाले मियाँबागान के मुसलमानों को सुरक्षित कहीं और भेजने का इन्तजाम करवाना पड़ा। और यह भी न हो सका ठीक से। कुछ मुसलमानों को लेकर एक ट्रक चला ही था मियाँबागान से कि एक बम फेंका गया उस पर, और दो लोग जान से मारे गए।

और क्या होना बचा था अब? कुछ बचा था गांधी को करने को?

शाम को तकरीबन छह बजे सरदार पटेल को कलकत्ता में फैल रही आग का ब्यौरा देते हुए गांधी ने लिखा : 'मैं सोच रहा हूं कि मेरा क्या फर्ज है इन परिस्थितियों में।' फिर बताया कि 'जवाहर' ने तार भेजकर पंजाब में बिगड़ रही स्थिति की वजह से वहां जाने को कहा है, और कहा : 'कैसे जा सकता हूं मैं अभी? गहरे अपने अन्दर खोज रहा हूं मैं। मौन से मदद मिलती है उसमें।'

कोई जिक्र नहीं था छह बजे तक आमरण अनशन का। हालाँकि इतना जरूर कहा गांधी ने पटेल से कि चूंकि यह पत्र दूसरे दिन ही जा सकेगा, वह बाद में एक 'पुनश्च' भी जोड़ देंगे इसमें।

अवश्य ही गांधी के गहरे में चल रहा आत्म-मन्थन उन्हें आमरण अनशन की ओर प्रेरित कर रहा था, पर कोई पक्का फैसला नहीं हो पाया था पटेल को लिखते समय। इस अनुमान को विश्वसनीय बनाने वाला एक और कारण भी है। उस दिन अनेक प्रतिनिधिमंडल आते रहे थे गांधी के पास। पूछने कि इस आग पर काबू पाने के लिए उन लोगों को क्या करना चाहिए। दिन भर गांधी सबको एक ही हिदायत देते रहे थे : 'दंगाइयों के बीच में जाओ और उनका पागलपन रोको या मर जाओ उसी कोशिश में। नाकामी की खबर देने वापस मत लौटो जिन्दा। यह स्थिति ऊपर वालों की कुर्बानी चाहती है। अब तक अकेले स्वर्गीय गणेश शंकर विद्यार्थी को छोड़, सिर्फ अजान-अनाम प्यादे ही इस सर्वनाश का शिकार हुए हैं। वह काफी नहीं है।'

पिछली रात के अनुभव ने गांधी को दिखा दिया था कि उनकी भौतिक

उपस्थिति, उपद्रवियों के सामने उनकी अनुनय-विनय—बुद्धि की बात—जरूरी नहीं कि प्रभावकारी हो। पर सम्भव था कि जो उनके शब्द न कर सके वह उनका अनशन कर दे। कोई रसायन था उनकी नैतिक सत्ता का जिसमें भले ही उनकी भौतिक उपस्थिति कुछ परिस्थितियों में बेअसर हो जाए, उस उपस्थिति के उठ जाने का खतरा उठाने के लिए तैयार नहीं थे लोग।

गांधी की नैतिक सत्ता के बारे में यह बयान, उनकी हत्या के बावजूद, आज सम्भव है। पर जिस क्षण गांधी उस आत्म-मन्थन में लगे हुए थे जिसमें आमरण अनशन का निश्चय, इससे पहले कई बार त्याग दिए जाने के बाद, किया जाने वाला था, उस क्षण में यह सम्भावना अवश्य ही प्रबल रही होगी कि कौन जाने अब यह दाँव भी खाली चला जाए। आखिर आमरण अनशन तो वह व्यक्ति करने जा रहा था जिसका 'अरण्य-रोदन' चल रहा था, और जो 'आज मेरी सुनता ही कौन है' की रट लगाए जा रहा था।

कितना और नहीं गहरा गया होगा वह विषाद अपने ढलते प्रभाव का रात दस बजे शुरू हुए सिलसिले से? वैसी मनःस्थिति और वस्तुस्थिति के वैसे निराशापूर्ण आकलन में किया गया आमरण अनशन का फैसला हारे जुआरी का 'आखिरी दाँव' था। सिवाय इसके कि यह आखिरी दाँव चार महीने बाद फिर एक बार लगाया जाना था।

ऐसे बड़े दाँव के खाली चले जाने की आशंका ने ही, मुमकिन है, गांधी के अन्दर वह 'कमजोरी' पैदा कर दी हो जिसकी वजह से गांधी ने तय किया कि इस आमरण अनशन के दौरान वह अपने पीने के पानी में नमक के साथ-साथ नीबू भी मिलाएँगे। शायद वह ज्यादा से ज्यादा वक्त चाह रहे थे अपने अनशन के सहारे लोगों के दिलों तक पहुँचने के लिए। राजाजी, जो बिलकुल अनशन के पक्ष में नहीं थे, देख सके इस कमजोरी को, और उनके दिखाते ही गांधी ने नीबू बिना ही पानी पीने का फैसला किया उपवास के दौरान।

जो भी असमंजस रहे हों गांधी के, जब एक बार निर्णय ले लिया उन्होंने तो उनकी दृष्टि स्पष्ट थी। उनको कलकत्ता के हर निवासी के पास जाना था समझाने के लिए कि यह पागलपन समाप्त होना चाहिए। कि हिन्दुओं और सिखों को नहीं भूलना चाहिए कि पिछले दिनों में उन्होंने क्या किया है पूर्वी पंजाब में। अब वही पागलपन पश्चिमी पंजाब के मुसलमानों ने शुरू

कर दिया है, और कहा जा रहा है कि हिन्दू और सिख उस सबको लेकर उत्तेजित हैं। कि वह–गांधी–पंजाब जाना चाहते हैं वहाँ जाकर कुछ कर पाने के लिए। लेकिन जब कलकत्ता में 14-15 अगस्त को हुआ 'चमत्कार' ही झूठा साबित हो गया तो क्या मुँह लेकर वह जाएँ पंजाब। कि एक ही हथियार ने ताउम्र उनका साथ दिया है। वह है उपवास। सो उसी का सहारा वह फिर ले रहे हैं।

यह सारी बातें एक सार्वजनिक बयान में गांधी ने सवा आठ बजे अपना आमरण अनशन शुरू करने से पहले कह दीं। उन्होंने यह भी कहा कि अगर कलकत्ता के बाशिन्दे चाहते हैं कि गांधी पंजाब जाएँ और वहाँ लोगों की मदद करें तो उन्हें जल्दी इस अनशन को खत्म कराना होगा। और अनशन कलकत्ता में समझदारी की बहाली के बाद ही खत्म होगा।

कहना मुश्किल है कि पटेल को लिखे गए खत और अनशन शुरू होने के बीच के सवा दो घंटों में किस वक्त गांधी ने यह भगीरथ निर्णय लिया। पर एक बार निर्णय हो जाने के बाद वह और समय नष्ट करने को तैयार नहीं थे। दरअसल उन्होंने राजाजी की भी–जिन्हें वह अपनी आत्मा का रखवाला बताते थे–प्रतीक्षा नहीं की। राजाजी उसी वक्त आए जब अनशन प्रारम्भ हुआ। रात साढ़े ग्यारह बजे तक वह बहस करते रहे गांधी से।

इस लम्बी बहस की एक बात विशेष उल्लेखनीय है प्रस्तुत सन्दर्भ में। राजाजी के कहने पर कि इतनी भी क्या जल्दी है और गांधी थोड़ा रुककर क्यों नहीं देख सकते, गांधी का जवाब था : 'बाद में बहुत देर हो जाएगी। अल्पसंख्यक मुसलमानों को ऐसी खतरनाक हालत में नहीं छोड़ा जा सकता। अगर मेरे अनशन से कोई फायदा होना है तो उसे गड़बड़ी रोकने का काम करना पड़ेगा। मैं जानता हूं कि अगर मैंने कलकत्ता को नियंत्रण में कर लिया तो मैं पंजाब को ठीक कर दूंगा। पर अगर मैं अभी लड़खड़ा गया तो आग फैल जाएगी, और बहुत जल्दी फैलेगी वह आग। मैं साफ-साफ देख रहा हूं कि दो या तीन शक्तियां हम पर टूट पड़ेंगी और हमारी आजादी का लघु-जीवी सपना खत्म हो जाएगा।'

राजाजी ने आगे तर्क दिया : 'मान लीजिए आप मर जाते हैं, तब तो आग और भयंकर हो जाएगी।' गांधी बोले : 'कम से कम मैं तो नहीं रहूंगा वह देखने को। मैं जो कर सकता हूं कर चुकूंगा। उससे ज्यादा करना किसी

को बदा नहीं होता।'

अजानी कमजोरियाँ जो भी रही हों, ईश्वर में विश्वास के ही साथ खुद कुछ अच्छा कर पाने का लोभ भले ही रहा हो अन्दर, केवल जीते रहने के लिए जीने का कोई तर्क नहीं लुभा सकता था गांधी को। क्यों न उनकी आत्मा का रखवाला ही दे रहा हो वह तर्क।

जिस तेजी से गांधी आमरण अनशन पर बैठ गए, उतनी ही तेजी से उसका प्रभाव भी सामने आने लगा। केवल तीन दिन में शान्ति बहाल हो गई। ऐसी पूर्ण शान्ति कि उसे समझदारी की वापसी और पागलपन के खात्मे का नाम दिया जा सके। पहली तारीख की रात में शुरू हुए अनशन के दूसरे दिन जो भी हुआ हो, 3 सितम्बर को पूरे दिन कोई अप्रिय घटना नहीं हुई। गांधी के अपने पड़ोस में तो ऐसा असर हुआ कि जिन हिन्दुओं ने अपने मुसलमान पड़ोसियों को मार भगाया था, वही उन पड़ोसियों को मनाकर वापस ले आए।

इतना ही नहीं, गांधी के उस आवाहन पर भी अमल हुआ कि लोग उपद्रवियों के बीच जाकर अहिंसक तरीके से शान्ति स्थापित करने का प्रयास करें, भले ही वैसा करते-करते उन्हें अपना जीवन गँवाना पड़े। दो अहिंसक स्वयंसेवी युवक–सचिन मित्रा और स्मृतीष बनर्जी–मारे गए साम्प्रदायिक उन्माद से जूझते-जूझते। स्वयं मौत के लिए सदा तैयार गांधी का मानना था कि ऐसी मासूम मौतें जरूरी हैं हिन्दू- मुसलमानों को नजदीक लाने के लिए।

गांधी का जादू चुका नहीं था।

4 सितम्बर को रात में सवा नौ बजे, केवल 73 घंटे के उपवास के बाद, 78 वर्षीय गांधी ने सुहरावर्दी के हाथ से मौसमी का रस पीकर अपना अनशन सम्पन्न कर दिया।

लगता नहीं कि गांधी समेत किसी ने ऐसे चमत्कार का अनुमान तक किया था। राजाजी की दूरन्देशी उन्हें आशंकित किए हुए थी गांधी के जीवन के बारे में। गांधी खुद अपने को पूरी तरह ईश्वर की शरण में समर्पित किए हुए थे।

माउंटबेटन के प्रसिद्ध वक्तव्य में जरा भी अतिशयोक्ति नहीं थी कि गांधी के एक-सदस्यीय सीमा बल ने बंगाल में वह कर दिखाया जो पंजाब

में 55000 फौजी नहीं कर पा रहे थे। राजाजी ने गांधी के इस चमत्कार का एक और महत्त्वपूर्ण पक्ष देखा और कहा कि यह मात्र शान्ति स्थापना का काम नहीं था। यह बुराई–मानवीय बुराई–पर अच्छाई की जीत थी। अच्छाई की यह जीत राजाजी के लिए गांधी की अनेक उपलब्धियों में सर्वोत्कृष्ट थी।

एक और अद्‌भुत उपलब्धि इस अनशन की यह थी कि वे असंख्य मुसलमान जो गांधी को अपना सबसे बड़ा दुश्मन मानने की हद तक सन्देह की नजर से देखते थे, वे ही उनको अपना परम हितचिन्तक मानने लगे। सुहरावर्दी समेत ये वे मुसलमान थे जो खुलेआम ताने दे-देकर गांधी से नोआखाली छोड़ बिहार जाने की माँग करते रहे थे। गांधी के प्रति उनके दिलों का बदलना शुरू तो उसी वक्त हो गया था जब बीस दिन पहले उन्होंने सुहरावर्दी की अगुवाई में नोआखाली जा रहे गांधी को अपनी सुरक्षा के लिए कलकत्ता में ही रोक लिया था। पर इस अनशन ने उनके दिलों को बिलकुल ही बदल दिया। इसके बाद गांधी भी, जो पहले बड़े दुःख से कहा करते थे कि 'मुसलमानों ने मुझे अपना शत्रु मान रखा है', कहने लगे कि मुसलमानों को उन पर भरोसा है। दरअसल कलकत्ता से शुरू हुआ यह सिलसिला–जैसे कि हम जल्दी ही देखेंगे–गांधी के बचे-खुचे पाँचेक महीनों में और जोर पकड़ता गया।

लेकिन इसका एक और पहलू भी था। उसकी तरफ यहीं इशारा कर देना ठीक रहेगा। अनशन टूटने से पहले हो रहे विचार-विनिमय के दौरान जब सुहरावर्दी ने गांधी से मुसलमानों के उनको अपना मित्र और हितैषी मानने की बात कही तो राजाजी वहीं थे। उन्होंने इस पर जो टिप्पणी की वह बड़ी महत्त्वपूर्ण है। राजाजी ने कहा : 'अगर मैं भाषा थोड़ी बदल दूँ तो कहूँगा कि गांधी आज हिन्दुओं से ज्यादा मुसलमानों के हाथों में सुरक्षित हैं।'

सुहरावर्दी सिर्फ मुसलमानों की बात कर रहे थे गांधी के सन्दर्भ में। यह अर्थपूर्ण है कि राजाजी को जरूरी लगा उसी बात को हिन्दुओं से जोड़कर कहना। कहा नहीं जा सकता कि अपनी बात की सच्चाई का कितना एहसास था राजाजी को उस वक्त। उसका पूर्वाभास तो नहीं ही रहा होगा जो चार महीने बाद हो गया 30 जनवरी को।

जो भी हो, इतना तो निर्विवाद है कि कलकत्ता के उन 73 घंटों में एक चमत्कार हुआ था। यह गांधी का वैयक्तिक चमत्कार था। लिखना चाह रहा हूँ कि इससे चमत्कृत हुए बगैर रह पाना मुश्किल है। पर जानता हूँ कि न केवल उस समय वरन् बाद में भी विभिन्न वजहों से तमाम लोगों का रुख गांधी की तरफ उदासीनता या आक्रामकता का रहा है। सो औरों की बात छोड़ अपनी बात करूँगा। मैं अभिभूत हो जाता हूँ जब कलकत्ता के उस चमत्कार के बारे में सोचता हूँ। कितनी होंगी मिसालें ऐसी सारे जगत के इतिहास में!

फिर भी–यह 'फिर भी' महत्त्वपूर्ण है–मैं नहीं मान पाता कि वह चमत्कार गांधी की अहिंसा का चमत्कार था। वह चमत्कार था उनके नैतिक प्रताप और साहस का। (भले ही वह प्रताप उन्होंने मुख्यतः अपनी अहिंसा से कमाया हो।) हो सकता है कि उस चमत्कार के होने में गांधी के अर्थ वाली विशुद्ध अहिंसा का योगदान रहा हो। पर उससे ज्यादा–या उसके साथ-साथ–नैतिक जबर्दस्ती का भी योगदान था उसके हो पाने में। वह नैतिक जबर्दस्ती जो, अपने उपवास के साथ अपने जीवन का मोल लगाकर, गांधी ने चाहे या अनचाहे उन लोगों के साथ कर दी थी जिनका हृदय-परिवर्तन उस उपवास का ध्येय था।

मैं सोच-समझकर यहाँ नैतिक के साथ 'जबर्दस्ती' शब्द का इस्तेमाल कर रहा हूँ, दबाव या बोझ का नहीं। जब मोल पर लगा जीवन गांधी का हो तो, हृदय-परिवर्तन हो या न हो, कितने लोग कोई भी सौदा करने की स्थिति में बचे रह सके होंगे? हृदय में साम्प्रदायिकता और हिंसा को लेकर कितने भी मिश्रित–परस्पर विरोधी भी–विचार और भाव हों, उस पल में तो केवल एक ही विचार, एक ही भाव–जैसे भी हो गांधी को बचा लो–बाकी और विचारों और भावों को इच्छा या अनिच्छा से दबा हावी हो गया होगा।

साम्प्रदायिक सम्बन्धों को लेकर गांधी का एक सीधा, सरल, विवेकशील तर्क था जिसे हम भुला बैठे हैं। पुलिस, फौज या ऐसे ही किसी बाहरी बल से–इसके लिए गांधी का प्रतीक था तलवार–जो शान्ति जबर्दस्ती दो सम्प्रदायों के बीच में बना दी जाती है वह वास्तव में उनके विग्रह को और गहरा कर देती है। वह देख न पाए कि, समझते हुए कि वह लोगों का

हृदय-परिवर्तन कर उनकी अच्छाई उभार रहे हैं, वह लोगों को असल में मजबूर कर रहे हैं साम्प्रदायिक शान्ति बनाए रखने को, और इसका भी वही परिणाम हो सकता है जो पुलिस या फौज के बल-प्रयोग का–प्रायः–होता है।

उनका उद्देश्य नैतिक दृष्टि से कितना भी श्रेयस् रहा हो, गांधी के आमरण अनशन के साधन में जो भावनात्मक भयदोहन–'इमोशनल ब्लैकमेल'–काम कर रहा था उसको हिंसा न मानने का औचित्य समझ में नहीं आता। यद्यपि, जैसा कि हम आगे एक और आमरण अनशन के प्रसंग में देखेंगे, गांधी स्वयं ऐसा नहीं मानते थे।

4 सितम्बर को शहर में शान्ति की वापसी के आधार पर गांधी को अनशन समाप्त करने के लिए तैयार करने के दौरान एक अप्रत्याशित और दिलचस्प विवाद उठ खड़ा हुआ। उस विवाद से कुछ अन्दाजा मिलता है कि लोगों का कितना हृदय-परिवर्तन हुआ था और कितना वह बेबसी में सब कुछ कर रहे थे।

हुआ यों कि सारे दिन सरकार और जनता की ओर से लोग आते रहे गांधी को बताने कि शहर में शान्ति बहाल हो गई है। फिर शाम के होते-होते कुछ महत्त्वपूर्ण व्यक्ति मिलकर गांधी से अनशन तोड़ने की अपील करने आए। इनमें हिन्दू, मुसलमान, सिख, पाकिस्तानी, मुस्लिम लीगी, हिन्दू महासभाई, कांग्रेसी सभी थे। राजाजी, आचार्य कृपलानी, प्रफुल्लचन्द्र घोष, सुहरावर्दी, हिन्दू महासभा के अध्यक्ष एन.सी. चटर्जी और सचिव डी.एन. मुकर्जी जैसी प्रमुख हस्तियाँ भी थीं उनमें।

डॉक्टरों के मना करने पर भी बार-बार दिन में लोगों से बात करने की वजह से गांधी बहुत थक चुके थे। पर इन लोगों से विस्तृत बातचीत जरूरी थी। चौबीस घंटे तक शहर के शान्त बने रहने को लेकर गांधी ने कहा कि वह कारण अपने आपमें नाकाफी था अनशन समाप्त करने के लिए। 14 अगस्त के बाद से जो भाईचारा और सद्भाव उभर आए थे एकबारगी शहर के हिन्दुओं और मुसलमानों में, उससे वह खुश कितने भी हुए हों, उसको लेकर उनके मन में शंका और सन्देह बने ही रहे थे। फिर उतने ही अचानक हिंसा वापस आ गई थी। ऐसे में गांधी के लिए आश्वस्त होना जरूरी था कि इस बार आई शान्ति वास्तविक थी, दिखावा मात्र नहीं।

सो दो सवाल गांधी ने अपने आगन्तुकों से पूछे। एक यह कि क्या वे लोग पूरी सच्चाई से यकीन दिला सकते थे कि अब कभी भी साम्प्रदायिक पागलपन कलकत्ता में पलटकर नहीं आएगा? दूसरा, कि क्या शहर के नागरिकों का ऐसा सच्चा हृदय-परिवर्तन हो गया है कि वे किसी भी साम्प्रदायिक उन्माद को न बढ़ावा देंगे और न ही बर्दाश्त करेंगे?

अगर इन सवालों के सन्तोषजनक जवाब नहीं हैं उनके पास तो उन्हें गांधी का अनशन चलते रहने देना चाहिए। चूँकि अगर अनशन टूटने के बाद पुनः साम्प्रदायिक हिंसा भड़क उठी शहर में तो गांधी को कभी न टूटने वाला आमरण अनशन करना पड़ेगा।

गांधी की बात यहीं खत्म नहीं हुई। अपने सवालों के बुनियादी तर्क को उसकी परिणति तक ले जाते हुए वह बोले : 'चूंकि आप सर्वज्ञ नहीं हैं और हो सकता है कि आपके आश्वासन के बावजूद एक और साम्प्रदायिक उपद्रव हो जाए, तो क्या आप वचन देंगे कि वैसा होने पर आप, अल्पसंख्यक समुदाय का बाल भी बांका हो सके, उससे पहले, हर मुसीबत झेलने को तैयार रहेंगे; कि उपद्रव को दबाने में मर जाएंगे पर नाकामी की खबर देने जिन्दा नहीं लौटेंगे? मैं आपसे यह लिखित एलान चाहता हूं। और समझ लें, मेरा खून आपके माथे होगा अगर आप कहते कुछ हैं और आपका इरादा कुछ और है। बिना विचार किए जल्दी करने से अच्छा है कि मुझे अपना अनशन थोड़ा बढ़ा लेने दें। उससे मुझे कोई नुकसान नहीं होगा। जब कोई व्यक्ति उपवास करता है तो पिया हुआ गैलनों पानी नहीं, ईश्वर बचाता है उसे।'

विकट धर्म-संकट में पड़ गए वे सारे गण्यमान्य व्यक्ति। आए थे गांधी की जान बचाने, और गांधी उन्हीं की जान गिरवी रख लेना चाह रहे थे। अनशनकर्ता की हैसियत से गांधी की सारी बात कितनी ही तार्किक रही हो, क्या इतने लोगों में से एक भी ईमानदारी से कह सकता था कि साम्प्रदायिक पागलपन की वापसी फिर कभी नहीं होगी कलकत्ता में? या यह कि जो शान्ति स्थापित हुई थी वह लोगों के दिल बदल जाने की वजह से थी? जब गांधी के शहर में रहते सिर्फ सोलह दिन के भीतर, साम्प्रदायिक सौहार्द के उन्मुक्त सार्वजनिक प्रदर्शन के बाद, बगैर कोई पूर्वाभास कराए हिंसा लौट आई, तो किस आधार पर कोई कह सकता था—सच्चाई से—कि

अब कभी वैसा नहीं होगा?

पर साथ ही कौन सच्चाई के इस अकाट्य तर्क से बँध—कि गांधी के दोनों ही सवालों का सन्तोषजनक विश्वस्त जवाब दे पाना नामुमकिन था—उस अमूल्य जीवन को खतरे में डालने का दुस्साहस कर सकता था? सत्य और गांधी के जीवन के बीच में चुनना हो तो एक ही चुनाव सम्भव था।

पर, अपनी-अपनी नैतिक प्रतिबद्धता की सीमा को पहचानने के कारण, गांधी की उस माँग को मानना भी आसान नहीं था। कहते हैं डूबते को तिनके का सहारा। सो ऐसी ही एक कोशिश सुहरावर्दी ने इस मुसीबत से निकलने की की। गांधी ने अनशन प्रारम्भ करने से पहले केवल एक शर्त रखी थी उसे समाप्त करने की। वह थी शहर में समझदारी—'सैनिटी'—की वापसी। वह शर्त पूरी हो गई थी। अब गांधी उन लोगों से लिखित गारंटी की माँग कर एक नई शर्त लगा रहे थे। यह, सुहरावर्दी ने गांधी से पूछा, कहाँ से जायज था?

गांधी का जवाब था : 'मैंने जो अभी कहा वह एक कड़ुवा सच है। आपको दिखाने के लिए कि क्या-क्या है। अगर आपके विश्वास और आपकी भावना के बीच कोई फाँक नहीं है तो आपको उस एलान पर दस्तखत करने में कोई दिक्कत नहीं होनी चाहिए। वह आपकी ईमानदारी और वैचारिक साहस की असल आजमाइश है। लेकिन अगर आप केवल मुझे जिन्दा रखने की खातिर उस पर दस्तखत करते हैं तो आप मेरी मौत को बुलावा देंगे।'

पता नहीं थककर चूर हो गए गांधी के आराम के लिए, या अलग जाकर खुलकर आपस में बात कर सकने के लिए—या दोनों—सारे लोग गांधी को छोड़ बगल के एक कमरे में चले गए। मालूम नहीं वहाँ क्या-क्या बातें हुईं। अन्त में राजाजी ने एक बयान तैयार किया जिस पर एन.सी. चटर्जी और सुहरावर्दी समेत कुछ लोगों ने उसी वक्त दस्तखत कर दिए। कुछ और दस्तखत बाद में जोड़े जाने का भी फैसला हुआ। बयान में कहा गया : 'हम गांधीजी को विश्वास दिलाते हैं कि कलकत्ता में फिर से शान्ति और व्यवस्था स्थापित हो गई है। हम फिर कभी शहर में साम्प्रदायिक झगड़ा नहीं होने देंगे। और मौत आने तक इसको बचाने का प्रयास करेंगे।'

इस लिखित वचन के बाद टूटा गांधी का अनशन।

उपलब्ध तथ्य और साक्ष्य इतने कम हैं कि निश्चित रूप से बहुत-कुछ नहीं कहा जा सकता इस लिखित वचन में परिणत होने वाली मंत्रणा के बारे में। कितना अच्छा होता यदि इससे सम्बद्ध व्यक्तियों की अलग-अलग प्रतिक्रियाएँ, मनःस्थितियाँ इत्यादि हम जान सकते। फिर भी जो थोड़ा-बहुत जानते हैं वही काफी है उस शशोपंज को उजागर करने को जिसमें उन भले मानुसों को मजबूरन गांधी के हठ के सामने झुकना पड़ा। और जो अनुमान, लगता है, नेताओं के बारे में सही है, वही अनुमान मोटामोटी आम लोगों की मनोदशा के बारे में भी ठीक होना चाहिए।

कलकत्ता गांधी के आगे झुक तो गया, मगर वह झुकना बगैर प्रतिरोध की इच्छा के नहीं था। ठीक है उस झुकने में तलवार के आगे झुकने वाली मारक मजबूरी नहीं थी; आस्था थी गांधी के प्रति, और एहसास कि–हमसे कितने भिन्न–वह अन्तिम उत्सर्ग के लिए तत्पर थे दूसरों के लिए। पर प्रतिरोध भी था, और उस प्रतिरोध का अन्त गांधी की अहिंसा में निहित हिंसा के बिना सम्भवतः न होता।

कलकत्ता तो झुक गया, किन्तु वह न हुआ जो गांधी ने सोचा और चाहा था। अनशन शुरू करते समय वह केवल कलकत्ता के दंगों की नहीं सोच रहे थे। उन्हें विश्वास था कि इन दंगों के शान्तिपूर्ण निवारण के सहारे वह पंजाब की साम्प्रदायिकता से भी जूझ सकेंगे। यह विश्वास निराधार नहीं था। आमरण अनशन कर गांधी दिखाना चाह रहे थे कि साम्प्रदायिक शान्ति उनके जीवन से ज्यादा मूल्यवान है। केवल कलकत्ता में ही नहीं, कहीं भी वह शान्ति भंग नहीं होनी चाहिए। इस अनशन की समाप्ति की शर्त भले ही कलकत्ता से जुड़ी हो, अनशन का सन्देश सबके लिए था। उन सबके लिए तो जरूर ही जो गांधी को मानते थे और उनकी चिन्ता करते थे।

ऐसा न हुआ। कलकत्ता का चमत्कार स्थानीय चमत्कार बनकर रह गया।

गांधी का जादू चुकने लगा था।

बगैर जाने माउंटबेटन ने गांधी और पुलिस/फौज के बीच एक समानता की तरफ इशारा कर दिया था। कोई भी सशस्त्र बल हो उसे उपद्रवियों के बीच जा अपना काम करना पड़ता है। गांधी जैसी शख्सियत का नैतिक बल अपना काम दूसरी तरह करता है। कभी-कभार उसकी

भौतिक उपस्थिति जरूरी हो सकती है किसी बड़े संकट की घड़ी में, पर उसका प्रभाव केवल स्थानीय नहीं होता। नोआखाली से एक नया सिलसिला शुरू हो गया। अब, पुलिस और फौज की ही तरह, गांधी जहाँ होते वहीं उनका असर होता, जिस हद तक भी होता।

इतनी प्रबल वास्तव में हो गई थी यह समानता कि जब अपना अनशन तोड़ते समय गांधी ने कहा कि वह दूसरे दिन ही पंजाब के लिए रवाना हो जाएँगे तो सुहरावर्दी घबड़ा गए। गांधी से बोले कि ऐसा नहीं हो सकता। उन्हें दो दिन और रुकना ही पड़ेगा ताकि शहर में लौटी शान्ति मुकम्मल हो जाए। वहाँ मौजूद और लोगों ने भी सुहरावर्दी के इसरार की ताईद की।

किसी का ध्यान इस विडम्बना पर नहीं गया—गया तो कोई बोला नहीं—कि एक दिन की शान्ति के दम पर हृदय-परिवर्तन और फिर कभी साम्प्रदायिक हिंसा के शहर में न भड़कने के दावे करने वाले, उसी साँस में इतने आशंकित कैसे हो सकते थे कि गांधी को जाने न दें। जो भी हो, गांधी रुक गए दो दिन और।

गांधी प्रसन्न थे कि कलकत्ता ने लाज रख ली थी अहिंसा की। कि वह बिलकुल ही दिवालिया नहीं हो गए थे। लोग अभी भी सुन रहे थे उनकी। अब वह ज्यादा शक्ति और आत्मविश्वास लेकर पंजाब जा सकेंगे।

कलकत्ता के चमत्कार का दूसरा पहलू—अहिंसक अनशन को प्रभावी बनाने वाली हिंसा—नहीं देख (पा) रहे थे गांधी।

II

दिल्ली से नोआखाली के लिए चले थे गांधी। कलकत्ता में ही रुकना पड़ गया महीने भर। इस बार कलकत्ता से चले पंजाब के लिए और रुकना पड़ गया दिल्ली में। चार महीने से ऊपर। जिन्दगी के आखिरी महीने। अन्त तक इरादा करते रहे पंजाब जाने का। न सिर्फ पूर्वी पंजाब, पश्चिमी पंजाब भी। वह न हुआ। कलकत्ता वाला आखिरी दाँव खेलना पड़ गया गांधी को दिल्ली में भी।

9 सितम्बर की सुबह दिल्ली पहुँचे तो देखा कि 'एकदम मुर्दों का शहर बन गई है राजधानी।' उन्हीं के शब्दों में : 'जब मैं शाहदरा पहुंचा, तो मैंने

अपने स्वागत के लिए आए हुए सरदार पटेल, राजकुमारी (अमृत कौर) और दूसरे लोगों को देखा। लेकिन मुझे सरदार के ओठों पर हमेशा की मुस्कराहट नहीं दिखाई दी। उनका मसखरापन भी गायब था। रेल से उतरकर मैं जिन पुलिस वालों और जनता से मिला, उनके चेहरों पर भी सरदार पटेल जैसी उदासी दिखाई दे रही थी।' दिल्ली, गांधी को बताया गया, साम्प्रदायिक हिंसा की चपेट में थी। जिसका मतलब था कि शहर के मुसलमानों पर संकट आ टूटा था।

दिल्ली को जलता छोड़ पंजाब, विशेष रूप से पश्चिमी पंजाब, जाना नामुमकिन था। कलकत्ता वाली स्थिति यहाँ भी पैदा हो गई थी। मुसलमानों को मरता छोड़ कैसे आगे जा सकते थे? किस मुँह से पाकिस्तानी सरकार से कहेंगे कि हिन्दुओं और सिखों को दोयम दरजे का शहरी न बनाएँ और उन्हें आराम व इज्जत से रहने दें अपने देश में?

बात सिर्फ पाकिस्तान को मुँह दिखाने की नहीं थी। गांधी ने तो विभाजन माना ही नहीं था। उनकी नजर में हिन्दू या मुसलमान और हिन्दुस्तान या पाकिस्तान जैसा कोई फर्क था ही नहीं। जैसा कि 13 सितम्बर के प्रार्थना-प्रवचन में उन्होंने कहा :

> मेरे पास सब एक हैं, मेरे पास ऐसा नहीं है कि यह गांधी हिन्दू है इसलिए हिन्दुओं को ही देखेगा, मुसलमानों को नहीं। मैं कहता हूं कि मैं हिन्दू हूं और सच्चा हिन्दू हूं और सनातनी हिन्दू हूं। इसलिए मुसलमान भी हूं, पारसी भी हूं, क्रिस्टी भी हूं, यहूदी भी हूं। मेरे सामने तो सब एक वृक्ष की डालियां हैं। तो मैं किस डाली को पसन्द करूं और मैं किसको छोड़ दूं? किसकी पत्तियां मैं ले लूं और किसकी पत्तियां मैं छोड़ दूं? सब एक हैं। ऐसा मैं बना हूं। उसका मैं क्या करूं। सब लोग अगर मेरे जैसा समझने लगें तो पूरी शान्ति हो जाए।

ऐसा नहीं है कि गांधी उनका दर्द नहीं समझते थे जिन्होंने विभाजन की क्रूर हिंसा भोगी थी। न ही यह कि 'सब लोग मेरे जैसा समझने लगें' की आस कोई अस्वाभाविक या असम्भव आस थी जिसे उस क्रूर हिंसा के दर्दी समझ ही नहीं सकते थे। 13 सितम्बर के ही प्रवचन में यह आस जताने से ठीक पहले बोले अपने शब्दों में गांधी ने कहा था :

> आप मुझको कह सकते हैं, काफी हिन्दू कहते हैं, गुस्से में आ जाते

> हैं, लाल आंख करते हैं कि तू तो बंगाल में पड़ा रहा, बिहार में पड़ा रहा, पंजाब में आकर देख तो सही, पंजाब में हिन्दुओं की क्या हालत मुसलमानों ने की है, सिखों की क्या हालत की है, लड़कियों की क्या हालत की है।

और जवाब दिया था :

> मैं यह सब नहीं समझता हूं, ऐसा तो नहीं है। लेकिन मैं उन दोनों चीजों को साथ-साथ रखना चाहता हूं। वहां तो अत्याचार होता ही है। पर मेरा एक भाई पागल बने और सबको मार डाले तो मैं भी उसके समान पागल बनूं और गुस्सा करूं? यह कैसे हो सकता है!

पर हो वही रहा था जो गांधी समझ नहीं पा रहे थे कैसे हो सकता है। और नतीजतन उनको बुढ़ापे में इधर से उधर, फिर उधर से इधर भागना पड़ रहा था। जैसे भी हो सके, इस संक्रामक पागलपन पर काबू पाने के लिए। कठिनाई उनकी यह थी कि तेजी से फैल रहे उस पागलपन में न उनकी बातों को और न ही उनके कार्यों को, आक्रामक साम्प्रदायिक संकीर्णता से हट, उस मानवीय दृष्टि से देखा जा रहा था जिस पर उनकी सारी बातें और सारे कार्य आधारित थे।

गांधी के पास सब एक थे। पर सब गांधी को अपनी सीमित दृष्टि या अपने पागलपन के मुताबिक कभी अपना और कभी पराया मान-देख रहे थे। कम ही समझ पा रहे थे कि गांधी सबके हैं, और इसीलिए गांधी ज्यादातर लोगों पर अपनी बातों और कार्यों का मनचाहा प्रभाव नहीं डाल पा रहे थे।

लेकिन वह वजह तो हो नहीं सकती थी गांधी के चुप या अकर्मण्य हो जाने की। सो वह बार-बार बोलते रहे, वही एक बात—वही सही बात और चरम बेबसी में लगाने लगे दाँव अपनी जिन्दगी का।

अपनी बात को बढ़ाते हुए गांधी ने 13 सितम्बर के प्रवचन में कहा :

> आज मैं पुराने किले में गया। वहां मैंने हजारों मुसलमानों को देखा। और दूसरी मुसलमानों से भरी गाड़ियां किले की तरफ चली आ रही थीं। सारे मुसलमान आश्रित (शरणार्थी) थे। किले में उनको रहना पड़ा, तो किसके डर से? आपके डर से, मेरे डर से? मैं जानता हूं कि मैं तो नहीं डराता हूं, लेकिन मेरे भाई डराते हैं, जो अपने को हिन्दू

> मानते हैं, जो अपने को सिख मानते हैं। उन्होंने डराया सो मैंने डराया और आपने डराया। तो मुझसे तो बर्दाश्त नहीं होता कि वे डर के मारे भागकर पाकिस्तान में जाएं। पाकिस्तान में स्वर्ग है और यहां नरक है, ऐसा नहीं। हम इस नरक में क्यों पड़ें? मैं जानता हूं कि न पाकिस्तान नरक है और न हिन्दुस्तान नरक है। हम चाहें तो उन्हें स्वर्ग बना सकते हैं, और अपने कामों से नरक भी बना सकते हैं। हिन्दुस्तान में जहां हिन्दू बड़ी तादाद में हैं, हिन्दुस्तान को नरक बना सकते हैं और जब दोनों नरक जैसे बन गए, तो उसमें फिर आजाद इनसान तो नहीं रह सकता। पीछे हमारे नसीब में गुलामी ही लिखी है। यह चीज मुझको खा जाती है। मेरा हृदय कांप उठता है कि इस हालत में किस हिन्दू को समझाऊंगा, किस सिख को समझाऊंगा, किस मुसलमान को समझाऊंगा।

रोजमर्रा की आम बोलचाल की भाषा में गांधी जो कह रहे हैं वह मुमकिन है हम में से बहुतों को कोरी आदर्शवादी भावुकता लगे। हो सकता है गांधी का तर्क ही हमें बेमानी लगे। क्या मतलब है कहने का कि 'उन्होंने डराया सो मैंने डराया और आपने डराया'? डराने-धमकाने और मारने-काटने का काम तो गुंडे और दूसरे असामाजिक तत्त्व करते हैं। हम कहाँ से हो गए जिम्मेदार वैसे कामों के लिए? गांधी हमें, और अपने आपको, ऐसी मासूमियत बख्शने के लिए तैयार नहीं। वह हमें जगाते हैं, चेताते हैं कि हम ही अपने लिए नरक बनाएँगे, और हम ही स्वर्ग। कि नरक बना लिया तो इनसानियत भी खो बैठेंगे और आजादी भी।

यह सब गांधी आजादी के केवल एक महीने बाद कह रहे हैं। हिन्दुस्तान और पाकिस्तान उनके लिए अलग नहीं हैं। देश का बँटवारा वह बचाना चाहते थे। न बचा सके। फिर लग गए दिलों का बँटवारा रोकने में। कहते हुए कि देश का बँटवारा हो गया सो हो गया, अब दिलों का बँटवारा नहीं होना चाहिए। जानते हुए कि दिलों का बँटवारा न हो गया होता तो देश का बँटवारा कभी न होता। जूझते हुए इस विरोधाभास से। चूँकि वह समझ रहे थे कि हिन्दुस्तान और पाकिस्तान में से किसी का भी स्वार्थ सिद्ध नहीं होना था बगैर आपसी सौहार्द के। कि अगर एक नरक बनता है तो दूसरा स्वर्ग बन सकता नहीं।

तब से अब तक 62 साल बीत गए। इस बीच दिलों का बँटवारा शायद

और गहरा हुआ है दोनों देशों की सीमा के आर-पार, और सीमा के अन्दर भी। दिलों के नए बँटवारे भी हुए हैं दोनों देशों में इस बीच। गांधी की चेतावनी पहले से भी ज्यादा प्रासंगिक हो गई है आज।

हम देख सकें तो। देख सकना आसान नहीं होता। जब देख न सकें लोग तो कुछ बोल या कर पाना और कठिन हो जाता है।

क्यों गांधी भाग रहे थे एक जगह से दूसरी जगह अपने बुढ़ापे में? इतिहास में अपना नाम अमर करने के लिए? हिन्दुओं और सिखों को मुसलमानों से बचाने के लिए? मुसलमानों को हिन्दुओं और सिखों से बचाने के लिए? या इनसान को इनसान से बचाने के लिए? इनसान की इनसानियत बचाने के लिए?

गांधी देख पा रहे थे। देख पा रहे थे कि किसी को भी समझाना मुश्किल होता जा रहा है। हिन्दू और सिख गुस्से में आ लाल आँखें कर ही रहे थे, मुसलमान भी खासे खफा थे। 13 सितम्बर के ही प्रवचन में उन्होंने कहा :

> किले में काफी मुसलमान गुस्से में आ गए, दूसरों ने उन्हें रोका। यह भी मैंने देखा उनके दिलों में मुहब्बत थी, वह समझाते थे, रोकते थे, कहते थे कि यह बूढ़ा आया है, वह तो हमारी खिदमत करने आया है।

गांधी सबको देख रहे थे, किसी एक सम्प्रदाय को नहीं, और परेशान हो रहे थे :

> घर-बार छोड़ना किसी को पसन्द नहीं आएगा। जैसे वे ख़्मुसलमान, वैसे आज हिन्दू आश्रित पड़े हैं। अपना घर छोड़ा, जायदाद छोड़ी, कोई मर गया और कोई यहां जिन्दा आ पड़े हैं। पीछे यहां खाना कहां है, पीना कहां है, घर कहां पड़ा है? कहीं भी पड़े रहते हैं। यह अच्छी बात नहीं है। सबके लिए शर्म की बात है। तो मैं तो इनको भी समझाता था। आप लोगों की मार्फत जिसको मेरी आवाज (रेडियो से) पहुंच सके, उनको भी पहुंचाना चाहता हूं।

हरेक तक पहुँचाना चाहते थे गांधी अपनी आवाज। वह जानते थे कि केवल बाहरी दबाव से, पुलिस और सेना के डर से, बात बनने वाली नहीं। बात तब ही बन सकती है जब लोगों के मन ठीक हो जाएँ। जब 'किसी

हिन्दू के दिल में या सिख के दिल में मुसलमानों के लिए गुस्सा न हो।' बगैर ऐसा हुए कोई भी सरकार, कितनी भी ताकतवर क्यों न हो वह, कुछ खास नहीं कर सकती। और आजादी के बाद सत्ता में आई सरकार कोई बहुत ताकतवर भी नहीं थी। इस बात को समझाते हुए गांधी ने इसी प्रवचन में कहा :

> सरदार ऊंचा सिर रखकर चलने वाला, आज मैं आपको कहता हूं कि उसका सिर नीचा हो गया है। वह जवाहरलाल, वह बहादुर जवाहरलाल, हवा में उड़ने वाला, किसी की परवाह न करने वाला, आज वह लाचार बनकर बैठ गया है। क्यों लाचार बना? हमने उसको लाचार बनाया।...एक पागल बने तो उसकी तो दवा हो सकती है, लेकिन सब पागल और दीवाने बनें तो कौन दवा करेगा? वह जवाहरलाल कोई ईश्वर तो है नहीं। सरदार ईश्वर थोड़े ही है। दूसरे जो उनके मंत्री पड़े हैं, वे ईश्वर तो हैं नहीं। उनके पास ईश्वरीय ताकत तो कोई नहीं है। बाहर की ताकत, दुनिया की ताकत भी कहां उनके पास पड़ी है?

'हमने उसको लाचार बनाया।' गांधी के इस वाक्य का गलत अर्थ लगाया जा सकता है। सोचा जा सकता है कि वह अपने पुराने और प्रिय सहयोगियों की प्रशासनिक कमजोरियों पर पर्दा डाल रहे हैं। सरदार पटेल को लेकर तो यह सन्देह भी मन में आ सकता है कि गांधी उन शिकायतों को नजरअन्दाज कर रहे हैं जिनमें पटेल पर मुसलमान-विरोधी होने का आरोप लगाया जा रहा था। ऐसा है नहीं। गांधी के इस वक्तव्य को उस सन्दर्भ में देखना चाहिए जिसमें वह एक बड़ी बात कहना चाह रहे हैं। वह यह कि लोगों का भी अपना दायित्व होता है। उस सामान्य नागरिक दायित्व को धता बता, यदि बड़े पैमाने पर लोग सामूहिक पागलपन पर आमादा हो जाएँ तो सरकार और प्रशासन के कारगर हस्तक्षेप की सम्भावना नगण्य हो जाती है। गांधी का कहना था :

> मान लो कि यहां सब मुसलमान बिगड़े हैं, सबके पास हथियार पड़े हैं, बारूद-गोला पड़ा है। उनके पास स्टेनगन, ब्रेनगन पड़ी है, मशीनगन पड़ी है। सब मारने को तैयार हैं। लेकिन फिर भी आपको हक नहीं है कि आप उन्हें मारें। हर एक आदमी हकूमत बन जाता है तो किसी की हकूमत नहीं रहती। अगर हर एक आदमी अपनी बनाई हुई हकूमत का हुक्म मानता है तो पीछे सब काम हो सकता है।

गांधी यहाँ अपनी अहिंसा की बात नहीं कर रहे थे। अहिंसा जिसे अव्यावहारिक माना जाने लगा था। वह तो सीधी लोकतंत्र की बुनियादी बात कर रहे थे। कानून की सर्वोच्च सत्ता की बात। पूछते हुए कि 'आखिर हकूमत है किस की?' गांधी ने कहा :

> आपकी है। आपने बनाई है। वह जमाना चला गया जब अंग्रेज फौज से राज्य करते थे। आज सच्ची हकूमत आप ही हैं। आपने उनको (मंत्रिमंडल को) बड़ा बनाया, आप उनको छोटा बना सकते हैं।

किसी का भी पक्षपात करना गांधी को कबूल न था। उनकी इच्छा थी कि 'दोनों कहें तू दोनों का दोस्त है' ताकि दोनों उन पर विश्वास कर उनकी बात सुनने को तैयार हों। और अपने सारे कहे और किए के बावजूद वही मुश्किल हो रहा था उनके लिए कर पाना।

केवल तीन महीने पहले, 16 जून 1947 के प्रार्थना-प्रवचन में, गांधी ने बड़े दुःख से कहा था कि मुसलमानों ने 'तो मुझे अपना शत्रु मान रखा है', और जोड़ा था : 'पर हिन्दुओं तथा सिखों ने मुझे शत्रु नहीं बनाया है।' 1-4 सितम्बर के कलकत्ता वाले आमरण अनशन के बाद मुसलमान गांधी को अपना खैरख्वाह मानने लगे थे। पर हिन्दुओं और सिखों में ऐसे लोगों की तादाद बढ़ने लगी थी जो गांधी से झुंझलाने लगे थे और सोचने लगे थे कि गांधी मुसलमानों का पक्ष ले रहे हैं।

उधर गांधी की बेचारगी का यह हाल था कि बारी-बारी से उन्हें सभी की भर्त्सना करनी पड़ रही थी, चूँकि सब ही पागल हो रहे थे। वह जानते थे, और बार-बार कह रहे थे, कि हिन्दू और मुसलमान में से 'एक जानवर न बने यही इसमें से निकलने का सीधा रास्ता है।' पर कोई भी उनकी सुनने, जानवर न बनने को, तैयार नहीं था। वह हिन्दू और सिख को सबक सिखाते तो उनसे कहा जाता कि देखो मुसलमान क्या कर रहे हैं पाकिस्तान में, और यह भी कि जो मुसलमान हिन्दुस्तान में रह रहे हैं वे गद्दार हैं। गांधी जो सुनते उस पर गौर करते, और खुलकर अपनी प्रतिक्रिया देते। पर लोगों की मानसिकता उस सामूहिक दीवानगी में कुछ ऐसी हो गई थी कि गांधी मुसलमानों के लिए कुछ भी करें तो हिन्दुओं और सिखों को वह सरासर पक्षपात लगता, और जब वह—गांधी—मुसलमानों की आलोचना करें

या उनको नसीहत दें तो उसे नजरअन्दाज कर दिया जाता। मसलन, 13 सितम्बर के ही प्रवचन में उन्होंने कहा :

> मुझको लोग सुनाते हैं कि मुसलमान तो फिफ्थ कालमिस्ट हैं, उसका मतलब है बेवफा हैं, आज जो हकूमत है उसके प्रति बेवफा हैं।... मुसलमानों के पास काफी हथियार पड़े हैं, यह मैं कबूल करता हूं। थोड़े तो मैंने ले लिये, थोड़े से पड़े हैं तो क्या करेंगे? मुझको मारेंगे? आपको मारेंगे? ऐसा करें तो हकूमत कहां गई है?...मुसलमानों का यह धर्म है कि जितने खास-खास लोग हैं वह कहें कि हम ऐसे निकम्मे नहीं हैं। हम हिन्दुस्तान के वफादार हैं और रहेंगे; हिन्दुस्तान के लिए दुनिया से लड़ेंगे। तब तो वे सच्चे मुसलमान हैं नहीं तो वे बुरे मुसलमान हो जाते हैं।

नित बढ़ते साम्प्रदायिक उन्माद में जो इतनी साफ-साफ कही बात भी नहीं सुन पा रहे थे उनसे यह उम्मीद करना व्यर्थ था कि वे गांधी की नीति समझ सकें : 'मेरी ऐसी उम्मीद है कि ऐसे बुरे मुसलमान हमारे यहाँ हिन्दुस्तान में हैं नहीं और अगर हैं तो उन्हें अच्छा करने के लिए हमको अच्छा बनना है, बुरा नहीं।'

दो दिन बाद और ज्यादा स्पष्ट शब्दों में गांधी ने लोकतंत्र में नागरिक दायित्व के साथ-साथ मानवता पर जोर देते हुए कहा :

> अगर इनसान बेरहम बनकर अपने भाई पर जुल्म न करता तो (राहत शिविरों में) ये हजारों मर्द, औरतें और मासूम बच्चे आज बेआसरा और उनमें से बहुत से भूखे न रहते।...क्या यह सब अनिवार्य है? मेरे भीतर से मजबूत आवाज आई—नहीं। क्या यह महीने भर की आजादी का पहला फल है?...क्या दिल्ली के नागरिक पागल हो गए हैं? क्या उनमें जरा-सी भी इनसानियत बाकी नहीं रही है? क्या देश का प्रेम और उसकी आजादी उन्हें बिलकुल अपील नहीं करती? इसका पहला दोष हिन्दुओं और सिखों को देने के लिए मुझे माफ कर दिया जाए। क्या वे नफरत की बाढ़ को रोकने लायक इनसान नहीं बन सकते? मैं दिल्ली के मुसलमानों से जोर देकर यह कहूंगा कि वे सारा डर छोड़ दें, भगवान पर भरोसा करें और अपने सारे हथियार सरकार को सौंप दें। क्योंकि हिन्दुओं और सिखों को यह डर है कि मुसलमानों के पास हथियार हैं, इसका यह मतलब नहीं कि हिन्दुओं और सिखों के पास

> कोई हथियार नहीं है। सवाल सिर्फ डिग्री का है। किसी के पास कम होंगे, किसी के पास ज्यादा। या तो अल्पमत वालों को न्याय करने के लिए भगवान पर या उसके पैदा किए हुए इनसान पर भरोसा रखना होगा, या जिन लोगों पर वे विश्वास नहीं करते उनसे अपनी हिफाजत करने के लिए उन्हें अपने बन्दूक, पिस्तौल वगैरा हथियारों पर भरोसा करना होगा।
>
> मेरी सलाह बिलकुल निश्चित और अचल है। उसकी सच्चाई जाहिर है। आप अपनी सरकार पर यह भरोसा रखिए कि वह अन्याय करने वालों से हर नागरिक की रक्षा करेगी, फिर उनके पास कितने ही ज्यादा और अच्छे हथियार क्यों न हों।...दिल्ली के लोग अपनी करतूतों से पाकिस्तान सरकार से न्याय मांगने का काम मुश्किल बना देंगे। जो न्याय चाहते हैं, उन्हें न्याय करना भी होगा। उन्हें बेगुनाह और सच्चे होना चाहिए। हिन्दू और सिख सही कदम उठाएं और उन मुसलमानों से लौट आने को कहें जिन्हें अपने घरों से निकाल दिया गया है।
>
> अगर हिन्दू और सिख हर तरह से यह उचित कदम उठाने की हिम्मत दिखा सकें, तो वे निराश्रितों की समस्या को एकदम आसान-से-आसान कर देंगे। तब पाकिस्तान ही नहीं, सारी दुनिया उनके दावों को मंजूर करेगी। वे दिल्ली और हिन्दुस्तान को बदनामी और बरबादी से बचा लेंगे।

'जो न्याय चाहते हैं, उन्हें न्याय करना भी होगा।' यह कोरा आदर्शवाद नहीं था। कारगर व्यावहारिक नीति का सूत्र दे रहे थे गांधी।

वैसे किसी सभ्य समाज में, गांधी के शब्दों में, 'अगर वैर का बदला लेना मुनासिब हो तो वह हकूमत ही के जरिए हो सकता है, हर एक आदमी के जरिए हरगिज नहीं।'

गांधी आबादी की अदला-बदली के बिलकुल भी पक्ष में नहीं थे। जिस समय दोनों ही देशों में अल्पसंख्यक संकट में थे और दोनों दिशाओं में शरणार्थियों का अन्तहीन प्रवाह चल रहा था, गांधी समझाए जा रहे थे : 'जितने मुसलमान हैं वे पाकिस्तान चले जाएं और वहां जितने हिंदू और सिख हैं वे यहां आ जाएं, तब तो हम हमेशा के लिए एक-दूसरे के दुश्मन बन गए।' वह चाहते थे कि हिन्दुस्तान और पाकिस्तान दोनों ही अपने अल्पसंख्यकों को सुरक्षा, सम्मान व नागरिक समानता प्रदान करें।

इस सम्बन्ध में कोई भी कोताही उन्हें मंजूर नहीं थी। बार-बार वह जिन्ना और पाकिस्तान सरकार को याद दिलाते थे कि पाकिस्तान ने अपने सारे नागरिकों को एक-सा मानने का विधिवत् एलान किया है। कि ऐसे नेक एलान से मुकरना न उनको शोभा देता है और न ही उनके अपने हित में है।

पाकिस्तान को उसके हित और उसकी नैतिकता की दुहाई देने से ज्यादा गांधी कुछ नहीं कर सकते थे। पर हिन्दुस्तान में वह कुछ भी करने को तैयार थे मुसलमानों को अन्याय से बचाने के लिए। कलकत्ता में वह दिखा चुके थे कि कितना कुछ कर सकते हैं वह इस मामले में। दिल्ली में भी उन्होंने बता दिया कि लोग न माने तो वह—गांधी—फिर अपनी जान की बाजी लगाने से कतराएँगे नहीं। 18 सितम्बर के प्रवचन में उन्होंने कहा :

> पाकिस्तान में जाने वाले जो जाना चाहते हैं वे यहां से चले जाएं। मगर जो हिन्दुओं के डर के मारे चले गए, पुराने किले में हैं, हुमायूं के मकबरे में हैं, वे क्यों वहां रहें? मैंने तो उनको कहा है कि जो अपने घरों में हैं वे वहीं पड़े रहें और पीछे हिन्दू मारें-पीटें, काट डालें तो भी न हटें। मैं आपके पीछे कट जाऊंगा। मेरी जान है, वह जान मैं फिदा कर दूंगा। या तो करूंगा या मरूंगा।

गांधी को विश्वास था कि अगर हिन्दुस्तान में मुसलमानों की सलामती पक्की हो जाती है तो वह पाकिस्तान जाकर वहां के अल्पसंख्यकों के लिए बहुत-कुछ कर सकेंगे। 18 सितम्बर को आगे उन्होंने कहा :

> जो ख्मुसलमान, यहां से चले गए उनका क्या करें? मैंने कहा कि उनको हम अभी नहीं लाएंगे। पुलिस के मार्फत, मिलिटरी के मार्फत थोड़े ही लाना है? जब हिन्दू और सिख उन्हें कहें कि आप तो हमारे दोस्त हैं आप आइए अपने घर में, आपके लिए कोई मिलिटरी नहीं चाहिए, कोई पुलिस नहीं चाहिए, हम आपकी मिलिटरी हैं, पुलिस हैं, हम सब भाई-भाई होकर रहेंगे तब उन्हें लावेंगे। हमने दिल्ली में ऐसा कर बतलाया, तो मैं आपको कहता हूं कि पाकिस्तान में हमारा रास्ता बिलकुल साफ हो जाएगा। और एक नया जीवन पैदा हो जाएगा। पाकिस्तान में जाकर मैं उनको नहीं छोड़ूंगा। वहां के हिन्दू और सिखों

> के लिए जाकर मरूंगा। मुझे तो अच्छा लगे कि मैं वहां मरूं। मुझे तो यहां भी मरना अच्छा लगे, अगर यहां जो मैं कहता हूं नहीं हो सकता है तो मुझे मरना है।

एक नया जीवन पैदा हो, ऐसी कामना है गांधी की। 1947 के वहशीपन में एक नए जीवन की कामना। वरना अपना जीवन उत्सर्ग कर देने का संकल्प।

किस तरह काम करता था गांधी का दिमाग? साम्प्रदायिक आक्रोश, घृणा और प्रतिशोध के बीच, परस्पर सन्देह और भय के बीच, एक मानवीय शुरुआत की सम्भावना देख और दिखा रहे थे वह। असम्भव का कोई तसव्वुर था गांधी को?

असम्भव ही थी क्या गांधी की चाहना?

हममें से हरेक को इस सवाल पर अपने तईं गौर करना होगा। साथ ही यह भी सोचना होगा कि गांधी के लिए वह चाहना इतनी सहज कैसे हो सकी। कैसे उस वहशी वक्त में वह सोच भी सके कि, पाकिस्तान में जो भी हो रहा हो, हिन्दुस्तान के हिन्दू और सिख विस्थापित मुसलमानों को स्नेह और सम्मान से उनके घरों में वापस लौटा लाएँगे? इतना भर किसी तरह समझ सकें हम तो यह मानने में उतनी दिक्कत नहीं होगी कि वैसा हो जाने पर वाकई गांधी के लिए सम्भव हो जाता पाकिस्तान जाकर वहाँ के हिन्दुओं और सिखों के लिए, बगैर मरे हुए, काफी कुछ कर पाना।

अगर क्रिया-प्रतिक्रिया का नियम मानव स्वभाव को उतने ही सशक्त तरीके से परिचालित करता है जितना कि हम मानते हैं, तो हिन्दुस्तान में मुसलमानों को मिले न्याय और सम्मान का प्रभाव पाकिस्तान के मुसलमान हुक्मरानों और अवाम पर भी पड़ना ही था। यह मात्र तर्क की बात नहीं है। कलकत्ता के आमरण अनशन के बाद गांधी के प्रति मुसलमानों में आया बदलाव यह मानने की वजह देता है कि सारे देश में अगर मुसलमानों की स्थिति अच्छी हो पाती तो जिस तरह का बदलाव गांधी के प्रति आया वैसा ही बदलाव सामान्य हिन्दुओं और सिखों के प्रति आने लगता। आगे हम देखेंगे कि गांधी का दिल्ली का आमरण अनशन भी प्रभावकारी रहा पाकिस्तान में सद्भावना पैदा करने में।

सवाल यह था—और ऐसी विषम मानवीय स्थितियों में हमेशा होता है—

कि क्या कोई क्रिया-प्रतिक्रिया के दुष्चक्र को तोड़ने की कारगर पहल करने को तैयार है। जानवर बने न रहने की पहल। गांधी जिसे 'शराफत का असर' कहते थे उसमें विश्वास कर उसके मुताबिक आचरण करने की पहल।

जब शराफत की पहल असम्भव लगने लगे तो सम्भव क्या रह जाता है?

यही कि पुलिस आएगी और नागरिकों की हिंसा का दमन करेगी। फिर पुलिस भी आम नागरिकों वाली साम्प्रदायिकता से ग्रसित हो जाएगी और अर्द्ध-सैनिक बल बनाए और बुलाए जाएँगे। उनका भी वैसा ही मानसिक कायाकल्प होगा, और सेना तलब की जाएगी नागरिक शान्ति कायम करने के लिए। कब तक सैनिक अछूते रहेंगे साम्प्रदायिक विद्वेष से? अछूते रह भी गए, तो साम्प्रदायिकता से ओतप्रोत समाज द्वारा लोकतांत्रिक तरीके से चुने गए शासक क्या उन सैनिकों को बुलाएँगे, या करने देंगे अपना काम?

ये कोरे अकादमिक सवाल नहीं हैं। गांधी सोच भी नहीं सकते थे कि पुलिस और फौज को बुलाना साम्प्रदायिक समस्या का समाधान हो सकता है। आज हमारी पहली प्रतिक्रिया होती है कि फौज को तैनात कर दिया जाए साम्प्रदायिक हिंसा पर काबू पाने के लिए। भले ही बाद में हम बात करने लगें दूरगामी हस्तक्षेप की अनिवार्यता की। पर आज स्थिति ऐसी हो गई है कि यह बात—दूरगामी हस्तक्षेप की—अकादमिक भर होकर रह गई है। आज बहस यह है कि पुलिस, फौज और दूसरी सेवाओं में अल्पसंख्यकों का पर्याप्त प्रतिनिधित्व हुए बगैर हमारे विभिन्न सशस्त्र बल या प्रशासनिक सेवाएँ बहुसंख्यकों की साम्प्रदायिकता से प्रभावित रहेंगी और ईमानदारी से अपने दायित्व को नहीं निभाएँगी। इतना निर्भर हो चुके हैं हम साम्प्रदायिक हिंसा के समय सशस्त्र बलों के हस्तक्षेप पर कि उसी को कारगर बनाने की युक्तियों पर इतना केन्द्रित रहता है हमारा ध्यान।

क्या वास्तव में सम्भव है वह जिसे सम्भव मानने के हम आदी हो गए हैं? सम्भव की यह सीमित और भ्रामक परिकल्पना ही शायद हमें गांधी के सम्भव को सम्भव मानने नहीं देती। न ही देखने देती है कि वास्तव में हमारा सम्भव ही असम्भव है। कि हमारा सम्भव समस्या है, समाधान नहीं।

सम्भव-असम्भव के भेद को समझने की असमर्थता ही हमें धीरे-धीरे

वहाँ ले आई है जहाँ साम्प्रदायिक हिंसा केवल नागरिक उन्माद से नहीं होती वरन् एक प्रान्त की लोकतांत्रिक सरकार के तत्वावधान में होती है। वहाँ जहाँ केन्द्र में सत्तासीन अनेक राजनैतिक दलों का गठबन्धन मौन साध लेता है उस प्रान्तीय सरकार के दुष्कृत्य पर। वहाँ जहाँ, न केवल तात्कालिक उन्माद के बहाव में बल्कि उसके पाँच साल बाद अपेक्षाकृत संयत वातावरण में भी, उस प्रान्त की जनता ऐसे दुष्कृत्य को पुरस्कृत करती है चुनावों में उसी सरकार को भारी बहुमत देकर।

गांधी एक बुनियादी बात कहते थे : 'एक सभ्य समाज में मूल अधिकारों पर अमल करने के लिए बन्दूकों से रक्षा की आवश्यकता नहीं होनी चाहिए।' अल्पसंख्यकों–केवल मुसलमान ही नहीं–और कमजोरों के मूल अधिकारों की रक्षा तो बन्दूकों से भी नहीं हो पा रही। न हो पाएगी अगर गांधी का सम्भव हमारे लिए असम्भव ही बना रहा।

ऐसा नहीं है कि पुलिस, फौज, प्रशासन और मंत्रिमंडल के संप्रदायीकरण की समस्या गांधी के समय नहीं थी। भले ही आज जितनी विकृत न रही हो। उसी प्रवचन में जिसमें उन्होंने एक नया जीवन पैदा होने की आस जताई थी, गांधी ने अपने पास आई एक 'बड़ी शिकायत' का जिक्र किया :

> जो हमारे सिपाही लोग, मिलिटरी वाले हैं, हिन्दू हैं, सिख भी हैं, उसमें क्रिस्टी भी पड़े हैं, गोरखे पड़े हैं, वे सब रक्षक हैं पर भक्षक बन गए हैं। यह कहां तक सच है और कहां तक झूठ है, मैं नहीं जानता हूं। लेकिन मैं अपनी आवाज उन पुलिस वालों तक पहुंचाना चाहता हूं कि आप शरीफ बनें। कहीं तो सुना है कि वे खुद लूट लेते हैं। मुझको आज सुनाया गया कि कनॉट प्लेस में कुछ हो गया और वहां जो सिपाही और पुलिस के लोग थे उन्होंने लूटना शुरू कर दिया। मुमकिन है कि वह सब गलत हो। लेकिन उसमें कुछ भी सच्चाई हो तो मैं सिपाही और मिलिटरी से कहूंगा कि अंग्रेज का जमाना चला गया। तब जो कुछ करना चाहते थे वे कर सकते थे, लेकिन आज तो वे हिन्दुस्तान के सिपाही बन गए हैं, उन्हें मुसलमान का दुश्मन नहीं बनना है, उनको तो हुक्म मिले कि उसकी रक्षा करो तो वह करनी ही चाहिए।

जिस नए जीवन की आस गांधी ने जताई, और जिसके बगैर किसी

लोकतंत्र की कल्पना करना कठिन है, वह आज भी हमारे सार्वजनिक जीवन में गांधी के समय से ज्यादा सम्भाव्य नहीं बन पाई है। सच तो सम्भवतः यह है कि पिछले साठ से ज्यादा सालों में सम्भव और असम्भव का आपसी रिश्ता कुछ ज्यादा ही भद्दे तरीके से उलट-पुलट गया है। जो गांधी सम्भव मानते थे, और जिसकी व्यावहारिकता व उपयोगिता उनके अनेक समकालीन भी समझने लगे थे, आज, उपयोगी और आवश्यक लगने के बावजूद, लगभग असम्भव और निहायत अव्यावहारिक लगने लगा है। दूसरी तरफ जिसकी कल्पना भी गांधी के लिए असम्भव थी, हमने यथार्थ में सम्भव कर दिया है।

इस उलट-पुलट में अच्छा असम्भव की दिशा में धकेला गया है, और बुरे को मुमकिन कर दिया गया है। मसलन, अहिंसा का रास्ता, जिसे गांधी कठिन किन्तु एकमात्र सीधा और साफ रास्ता मानते थे, उत्तरोत्तर असम्भव और अव्यावहारिक लगता रहा है इस बीच। इसी उलट-पलट के दूसरे पहलू को समझा जा सकता है 18 सितम्बर के ही प्रार्थना-प्रवचन में कही गई एक बात से। अपने घरों से भाग दिल्ली के राहत शिविरों में शरण लेने वाले और डरकर पाकिस्तान जाने वाले मुसलमानों के सन्दर्भ में गांधी ने कहा :

> यहां तो दुनिया में सबसे बड़ी मस्जिद, जामा मस्जिद पड़ी है। हम बहुत से मुसलमानों को मार डालें और जो बाकी बचें वे भय के मारे पाकिस्तान चले जाएं, तो फिर मस्जिद का क्या होगा? आप मस्जिद को क्या पाकिस्तान भेजोगे, या मस्जिद को ढाह दोगे या मस्जिद का शिवालय बनाओगे? मान लो कि कोई हिन्दू ऐसा गुमान भी करे कि शिवालय बनाएंगे, सिख ऐसा समझें कि हम तो वहां गुरुद्वारा बनाएंगे। मैं तो कहूंगा कि वह सिख-धर्म और हिन्दू-धर्म को दफनाने की कोशिश करनी है। इस तरह तो धर्म बन नहीं सकता है।

यहां गांधी जिस गुमान के खिलाफ चेतावनी दे रहे हैं, कह रहे हैं कि ऐसा करने से न सिर्फ हिन्दू या सिख-धर्म ही बल्कि धर्म मात्र दफन हो जाएगा, उस गुमान का उन्हें अन्देशा भर है। उन्हें डर है कि तेजी से बढ़ रहे साम्प्रदायिक उन्माद में लोग—आम हिन्दू और सिख—वाकई धर्म के तत्त्व को भूल वैसे गुमान को सार्वजनिक अमल में ले आएँगे। जल्दी ही उनका डर सही साबित होने लगा। एक महीने के बाद ही, 21 नवम्बर को, अपने

प्रार्थना-प्रवचन में उन्हें कहना पड़ा :

> मुझे जो सूचना मिली है उसके मुताबिक दिल्ली की करीब 137 मस्जिदें हाल के दंगों में बर्बाद-सी कर दी गई हैं। उनमें से कुछ को मन्दिरों में बदल डाला गया है। ऐसी एक मस्जिद कनॉट प्लेस के पास है, जिसकी तरफ किसी का भी ध्यान गए बिना नहीं रह सकता। आज उस पर तिरंगा झंडा फहरा रहा है। उसे मन्दिर का रूप देकर उसमें एक मूर्ति रख दी गई है। मस्जिदों को इस तरह बिगाड़ना हिन्दू और सिख-धर्म पर कालिख पोतना है। मेरी राय में यह बिलकुल अधर्म है।...उसे यह कहकर कम नहीं किया जा सकता कि पाकिस्तान में मुसलमानों ने भी हिन्दू-मन्दिरों को बिगाड़ा या उनको मस्जिदों का रूप दे दिया है। मेरी राय में ऐसा कोई भी काम हिन्दू-धर्म, सिख-धर्म या इस्लाम को बर्बाद करने वाला काम है।

स्थिति बद से बदतर होने लगी। बीस दिन बाद, 10 दिसम्बर को, गांधी ने कहा :

> हिन्दू-मुसलमानों के बारे में एक तरह से सुनता हूं कि ऐसे व्याख्यान भी चलते हैं अभी नाम नहीं बताऊंगा, क्योंकि पूरा-पूरा नाम अभी नहीं आया है कि यहां चंद मुसलमान पड़े हैं, उनको रहने नहीं देंगे। जो मस्जिदें रह गई हैं उन पर कब्जा करेंगे और उनमें रहेंगे। फिर क्या करेंगे, दैव जानता है, मैं नहीं जानता हूं।...हम विनाश का काम कर रहे हैं।

गांधी वाकई नहीं जानते थे। पता नहीं दैव जानता था या नहीं। पर हम जानते हैं।

अब।

गांधी को अकल्पनीय डर लग गया था। हमने उनके अकल्पनीय को सम्भव बना दिखाया है। चालीस साल से थोड़ा ही ऊपर हमें लगा है गांधी, और गांधी के समय, के हेय को श्रेय बनाने में। भले ही उस समय दिल्ली के दंगों में सौ से ज्यादा मस्जिदें बर्बाद कर दी गई हों—थोड़ी देर के लिए—और देश के दूसरे हिस्सों में भी ऐसी बर्बादी हुई हो—स्थायी तरीके से—पर न गांधी और न ही देश की सार्वजनिक चेतना गर्व से संचरित हुई थी उन कृत्यों के कारण। प्रतिशोध का आवेश था—बहुतों में—तब। भीतर शर्म भी

थी कि यह ठीक नहीं है। और यह एहसास भी था कि गांधी की बात ठीक है। वह भावनात्मक और विचारधारात्मक उन्मेष नहीं था तब जो–भुलाकर गांधी का मासूम सवाल कि ढाह दोगे क्या मस्जिद को–मस्जिद ढहाने वालों को हिन्दू धर्म और भारतीय राष्ट्र का परम हितैषी मान सम्मानित और पुरस्कृत करता है, सत्ता में बिठाता है आज। समझ सकने में असमर्थ गांधी की उस समय की चेतावनी : 'अगर हम इनकी पाक जगहों को ढा देंगे तो हम खुद भी ढह जाएंगे।'

गांधी का डर बहुत गहरा था। बिगड़ती स्थिति पर फौरन नियंत्रण न किया गया तो परिणाम इतने खतरनाक हो सकते हैं कि उनका अन्दाजा भी नहीं किया जा सकता। और, जैसा कि हम देखते ही रहे हैं, नियंत्रण का मतलब गांधी के लिए यह नहीं था कि येन-केन-प्रकारेण साम्प्रदायिक हिंसा पर काबू पा लिया जाए। जरूरी था लोगों के सोचने के तरीके को बदलना। सो अपनी 'करो या मरो' की धुन में गांधी लगे रहे हर पल लोगों को समझाने में।

9 सितम्बर को पहुँचे थे गांधी दिल्ली। जो उनके बस में था करते रहे, तीन महीने तक। पर दिल्ली का 'वायुमंडल' न बदला। और अन्त में गांधी को विश्वास हो गया कि 'मरो' पर अमल करने की घड़ी आ गई है।

जैसा कि पहले भी गांधी के जीवन में हुआ था, 'मरो' का फैसला इस बार भी काफी समय तक अन्दर ही अन्दर घुमड़ते रहने के बाद जब वाकई हुआ तो बहुत ही अचानक तरीके से हुआ। और जब हुआ तो नितान्त निजी स्तर पर हुआ। बगैर किसी दूसरे से सलाह-मशवरा किए। अपने अन्दर की आवाज के अन्तिम आदेश पर।

13 जनवरी 1948 से गांधी आमरण अनशन पर बैठ गए। इससे पहली शाम तक, जब गांधी ने अपनी प्रार्थना-सभा में दूसरे दिन से अनशन पर जाने की घोषणा की, किसी को भनक तक न थी कि गांधी फिर अपने जीवन को दाँव पर लगाने वाले हैं। गांधी के इस फैसले की विवशता, इसकी अनिवार्यता, का अनुमान उनके 12 जनवरी के प्रार्थना-प्रवचन से लगाया जा सकता है। उस दिन सोमवार था, गांधी का 'मौनवार', सो प्रवचन पहले ही लिख दिया था उन्होंने प्रार्थना के पश्चात् पढ़े जाने के लिए।

'भाइयो और बहनो' के रोज के सम्बोधन के बाद एकदम अपने विषय

पर आते हुए गांधी ने कहा :

> सेहत सुधारने के लिए लोग सेहत के कानूनों के मुताबिक उपवास करते हैं। जब कभी कुछ दोष हो जाता है और इनसान अपनी गलती महसूस करता है तब प्रायश्चित्त के रूप में भी उपवास किया जाता है। इन उपवासों में उपवास करने वाले को अहिंसा में विश्वास रखने की जरूरत नहीं, मगर ऐसा मौका भी आता है जब अहिंसा का पुजारी समाज के किसी अन्याय के सामने विरोध प्रकट करने पर मजबूर हो जाता है। वह ऐसा तब ही करता है जब अहिंसा के पुजारी की हैसियत से उसके सामने दूसरा कोई रास्ता खुला नहीं रह जाता। ऐसा मौका मेरे लिए आ गया है।
>
> जब 9 सितम्बर को मैं कलकत्ते से दिल्ली आया था तब मैं पश्चिमी पंजाब जा रहा था। मगर वहां जाना नसीब में नहीं था। खूबसूरत रौनक से भरी दिल्ली उस दिन मुर्दों के शहर के समान दीखती थी।...मैं फौरन समझ गया कि मुझे दिल्ली में ही करना या मरना होगा। मिलिटरी या पुलिस के कारण आज दिल्ली में ऊपर से शान्ति है, मगर दिल के भीतर तूफान उछल रहा है। वह किसी भी समय फूट कर बाहर आ सकता है। इसे मैं अपनी करने की प्रतिज्ञा की पूर्ति नहीं समझता, जो ही मुझे मृत्यु से बचा सकती है मृत्यु से, जिसके समान दूसरा मित्र नहीं। मुझे बचाने के लिए पुलिस और मिलिटरी के द्वारा रखी हुई शान्ति ही बस नहीं। मैं हिन्दू, सिख और मुसलमानों में दिली-दोस्ती रखने के लिए तरस रहा हूं। कल तो ऐसी दोस्ती थी। आज उसका अस्तित्व नहीं है। यह ऐसी बात है जिसको कोई हिन्दुस्तानी देशभक्त, जो इस नाम के लायक है, शान्ति से सहन नहीं कर सकता।

इसके बाद, बताते हुए कि किस तरह वह ऐसे कठिन निश्चय पर पहुँच पाए हैं, गांधी ने कहा :

> मेरे अन्दर आवाज तो कई दिनों से आ रही थी, मगर मैं अपने कान बन्द कर रहा था। मुझे लगता था कि कहीं यह शैतान की यानी मेरी कमजोरी की आवाज तो नहीं है। मैं कभी लाचारी महसूस करना पसन्द नहीं करता। किसी सत्याग्रही को नहीं करना चाहिए। उपवास तो आखिरी हथियार है। वह अपनी या दूसरों की तलवार की जगह लेता है।

> जो मुसलमान भाई मुझसे मिलते रहते हैं उनके इस सवाल का कि 'वे अब क्या करें' मेरे पास कोई जवाब नहीं। कुछ समय से मेरी यह लाचारी मुझे खाए जा रही है। उपवास शुरू होते ही यह मिट जाएगी। मैं पिछले तीन दिन से इस बारे में विचार कर रहा हूं। आखिरी निर्णय बिजली की तरह मेरे सामने चमक गया है और मैं खुश हूं।

उपवास की बात और उसके कारण बता दिए थे गांधी ने। पर अभी तक यह नहीं बताया था कि उपवास की मियाद क्या होगी। पता नहीं कितने सुनने वालों को इतना सुनते-सुनते दहशत लगने लगी होगी कि अब आगे उन्हें क्या सुनना पड़ेगा। जो भी हो, इसके आगे गांधी ने कहा :

> कोई भी इनसान, जो पवित्र है, अपनी जान से ज्यादा कीमती चीज कुर्बान नहीं कर सकता। मैं आशा रखता हूं और प्रार्थना करता हूं कि मुझमें उपवास करने के लायक पवित्रता हो। नमक, सोडा और खट्टे नीबू के साथ या इन चीजों के बगैर पानी पीने की मैं छूट रखूंगा। उपवास कल सुबह पहले खाने के बाद शुरू होगा।
>
> उपवास का अरसा अनिश्चित है और जब मुझे यकीन हो जाएगा कि सब कौमों के दिल मिल गए हैं, और बाहर के दबाव के कारण नहीं, मगर अपना-अपना धर्म समझने के कारण, तब मेरा उपवास छूटेगा।

गांधी जानते थे कि तमाम लोगों को उनके उपवास के तरीके में कतई विश्वास नहीं था। ऐसों को सम्बोधित करते हुए उन्होंने अपने प्रवचन में कहा :

> कोई मित्र या दुश्मन अगर ऐसे कोई हैं तो मुझ पर गुस्सा न करें। कई ऐसे मित्र हैं जो मुनष्य-हृदय को सुधारने के लिए उपवास का तरीका ठीक नहीं समझते। वे मेरी बर्दाश्त करेंगे और जो आजादी अपने लिए चाहते हैं, वह मुझे भी देंगे। मेरा सलाहकार एकमात्र ईश्वर है। मुझे किसी और की सलाह के बिना यह निर्णय करना चाहिए। अगर मैंने भूल की है और मुझे उस भूल का पता चल जाता है तो मैं सबके सामने अपनी भूल स्वीकार करूंगा और अपना कदम वापस लूंगा। मगर ऐसी सम्भावना बहुत कम है। अगर मेरी अन्तरात्मा की आवाज स्पष्ट है, और मैं दावा करता हूं कि ऐसा है, तो उसे रद्द नहीं

> किया जा सकता। मेरी प्रार्थना है कि मेरे साथ इस बारे में दलील न की जाए और जिस निर्णय को बदला नहीं जा सकता, उसमें मेरा साथ दिया जाए। अगर सारे हिन्दुस्तान पर, या कम-से-कम दिल्ली पर, ठीक असर हुआ तो उपवास जल्दी भी छूट सकता है। मगर जल्दी छूटे या देर से छूटे या कभी भी न छूटे, ऐसे नाजुक मौके पर किसी को कमजोरी नहीं दिखानी चाहिए।

दूसरों से कमजोरी न दिखाने की जो अपील गांधी ने की उसका एक अहिंसात्मक हथियार के रूप में उपवास के इस्तेमाल से गहरा सम्बन्ध था। इसका उस एतराज से भी सम्बन्ध है जो मैंने खुद ऊपर गांधी के आमरण अनशन में निहित नैतिक जबर्दस्ती–उसकी प्रच्छन्न हिंसा–के सिलसिले में उठाया है। (दूसरों की कमजोरी के मामले में गांधी के तर्क, और उससे मुक्त रखे जाने की उनकी अपील, का मसला उस उपवास के सम्बन्ध में भी आएगा जिसका जिक्र इस अध्याय के अन्त में मैं करूँगा।) गांधी ने अपनी बात को और स्पष्ट करते हुए कहा :

> मेरे पहले उपवासों के वक्त टीकाकारों ने कहा है कि उपवास ने लोगों पर दबाव डाला और अगर मैं उपवास न करता तो जिस मकसद के लिए मैंने उपवास किया, उसके स्वतंत्र गुण-दोष के विचार से निर्णय विरुद्ध जाने वाला था। अगर यह साबित किया जा सके कि मकसद अच्छा है तो विरुद्ध निर्णय की क्या कीमत है। शुद्ध उपवास भी शुद्ध धर्म पालन की तरह है। उसका फल अपने आप मिल जाता है। मैं कोई परिणाम लाने के लिए उपवास नहीं करना चाहता। मैं उपवास करता हूं, क्योंकि मुझे करना ही चाहिए।

'मैं उपवास करता हूँ क्योंकि मुझे करना ही चाहिए।' कैसा सीधा-सादा और सशक्त बयान है उस अन्तश्चेतना की चिन्तन और कार्य-पद्धति का जिसने मोहनदास को महात्मा गांधी बना दिया था। पराई पीर को, जगत के दुःख को, उसके मूल में देख पाने वाली अन्तश्चेतना जिसने अपने लिए जीना तज दिया था। एक ऐसी विरल अन्तश्चेतना जो कभी-कभार घटित हो जाती है, यह तो हम जानते हैं, पर कैसे घट पाती है उस मानव संसार में जो वैसा है जैसा है, यह एक अद्भुत मनोवैज्ञानिक भेद ही है।

यही अन्तश्चेतना बुढ़ापे में निरविराग गांधी को दिल्ली से नोआखाली,

नोआखाली से बिहार, फिर कलकत्ता और वहाँ से दिल्ली धकेले लिये जाती थी।

किसके लिए?

गांधी ने ठीक कहा कि वह उपवास करते थे जब उन्हें लगता था कि उपवास करना ही चाहिए। यह 'ही' अर्थपूर्ण है। बताती है कि इसके–इस 'ही' के–आने के बाद और कोई रास्ता बचता नहीं। धर्म-पालन की तरह अनिवार्य बनकर आता है उपवास।

और यहीं उठ खड़ी होती है एक विसंगति। उपवास आता तो है धर्म-पालन की तरह। अपने किए जाने में अपना फल लिये। इसीलिए गांधी 'कोई परिणाम लाने के लिए'–फल प्राप्ति के लिए–उपवास नहीं करना चाहते। पर जो नहीं करना चाहते, वही करना पड़ता है। अपने लिए नहीं, दूसरों के लिए।

अपने लिए अगर वह कुछ चाहते हैं, इस चहुँदिस फैले पागलपन में, तो वह है आखिरी साँस तक वांछित कर्म में लगे रहकर मौत का इन्तजार। अपने 13 जनवरी से शुरू होने वाले आमरण अनशन की घोषणा का अन्त गांधी इस तरह करते हैं :

> मेरी सबसे यह प्रार्थना है कि वे शान्त चित्त से इस उपवास का तटस्थ वृत्ति से विचार करें और यदि मुझे मरना ही है तो मुझे शान्ति से मरने दें। मैं आशा रखता हूं कि शान्ति तो मुझे मिलने ही वाली है। हिन्दुस्तान का, हिन्दू-धर्म का, सिख-धर्म का और इस्लाम का बेबस बनकर नाश होते देखना इसकी निस्बत मृत्यु मेरे लिए सुन्दर रिहाई होगी। अगर पाकिस्तान में दुनिया के सब धर्मों के लोगों को समान हक न मिलें, उनकी जान और माल सुरक्षित न रहे और यूनियन (भारत) भी पाकिस्तान की नकल करे तो दोनों का नाश निश्चित है। उस हालत में इस्लाम का तो हिन्दुस्तान और पाकिस्तान में ही नाश होगा बाकी दुनिया में नहीं मगर हिन्दू-धर्म और सिख-धर्म तो हिन्दुस्तान के बाहर हैं ही नहीं।
>
> जो लोग दूसरे विचार रखते हैं, वे मेरा जितना भी कड़ा विरोध करेंगे, उतनी मैं उनकी इज्जत करूंगा। मेरा उपवास लोगों की आत्मा को जाग्रत् करने के लिए है, उसे मार डालने को नहीं। जरा सोचिए तो सही, आज हमारे प्यारे हिन्दुस्तान में कितनी गन्दगी पैदा हो गई

> है! तब आप खुश होंगे कि हिन्दुस्तान का एक नम्र सपूत, जिसमें इतनी ताकत है, और शायद इतनी पवित्रता भी है, इस गन्दगी को मिटाने के लिए ऐसा कदम उठा रहा है, और अगर उसमें ताकत और पवित्रता नहीं है तब वह पृथ्वी पर बोझरूप है। जितनी जल्दी वह उठ जाए और हिन्दुस्तान को इस बोझ से मुक्त करे, उतना ही उसके लिए और सबके लिए अच्छा है। मेरे उपवास की खबर सुनकर लोग दौड़ते हुए मेरे पास न आवें। सब अपने आसपास का वातावरण सुधारने का प्रयत्न करें तो बस है।

13 जनवरी को सुबह साढ़े नौ बजे गांधी खाना खाने बैठ गए। पर लोग आते रहे और खाना कहीं ग्यारह बजे जाकर पूरा हुआ। साढ़े चार महीनों से कम में यह गांधी का दूसरा आमरण अनशन था। सबूत दोनों नव विभाजित देशों के तेजी से विनाश की ओर बढ़ने का।

गांधी ने पिछली शाम के अपने सन्देश में साफ-साफ समझाया था कि दिल्ली भले ही ऊपर से शान्त दिख रही हो, अन्दर ही अन्दर तूफान उछल रहा था, और ऐसी स्थिति में उनके लिए सिवाय आमरण अनशन के और कोई रास्ता नहीं बचा था। पर उनके सोचने और लोगों के सामान्य सोचने में ऐसा जमीन-आसमान का फर्क था कि इस स्पष्टीकरण के बावजूद गांधी से सवाल किया गया : 'आपने उपवास ऐसे वक्त शुरू किया है जबकि यूनियन के किसी हिस्से में कुछ झगड़ा हो ही नहीं रहा।'

इस तरह के सवाल करने वालों की एक नजर थी जिसे गांधी समझते थे। ऐसी नजर वालों को ध्यान में रखते हुए अपने अनशन के दूसरे दिन ही गांधी ने कहा था : 'मुझ से कहते हैं—कहते-कहते घूंट पी लेते हैं—कि यह पागल है। छोटी-सी चीज को सुनकर फाका कर लेता है।' पर जब सीधे उनसे एक ऐसा सवाल पूछा गया जिसमें साफ इशारा था कि वह तिल का ताड़ बना रहे हैं, तो जरूरी था कि दिल्ली की स्थिति की गम्भीरता को पूरी तरह से स्पष्ट कर दिया जाए। सवाल था : 'आपने उपवास ऐसे वक्त शुरू किया है जबकि यूनियन के किसी हिस्से में कुछ झगड़ा हो ही नहीं रहा।' गांधी ने जवाब देते हुए कहा :

> लोग जबर्दस्ती मुसलमानों के घरों का कब्जा लेने की बाकायदा कोशिश करें, यह क्या झगड़ा नहीं कहा जाएगा? यह झगड़ा तो यहां

> तक बढ़ा कि फौज को इच्छा न रहते हुए भी अश्रुगैस इस्तेमाल करनी पड़ी और, भले ही हवा में हो, मगर कुछ गोलियां भी चलानी पड़ीं। तब कहीं लोग हटे। मेरे लिए यह सरासर बेवकूफी होती कि मैं मुसलमानों का ऐसी टेढ़ी तरह से निकाला जाना आखिर तक देखता रहता। इसे मैं रुला-रुलाकर मारना कहता हूं।

गांधी साम्प्रदायिक दंगों से कितने भी विचलित हो रहे हों, उनका ध्यान निरन्तर बिगड़ रही उस साम्प्रदायिक मानसिकता पर केन्द्रित था जिसका ये दंगे लक्षण भर थे। परिणामतः पुलिस या फौज के बल से सतह पर स्थापित कर दी गई शान्ति अपने आपमें नाकाफी थी उनकी नजर में। यही कारण है कि किसी व्यक्ति विशेष या समूह विशेष—मसलन गुंडे और दूसरे 'असामाजिक तत्व'—के मत्थे दोष मढ़, अपने को निर्दोष मान लेने की कोई गुंजाइश नहीं थी गांधी के सोचने में। अनशन शुरू करने वाले दिन ही अपने प्रार्थना-प्रवचन में गांधी ने कहा :

> '...हम गुनहगार बन गए हैं, लेकिन कोई एक आदमी गुनहगार थोड़ा है!...हिन्दू, सिख, मुसलमान तीनों गुनहगार थे। अब तीनों गुनहगारों को दोस्त बनना है।...हम तो धर्म के नाम पर अधर्मी बन गए। अगर हम तीनों धर्म-पथ पर चलें तो किसी एक को डरने की आवश्यकता नहीं है।'

लेकिन लोगों के लिए आसान नहीं था अपने को गुनहगार मानना। समझ पाना गांधी की 'प्रार्थना' कि 'हर एक आदमी दूसरे क्या करते हैं उसे न देखें, बल्कि अपनी ओर देखें और जितनी आत्म-शुद्धि कर सकते हैं, करें।' मुश्किल था लोगों के लिए बाँट पाना गांधी का 'विश्वास' कि 'जनता बहुत परिमाण में आत्म-शुद्धि कर लेगी तो उसका हित होगा और मेरा भी हित होगा। हिन्दुस्तान का कल्याण होगा और सम्भव है कि मैं जल्दी से जो उपवास चल रहा है उसे छोड़ सकूँ।'

अन्दर झांक अपने को शुद्ध करने से कहीं ज्यादा दिलचस्पी लोगों की थी गांधी के अनशन को तात्कालिक राजनीति से जोड़ अपने-अपने राजनैतिक रुझानों के मुताबिक अटकलें लगाने में। मसलन, उसी दिन जिस दिन आश्चर्य जताया गया कि जरूरत क्या आन पड़ी थी गांधी को आमरण अनशन करने की, उनसे यह लिखित सवाल पूछा गया : 'आपने कहा है

कि मुसलमान भाई अपने डर की और अपनी असुरक्षितता की कहानी लेकर आपके पास आते हैं, तो आप उन्हें कोई जवाब नहीं दे सकते। उनकी शिकायत है कि सरदार जिनके हाथों में गृह-विभाग है, मुसलमानों के खिलाफ हैं। आपने यह भी कहा है कि सरदार पटेल पहले आपकी 'हाँ-में-हाँ' मिलाया करते थे, 'जी-हजूर' कहलाते थे, मगर अब ऐसी हालत नहीं रही। इससे लोगों के मन पर यह असर होता है कि आप सरदार का हृदय पलटने के लिए उपवास कर रहे हैं। आपका उपवास गृह-विभाग की नीति की निन्दा करता है।'

जो घृणा और हिंसा चारों ओर फूट पड़ी थी उसके लिए गांधी सबको जिम्मेदार मान रहे थे, चाह रहे थे कि सब आत्मालोचन कर अपनी शुद्धि करें। पर लोग उनकी दृष्टि और उनके तर्क को नहीं समझ पा रहे थे। गांधी जो हो रहा था उससे व्यथित थे। लोगों में उसी से क्रोध था, प्रतिशोध की शिद्दत थी। गुंजाइश नहीं बची थी वहाँ गांधी की बेचैनी को समझने की कि वह—गांधी—जवाब दें तो क्या जवाब दें उनको अपना एकमात्र सहारा मानने वाले मुसलमानों को।

'लोगों' और मुसलमानों के बीच एक गहरा द्वैध पैठ चुका था। धर्मनिरपेक्ष भारतीय राष्ट्रवाद के वैचारिक दावे जो भी हों, 'लोगों' के दिलों में मुसलमान पराए हो गए थे। ऐसी मनःस्थिति में गांधी से अनखाना आसान था, उनको सुनना मुश्किल। सो जनता की आत्म-शुद्धि और देश के कल्याण के लिए किया गया गांधी का आमरण अनशन, उस मनःस्थिति वालों की नजर में, बनकर रह गया पटेल और उनके मंत्रालय की निन्दा।

भले ही लोग गांधी की बात को सुन या/और समझ न रहे हों, उनके किए का भी गलत मतलब निकाल रहे हों, गांधी को तो धीरज धर समझाते ही जाना था। सो अपने से पूछे गए प्रश्न को प्रार्थना-सभा में आद्योपान्त सुनाकर उन्होंने विस्तार से उसका उत्तर देते हुए कहा कि 'सरदार (पटेल) को मुझसे और पंडित नेहरू से अलग करके और मुझे और पंडित नेहरू को खामख्वाह आसमान पर चढ़ाकर लोग गलती करते हैं।' पर धीरज के साथ-साथ एक अकुलाहट भी थी गांधी को कि वह कितनी भी कोशिश क्यों न करें, एक व्यापक असमझ का शिकार होते ही चले जा रहे थे। इसी

अकुलाहट के चलते उन्होंने अपने उत्तर की शुरुआत इस तरह की : 'मैं समझता हूं कि मैं इस बात का साफ-साफ जवाब दे चुका हूं। मैंने जो कहा है, उसका एक ही अर्थ हो सकता है। जो अर्थ लगाया गया है, वह मेरी कल्पना में भी नहीं आया। अगर मुझे पता होता कि ऐसा अर्थ किया जा सकता है तो मैं पहले इस चीज को साफ कर देता।'

क्या साफ कर देते गांधी? क्या साफ कर सकते थे वह? उस पागलपन के बीच कैसे बना सकते थे लोगों की कल्पना को थोड़ा-बहुत भी अपनी कल्पना जैसा? 'क्या कोई आदमी अपनी जान देने से ज्यादा कुछ कर सकता है?' 1924 में, हिन्दू-मुस्लिम ऐक्य के ही लिए किए गए अपने 21 दिवसीय उपवास के वक्त, गांधी ने यह सवाल अपने अन्तरंग मित्र चार्ली एंड्रूज से किया था। वह उपवास दिल्ली में ही हुआ था। उसी दिल्ली में चौबीस साल बाद एक बार फिर गांधी उसी उद्देश्य के लिए उपवास कर रहे थे। आमरण उपवास। और फिर कह रहे थे कि कोई भी इनसान अपनी जान से ज्यादा कीमती चीज कुर्बान नहीं कर सकता। इस कुर्बानी से ज्यादा क्या कर सकते थे वह?

जान दाँव पर लगा कर भी, अलबत्ता, जान देने का कारण, उसका प्रयोजन, वह समझा नहीं पा रहे थे।

समझा नहीं सकते थे। क्योंकि सरल से सरल शब्दों में व्यक्त किए जाने पर भी गांधी के सोचने-समझने का तरीका लोगों के लिए अजनबी और अजीब होता जा रहा था। गांधी की बेगानगी बढ़ती जा रही थी।

आमरण अनशन जैसा संगीन निर्णय गांधी को बगैर किसी से मशवरा किए, केवल अन्तरात्मा—अपने एकमात्र सलाहकार ईश्वर—के आदेश पर करना होता था। हम देख चुके हैं कि कलकत्ता में पहली सितम्बर की शाम तक किसी को भान तक नहीं था उसी रात शुरू होने वाले अनशन का। वही इस बार दिल्ली में हुआ। प्रधानमंत्री नेहरू और गृहमंत्री पटेल तकरीबन हर दिन मिलते थे गांधी से। सभी मसलों पर सलाह-मशवरा होता था उनके बीच। 12 जनवरी को भी, प्रार्थना-सभा से थोड़ी देर पहले तक, वे दोनों गांधी के पास थे। कोई भी आशंका नहीं थी उन्हें कि उनको विदा करने के बाद गांधी दूसरे दिन से आमरण अनशन करने की घोषणा करने वाले हैं।

1924 में जब, इतने ही अचानक, गांधी ने 21 दिन के अनशन की शुरुआत की थी तो वह दिल्ली में अली भाइयों–मौलाना मुहम्मद अली और मौलाना शौकत अली–के मेहमान थे। उस समय शौकत अली तो शहर में नहीं थे, पर मुहम्मद अली को बहुत बुरा लगा था गांधी का इस तरह बगैर उनसे–मुहम्मद अली से–बात किए जान पर खेलने का फैसला कर लेना। अपमानित भी महसूस किया था उन्होंने कि गांधी को उन पर विश्वास नहीं था ऐसे मसले पर बात करने का। भरी आँखों से उन्होंने कहा था शिकवा करते हुए : 'ये क्या है बापू? इसी तरह की मुहब्बत है आपको हमसे? आपने सरासर हमें धोखा दिया है। हमारे बीच यह करार था कि आप हर कदम हमसे मशवरा करके ही उठाएँगे। क्या वह करार काफूर हो गया?' गांधी का जवाब था : 'मगर क्या कुछ ऐसी चीजें नहीं हो सकतीं जिनका हिसाब मुझे सिर्फ खुदा को देना है?...मेरे सारे पहले के रोजे बगैर किसी से सलाह-मशवरे के किए गए थे।'

मुहम्मद अली की प्रतिक्रिया पूरी तरह से वाजिब थी। निहायत स्वाभाविक। इससे समझा जा सकता है कि गांधी की अनशन पद्धति उनके अपने लिए कितनी भी प्रामाणिक रही हो, दूसरों को उसकी वजह से परेशानी हो सकती थी। खासतौर से उनको जिनकी साख पर बुरा असर पड़ रहा हो और जो सीधे-सीधे या परोक्षतः अपमानित और लांछित हो रहे हों गांधी के अनशन की वजह से। जैसा कि पटेल के साथ हो रहा था, बावजूद उन सारी बातों के जो गांधी ने उनके बचाव में सार्वजनिक तौर से कहीं। दरअसल, लोगों पर पड़ने वाले प्रभाव की रोशनी में देखें तो, बेबुनियाद नहीं था पटेल और गृहमंत्रालय को लेकर गांधी से पूछा गया सवाल।

एक तीसरा सवाल भी गांधी से पूछा गया, और वह भी दिखाता है कि सिवाय उस सीधे अर्थ के जो गांधी बार-बार समझा रहे थे–कि 'फाका यूनियन के और पाकिस्तान के रहने वालों से पागलपन को छुड़ाने के लिए है'–ऐसे अनेक अर्थ लगाए जा रहे थे उनके अनशन के जिनका सम्बन्ध व्यक्तियों के, समूहों के, और राष्ट्र के हितों और स्वार्थों से था, उस इन्सानियत से नहीं था जिसे जगाने में गांधी सारी समस्या का सच्चा और एकमात्र समाधान देख पा रहे थे। यह सवाल था :

> आपका उपवास ऐसे वक्त पर शुरू हुआ है जब संयुक्त राष्ट्र संघ की सुरक्षा-समिति बैठने वाली है। साथ ही अभी ही कराची में फिसाद हुआ है और गुजरात (पंजाब) में कत्लेआम हुआ है। हम नहीं जानते कि विदेश के अखबारों में इन वाकयात की तरफ कहां तक ध्यान दिया गया है। इसमें शक नहीं कि आपके उपवास के सामने यह वाकयात छोटे लगने लगे हैं। पाकिस्तान के प्रतिनिधियों के पिछले कारनामों से हम समझ सकते हैं कि वे जरूर इस चीज का फायदा उठाएंगे और दुनिया को कहेंगे कि गांधी जी अपने हिन्दू अनुयायियों से, जिन्होंने हिन्दुस्तान में मुसलमानों की जिन्दगी आफत में डाल रखी है, पागलपन छुड़ाने के लिए उपवास कर रहे हैं। सारी दुनिया में सच्ची बात पहुंचने में देर लगेगी। इस दरमियान आपके उपवास का यह नतीजा आ सकता है कि संयुक्त राष्ट्र संघ पर हमारे विरुद्ध प्रभाव पड़े।

एक गहरा आक्रोश ध्वनित हो रहा है इस सवाल में। यह यकीन भी कि गांधी हिन्दुओं और देश के लिए घातक सिद्ध हो रहे हैं। गांधी के कारण न सिर्फ पाकिस्तान में हो रहे हिन्दुओं और सिखों के नरसंहार पर पर्दा पड़ जाएगा, बल्कि दुनिया के सामने भारत दोषी बन जाएगा। सम्भव है कि प्रश्नकर्ता के मन में स्पष्ट रूप से यह बात न रही हो। यह भी सम्भव है कि वह सीधे-सीधे गांधी को हिन्दुओं और देश का दुश्मन मान रहा हो और उसने सोच-समझकर अपने प्रश्न की भाषा को थोड़ा हलका कर दिया हो। जो भी हो, जाने या अनजाने, यह प्रश्न उस आज तक चल रही मानसिकता का द्योतक है जिसमें गांधी मुसलमानों के हिमायती और देश के बँटवारे के लिए जिम्मेदार माने जाते हैं।

यह सवाल गांधी से उनके उपवास के तीसरे दिन, 15 जनवरी को, पूछा गया था। और तब पूछा गया था जबकि उससे एक दिन पहले ही गांधी कह चुके थे : 'पाकिस्तान में हिन्दुओं के साथ गुनाह किया गया है यह मैंने कभी छिपाया नहीं है।' बल्कि जिस कराची और गुजरात (पंजाब) का जिक्र दूसरे दिन के प्रश्न में हुआ था, उसके बारे में गांधी कह चुके थे पिछली शाम को :

> अभी कराची में क्या हो गया? बेगुनाह सिख मार डाले गए, जायदाद लूट ली गई। अब सुनता हूं कि गुजरात में भी हो गया। वे बेचारे बन्नू

> से या कहां से, मुझको पता नहीं, आ रहे थे। सब शरणार्थी थे। वहां से जान बचाने के लिए भाग रहे थे यहां आने के लिए। रास्ते में काट डाले गए।

इतना ही नहीं, गांधी ने तो चेतावनी भी दे दी थी :

> मैं मुसलमानों को कहना चाहता हूं कि आपके नाम से पाकिस्तान में ऐसा बनता रहे तो पीछे हिन्दुस्तान के लोग कहां तक बर्दाश्त करेंगे? मेरी तरह सौ आदमी भी फाका करें तो भी नहीं रुक सकता है।

तीसरे सवाल का जवाब देते वक्त गांधी ने इस चेतावनी को दुहराया : 'अगर पाकिस्तान में मुसलमानों की अकसरियत सीधी तरह से न चले, वहाँ के मर्द और औरतें शरीफ न बने तो यूनियन के मुसलमानों को बचाया नहीं जा सकता।'

गांधी, जाहिर है, इस गुमान में नहीं थे कि जिन्दगी भर की अपनी नैतिक पूँजी को दाँव पर लगाकर वह अपने लोगों से कुछ भी करवा सकते हैं। न ही यह गुमान था उन्हें कि अहिंसा का इकतरफा अमल देर तक चल सकता है, अगर अहिंसा करने वालों की शराफत से दूसरों का आचरण सुधरे ही नहीं। अपने लिए व्यवहार में भी, और दूसरों के लिए सिद्धान्ततः, अहिंसा को केवल साधन नहीं, साध्य मानने वाले गांधी समझते थे कि लोगों की बर्दाश्त की एक हद होती है, और इस हद के पार हो जाने पर एक अकेले वह क्या उन जैसे सौ गांधी भी हिंसा का तांडव रोक नहीं सकते।

वैसे, फिलहाल, उनके प्रति बढ़ती अनख के बावजूद, गांधी का जादू चुक नहीं गया था। चाहे या अनचाहे, एक हद के बाद लोग झुक ही जाते थे गांधी के सामने। लाख अपने को 'मिस्कीन' मानने लगे हों गांधी, उनकी जिन्दगी अभी भी अमूल्य थी लोगों के लिए। उसके दाँव पर लगते ही कंगाली खत्म हो जाती थी गांधी की।

दिल्ली के अनशन के दौरान भी वैसा ही हुआ। इसका पहला, और नाटकीय, प्रभाव तीसरे दिन ही दिखाई पड़ गया जब भारत सरकार ने अपना वह फैसला बदल दिया जिसके मुताबिक उसने तय किया था कि पाकिस्तान का जो पचपन करोड़ रुपया निकलता था वह कश्मीर का मामला निपटने के बाद ही दिया जाएगा। अंग्रेजों ने जब सत्ता हस्तान्तरित की तो

कुल नगदी जमा 375 करोड़ रुपए थी। इसमें पाकिस्तान के हिस्से में 75 करोड़ आने को थे। 20 करोड़ पाकिस्तान को 14 अगस्त 1947 को दे दिए गए थे। बाकी के 55 करोड़ दिए जा सकें उससे पहले ही कश्मीर का मसला लड़ाई का रूप ले बैठा। चूँकि यह निश्चित था कि इस पैसे का इस्तेमाल भारत के खिलाफ लड़ाई में होगा, भारत सरकार को लगा कि ऐसे मौके पर 55 करोड़ की रकम अदा कर देना अपने पैरों पर कुल्हाड़ी मारना होगा। इसी वजह से पाकिस्तान के हिस्से का भुगतान रोक दिया गया था।

गांधी इस फैसले के सरासर विरोध में थे। वह चाहते थे कि जिस पैसे पर पाकिस्तान का जायज हक है वह बगैर हीला-हवाला किए तुरन्त दे दिया जाए। ऐसा करने से दोनों देशों के बीच की अदावत और तल्खी का एक कारण मिट जाएगा। वैसे भी, देश की गरिमा की दृष्टि से, उनका कहना था कि 'जिसे अपने वचन का मूल्य नहीं वह तो कौड़ी का भी नहीं है।'

उधर सरदार पटेल, भारत के लौहपुरुष, खुलेआम कह रहे थे कि पाकिस्तान एक पाई भी हमें मारने के लिए कारतूस बनाने में खर्च करे, ऐसा हम नहीं होने देंगे। पर जब राष्ट्रपिता ने अपना ब्रह्मास्त्र चला दिया तो पटेल को भी डिगना पड़ गया अपनी चाणक्य नीति से। 15 जनवरी की रात को, अनशन के तीसरे दिन, नेहरू के मंत्रिमंडल ने पाकिस्तान को 55 करोड़ दे देने का निर्णय कर लिया।

देश की सरकार, युद्ध की स्थिति में, सामरिक दृष्टि से ऐसा आत्मघाती फैसला कर ले, यह मामूली बात नहीं थी। गांधी ने कैसे इस फैसले को देखा उसका अन्दाज उनके दूसरे दिन के प्रार्थना-प्रवचन से लगाया जा सकता है। उन्होंने कहा :

> किसी जिम्मेदार हकूमत के लिए सोच-समझकर किए हुए अपने किसी फैसले को बदलना आसान नहीं होता। मगर तो भी हमारी हकूमत ने, जो हर माने में जिम्मेदार हकूमत है, सोच-समझकर और तेजी से अपना तय किया हुआ फैसला बदल डाला है।
>
> उनको कश्मीर से लेकर कन्याकुमारी तक और कराची से लेकर डिबरूगढ़ तक सारे मुल्क को मुबारकबाद देना चाहिए। मैं जानता हूं कि दुनिया के सब लोग भी कहेंगे कि ऐसा बड़ा काम हमारी हकूमत जैसी बड़े दिल वाली हकूमत ही कर सकती थी। इसमें मुसलमानों को सन्तुष्ट करने की बात नहीं है। यह तो अपने आपको सन्तुष्ट करने

> की बात है। कोई भी हकूमत जो बहुत बड़ी जनता की प्रतिनिधि है, बेसमझ जनता से तालियां पिटवाने के लिए कोई कदम नहीं उठा सकती है। जहां चारों तरफ पागलपन फैला हुआ है, वहां आकर बड़े-से-बड़े नेता बहादुरी से अपना दिमाग ठंडा रखकर जो जहाज चला रहे हैं क्या उसको डूबने से न बचावें?

गांधी ने, बगैर आत्मश्लाघा जैसे किसी भाव के, माना कि उनके अनशन के कारण ही भारत सरकार ने अपना फैसला बदला है। पर ऐसा होने में उन्हें किसी की कोई विवशता नहीं दिखाई दी। जो उन्होंने देखा वह यह था :

> हमारी हकूमत ने क्यों यह कदम उठाया? इसका कारण मेरा उपवास था। उपवास से उनकी विचारधारा ही बदल गई। उपवास के बिना वे, कानून जितना उनसे करवाता, उतना ही करने वाले थे।

इस महत्त्वपूर्ण फैसले के आगे होने वाले असर के बारे में उम्मीद जताते हुए गांधी ने कहा :

> मगर हिन्दुस्तान की हकूमत का यह कदम सच्चे माने में दोस्ती बढ़ाने और मिठास पैदा करने वाली चीज है। इससे पाकिस्तान की भी परीक्षा हो जाएगी। नतीजा यह होना चाहिए कि न सिर्फ कश्मीर का, बल्कि हिन्दुस्तान और पाकिस्तान में जितने मतभेद हैं सबका सम्मानजनक आपस-आपस में फैसला हो जावे। आज की दुश्मनी की जगह दोस्ती ले।

अपने दायित्व की सही समझ और उसका निर्वाह गांधी की नजर में एक बड़ी चालक शक्ति थी। केवल इतना करने से, वह मानते थे, बड़े-बड़े काम सँभाले जा सकते हैं। असल बात मुसलमानों को सन्तुष्ट करने की नहीं, अपने को सन्तुष्ट करने की थी। या, जनता की प्रतिनिधि सरकार के लिए, लोगों से तालियाँ पिटवाने की नहीं बल्कि उनके पागलपन को मिटाने की थी। विवेक और पारस्परिक विश्वास से हिन्दुस्तान-पाकिस्तान के आपसी मतभेदों को दूर कर सम्मानजनक हल ढूंढ़ने की थी। बात दुश्मनी को दोस्ती में बदलने की थी।

बात आज भी वही है।

इस बुनियादी बात को गांधी साफ-साफ देख और दिखा रहे थे। पर कुछ ऐसा भी था जो वह नहीं देख पा रहे थे। कुछ ऐसा जिसके न देख पाने से यथार्थ की उनकी पकड़ लड़खड़ाने लगती थी। जैसा कि 16 जनवरी के प्रार्थना-प्रवचन में भी दिखाई देता है।

लेकिन उससे पहले गांधी के इस आमरण अनशन के एक दूसरे फौरी प्रभाव की चर्चा जरूरी है। 13 तारीख को शुरू ही हुआ था यह अनशन कि पाकिस्तान में इसका प्रभाव दिखाई देने लगा। मृदुला साराभाई उस समय लाहौर में थीं। उन्होंने गांधी को टेलीफोन पर पाकिस्तान में हो रही प्रतिक्रिया के बारे में बताया। इसका ब्योरा देते हुए गांधी ने 14 जनवरी के प्रवचन में कहा (इससे पहले गांधी उन तमाम तारों का जिक्र कर चुके थे–मुसलमानों के भी 'काफी' तार थे इनमें–जिनमें उनसे, और बातों के साथ, कहा गया था कि 'हम सब कर लेंगे, उपवास छोड़ दो।') :

> मृदुलाबेन...कहती है कि सब मुसलमान मुझसे पूछते हैं, अफसर भी पूछते हैं गांधी जो भी कर रहे हैं वह हमारे लिए कर रहे हैं तो पूछो क्या हमको बता देंगे कि हमसे क्या उम्मीद रखते हैं?

गांधी को 'यह अच्छा लगा।' अपना जवाब पाकिस्तान के लोगों तक टेलीफोन से ही भिजवाने का इन्तजाम कर दिया उन्होंने। जमाना दूसरा था तब, और संचार व्यवस्था वैसे भी बिगड़ी हुई थी उन दिनों। जरूरी नहीं था कि टेलीफोन फौरन हो जाए। सो गांधी ने यह भी बतला दिया अपने सुनने वालों को : 'टेलीफोन वहां पहुंचा या नहीं, एक रात में क्या होगा, कल तो वहां पहुंच ही जाएगा।' क्या सन्देशा भिजवा रहे थे पाकिस्तान वालों को, इसका भी अन्दाज करा दिया उन्होंने :

> यह दिल्ली का यज्ञ तो है, लेकिन सारे देश के लिए भी है। यह यज्ञ अकेले के लिए है या सबके लिए है, ऐसा सवाल ही नहीं है। यह उपवास आत्म-शुद्धि करने के लिए है। जहां आज शैतान बैठा है वहां ईश्वर को बैठा दो कि शैतान उसे उठा न सके। तो उसकी कुछ निशानी होनी चाहिए।...हिन्दू कहता है कि मुसलमान को मारो, मुसलमान हिन्दू को मारने के लिए तैयार होता है, और सिख कहता है कि मुसलमान को मार डालो। इस तरह सिख, हिन्दू, मुसलमान झगड़ा करें तो बुरी बात है। यज्ञ में हिस्सा लेना है, लेना चाहते हैं तो

> सब भाई-भाई बन जाएं, वैर-भाव के बदले प्रेम-भाव करें।...कहने से नहीं बनें, करने से बनें। पाकिस्तान में जितने मुसलमान पड़े हैं वे ऐसे रहें तो इसका असर इधर भी होगा।

55 करोड़ का भुगतान और पाकिस्तान में व्यक्त दायित्व-बोध दोनों ही गांधी के आमरण अनशन के फौरी परिणाम थे। किन्तु अहिंसा के प्रभाव की दृष्टि से देखें तो दोनों परिणामों की प्रकृति में बड़ा अन्तर था। गांधी देख नहीं पा रहे थे यह अन्तर।

भले ही 55 करोड़ के मामले में भारत सरकार ने अपने सोचे-समझे निर्णय को बदलने में फुर्ती दिखाई हो, उसका नया निर्णय केवल गांधी के आमरण अनशन की वजह से ही मुमकिन हो सका था। 15 जनवरी की सुबह भी नहीं हुई थी कि गांधी ढाई बजे ही जग गए थे। जगते ही उन्होंने गरम टब-बाथ की फरमाइश की थी, और टब में लेटे-लेटे ही अपने सचिव प्यारेलाल को बोलकर एक वक्तव्य लिखवाया था। उसमें भारत सरकार से पाकिस्तान को 55 करोड़ रुपए दे देने को कहा गया था। उसी दिन सरकार ने गांधी की बात मान ली थी।

नेहरू सरकार की बेचारगी, विकल्पहीनता का फल थी यह फुर्ती। गांधी देख रहे थे इसमें सरकार की विचारधारा का बदलाव।

15 जनवरी को भोर से ही पहले उठ बैठे थे गांधी। दूसरे दिन पटेल के साथ वही हुआ। उस दिन सुबह सात बजे पटेल को काठियावाड़ जाना था। जाने से पहले गांधी से मिलना मुमकिन नहीं था। मन में तूफान चल रहा था। मौन साधे रहना भी मुमकिन नहीं था। सो यात्रा से पहले ब्राह्ममुहूर्त में ही लिखने बैठ गए गांधी को :

> ...आपके उपवास के वक्त यहाँ से जाना पड़ रहा है, यह दुःख असह्य है। फिर भी इस धर्मसंकट से निकल नहीं सकता।
>
> कल आपकी पीड़ा देखी तब से विचलित हूँ। बहुत सोच में हूँ।
>
> काम का बोझ इतना ज्यादा बढ़ गया है कि उसको ढोना मार रहा है। मैं समझ गया हूँ कि ऐसे चलाए रखने से मैं देश का कोई फायदा नहीं कर सकता। नुकसान करना सम्भव है।
>
> मेरे मुकाबले जवाहर पर और ज्यादा बोझ है। उसका दिल दर्द से भरा जा रहा है। मैं अपनी उमर के चलते अब निरुपयोगी हो गया

> हूँ, यह सम्भव है। इसलिए ऐसा नहीं है कि मैं साथ रहकर इनका [जवाहर का] बोझ हलका कर सकूँ। मौलाना तो मेरे काम से नाराज हैं ही। और आपको बारम्बार मेरा बचाव करना पड़ता है। मैं यह सह नहीं सकता।
>
> ऐसी स्थिति में मेरी छुट्टी जल्दी कर दें तो मेरा और देश का भला हो सकता है। मैं जिस तरीके से काम कर रहा हूँ उससे अलग तरीके से नहीं कर सकता। और इस तरीके से काम करके जिन्दगी भर के साथियों के लिए बोझ बनने और आपको भी दुःख पहुंचाने के बावजूद इस जगह से हटूँ नहीं तो, मुझे लगता है, मैं सत्ता के मोह में अन्धा हो गया हूँ। इस असह्य स्थिति से मुझे जल्दी छुटकारा दे दिया जाना चाहिए।
>
> आपके उपवास के वक्त यह चर्चा नहीं हो सकती, मैं समझता हूँ। पर उपवास छुड़वाने में भी मैं कोई मदद नहीं कर सकता। सूझता ही नहीं कि फिर क्या करूँ। उपवास जल्दी छोड़कर यह फैसला, पटेल की छुट्टी का, जल्दी करा दें तो शायद आपके उपवास के कारण भी दू हो जाएँ। इसलिए आपसे मेरी आग्रहपूर्वक विनती है कि उपवास जल्दी छोड़ दें।

लौहपुरुष का यह कातर पत्र बहुत-कुछ कह रहा है। उससे भी ज्यादा, शायद, यह रोक रहा है अपने को कहने से। अपनी स्थिति को 'असह्य' बता उससे जल्दी मुक्ति की याचना तो कर लेता है यह, पर अपने 'असह्य' दुःख के उस हिस्से का इशारा भर कर पाता है जिसमें अपने अपमान का, गलत समझे जाने और उससे भी ज्यादा, खुलेआम खलनायक बना दिए जाने का आक्रोशपूर्ण एहसास भरा पड़ा है। अपनी छटपटाहट भी दिखाता है यह पत्र, पर खुलकर वहीं जहां गांधी का आमरण अनशन आता है।

बहुत महत्त्वपूर्ण है पटेल का यह पत्र गांधी के आमरण अनशन की अहिंसा को समझने के लिए। 12 जनवरी को जब गांधी ने अपने आमरण अनशन का एलान किया तो पटेल की पहली प्रतिक्रिया नाराजगी की थी। जो स्वाभाविक भी थी, यह देखते हुए कि, गांधी कुछ भी कहते रहें सार्वजनिक स्तर पर, पटेल पर दोष आना ही था इस उपवास का। नाराजगी यह एक आहत मन की थी। मन भी एक तीस साल से घनिष्ठ से घनिष्ठतर होते रहे श्रद्धालु, स्नेही सहयोगी का। इस मन में क्षोभ भी था, मर्मान्तक वेदना भी थी, कारगर हस्तक्षेप न कर पाने की तड़प भी थी।

साथ ही अपने दायित्व को ईमानदारी और कुशलता से निभाते रहने का यकीन भी था इस मन में। सीधे से, बगैर किसी नाटकीयता या आक्रामकता के, कह सकता था यह : 'हुं जे रीते काम करी रह्यो छुं एथी बीजी रीते न करी शकुं'–'मैं जिस तरीके से काम कर रहा हूँ उससे अलग तरीके से नहीं कर सकता।'

इस मन का तूफान तो शुरू हो गया था 12 जनवरी की शाम से ही। जब से गांधी ने अपने आमरण अनशन की घोषणा की थी। पर बिलकुल ही असहनीय हो गया वह तूफान 15 तारीख के बाद। पाकिस्तान को 55 करोड़ दे देने के फैसले के बाद। अपने को और रोक पाना असम्भव हो गया। काठियावाड़ जाने से पहले ही लिखना पड़ गया गांधी को सम्बोधित वह हृदय-विदारक पत्र।

पटेल जिस तरीके से काम करना जानते और चाहते थे–और जिसके सही होने के बारे में उन्हें कोई संशय नहीं था–उस पर अमल करते हुए उन्होंने ऐलानिया कह दिया था कि पाकिस्तान के हिस्से के 55 करोड़ रुपयों का एक पैसा भी वह हिन्दुस्तान के खिलाफ गोलियाँ बनाने के लिए इस्तेमाल नहीं होने देंगे। पर गांधी के लिए अपार स्नेह और श्रद्धा भी थी उनके मन में। झुकना पड़ गया उनके आगे। और इतना करके भी गांधी के अनशन को रोक न सके। सो सिरे से ही हटा दिए जाने की विनती कर दी गांधी से।

सबमें तो पटेल जैसा धीरज और विवेक हो नहीं सकता था। भले ही उनमें गांधी के लिए श्रद्धा रही हो। बहुतों की श्रद्धा दब गई थी, फिलहाल, संकट की उस घड़ी में। आक्रोश और उन्माद की उस अन्धी घड़ी में। पटेल कैसी भी मानसिक यन्त्रणा से गुजर रहे हों गांधी को लेकर, इन लोगों के, इस समय, वही नायक थे, न कि गांधी। इसी भावना से प्रेरित था गांधी से पूछा गया उस अनाम पत्रकार का सवाल जो विचलित था इस खयाल से कि लौहपुरुष और उनके मन्त्रालय पर आँच आ रही थी इस असामयिक अनशन से।

फिर भी शालीन थी उसकी भाषा। बहुतों के लिए गांधी के प्रति शालीनता का निर्वाह भी सम्भव नहीं था। कुछ लोग तो बिड़ला भवन ही पहुँच लिये नारे लगाते हुए कि 'गांधी को मरने दो, खून का बदला खून से

लेंगे।' गांधी की सेवा कर रहे ब्रजकृष्ण चाँदीवाला ने अपनी *गांधीजी की दिल्ली डायरी* में लिखा है :

> ...वातावरण बड़ा खराब था। खासकर पाकिस्तान को 55 करोड़ रुपया देने की बात से लोग बड़े असन्तुष्ट और भड़के हुए दिखाई देते थे। सबके दिलों में हिंसा और बदला लेने की भावना काम कर रही थी। बड़े भयंकर दिन थे वह। गांधीजी को जो पत्र आते उनमें गालियाँ भरी रहती थीं।...अपमानसूचक शब्दों को पढ़ना कठिन हो जाता था। साथ में टेलीफोन पर भी तरह-तरह की आवाजकशी होती रहती थी।

गांधी की भाषा बोलें तो लोगों के दिलों में शैतान ने डेरा जमा लिया था। वह अपने अनशन के बल से शैतान को हटा वहाँ ईश्वर को बैठाना चाह रहे थे। कह रहे थे कि 'आत्मा की खातिर' किए गए उनके उपवास में कोई विघ्न न डाला जाए। 'विघ्न इसी शर्त पर डाला जा सकता है कि ईमानदारी से आप यह कह सकें कि आपने सोच-समझकर शैतान की तरफ से मुँह फेर लिया है और ईश्वर की तरफ चल पड़े हैं।'

गांधी आत्म-शुद्धि चाह रहे थे। लोगों को अपनी अशुद्धि का आभास तक नहीं था। भुला बैठे थे वे अपनी मानवता। गांधी उस विस्मृत की वापसी चाह रहे थे। इस विश्वास के साथ कि 'अगर दिल की सफाई ईमानदारी से की जाए तो जिस कारण से सफाई की गई थी वह कारण मिट जाने पर भी सफाई नहीं मिटती।...दिल की सफाई जो एक दफा हो गई तो मरने तक कायम रहती है।'

काश!

गांधी मरना नहीं चाह रहे थे। 12 तारीख को अचानक अनशन का एलान करने के वक्त से ही वह कह रहे थे कि लोग जल्दी से जल्दी इसकी समाप्ति का वातावरण तैयार कर दें तो अच्छा होगा। पर अनशन समाप्त करने की जल्दी नहीं थी उन्हें। 17 जनवरी को, अनशन के पाँचवें दिन, उन्होंने कहा :

> इस उपवास का मतलब यह है कि अन्तःकरण स्वच्छ हो और जाग्रत् हो। ऐसा करें तभी सबकी भलाई है। मुझ पर दया कर आप कुछ न कीजिए। जितना दिन उपवास काट सकता हूं काटूंगा। ईश्वर की इच्छा होगी तो मर जाऊंगा।

मगर औरों को जल्दी थी। अपने आप पर दया कर गांधी की मौत टालने की। 17 जनवरी को ही गांधी की नियमित जाँच कर रहे डॉक्टरों ने चेतावनी दे दी थी : 'लोगों को बता देना हमारा फर्ज है कि अनशन समाप्ति के लिए यथा आवश्यक स्थिति बनाने के लिए अविलम्ब कदम उठाए जाएँ।' इससे पहले ही दिल्ली और दूसरी जगहों में शान्ति सभाएँ होने लगी थीं। दिल्ली की एक आम सभा में नेहरू ने लोगों को आगाह करते हुए कहा था : 'गांधीजी का चले जाना भारत की आत्मा का चले जाना होगा।'

जगह-जगह से गांधी के पास तार चले आ रहे थे कि लोग शान्ति बनाए रखना चाहते हैं। पाकिस्तान से भी सन्देश आ रहे थे गांधी से उपवास खत्म कर देने का आग्रह करते और साम्प्रदायिक शान्ति का आश्वासन देते हुए। पाकिस्तान के सहायता व पुनर्वास मन्त्री, गजनफर अली खाँ, ने दोनों देशों के लोगों को चेताया कि गांधी के उपवास से उनकी आँखें खुल जानी चाहिए और उन्हें अपने किए पर शर्म आनी चाहिए।

17 तारीख से गहमागहमी जोर पकड़ गई। मौलाना आजाद ने गांधी से बात करने के बाद एक विशाल जनसभा में बताया कि सात शर्तें हैं गांधी की उपवास तोड़ने के लिए। उसी शाम राजेन्द्र प्रसाद की सदारत में एक केन्द्रीय शान्ति समिति का गठन हुआ और उसके सौ से ऊपर सदस्यों की बैठक हुई। दूसरे दिन तक सातों शर्तों को स्वीकार करते हुए लगभग सारे सदस्यों ने एक लिखित वक्तव्य पर हस्ताक्षर कर दिए। मालूम था, कलकत्ता के बाद, कि इसके बगैर गांधी कुछ मानेंगे नहीं। वैसे गांधी ने भी प्रार्थना-सभा से आधा घंटा पहले आए राजेन्द्र प्रसाद से कह दिया था : 'जितने प्रतिनिधि हों, मुझे सही लिखकर दें। मैं उन्हें घोषित कर दूँगा। जबानी बात मैं निकम्मी समझता हूँ, लिखी हुई चीज को ही मानता हूँ।'

उधर 16 तारीख से ही नेताओं और लोगों के प्रतिनिधियों ने आकर गांधी को बताना शुरू कर दिया था कि शहर का वातावरण सुधर गया है। 17 तारीख को इनकी संख्या बढ़ गई। सुबह ग्यारह बजे के आसपास कुछ मौलाना आए। कहा कि शहर की हालत काफी सुधर गई है। यह भी कि कराची चले गए कुछ मुसलमानों का तार आया है कि वे वापस आना चाहते हैं। इन लोगों के बाद सब्जी मंडी के कुछ व्यापारी आए। उन्होंने बताया

कि मुसलमानों के साथ उन्होंने जो व्यापार बन्द कर दिया था अब फिर से चालू कर देंगे। शाम को अपार भीड़ उमड़ पड़ी। 'हिन्दू-मुस्लिम भाई-भाई' और 'गांधी जिन्दाबाद' के नारे गूँजने लगे।

पर उसी भीड़ में 'मारो-काटो' का नारा लगाने वाले भी थे।

18 तारीख को ग्यारह बजे के बाद उपवास टूटने का सिलसिला शुरू हुआ। एक 'शान्ति-प्रतिज्ञा' पर सौ से अधिक प्रतिनिधियों के दस्तखत राजेन्द्र प्रसाद के नेतृत्व में ले लिये गए थे। गांधी के इसरार पर देवनागरी और उर्दू दोनों लिपियों में तैयार की गई यह 'शान्ति-प्रतिज्ञा' इस प्रकार थी :

'हम यह घोषित करना चाहते हैं कि हमारी दिली खाहिश है कि हिन्दू, मुसलमान और सिख और दूसरे धर्म के सब मानने वाले फिर से आपस में मिलकर भाई-भाई की तरह दिल्ली में रहें और हम उन (गांधी) से यह प्रतिज्ञा करते हैं कि मुसलमानों की जान, धन और धर्म की हम रक्षा करेंगे और जिस तरह की घटनाएँ यहाँ पहले हो गई हैं, उनको फिर न होने देंगे।

'1. गांधीजी को हम इत्मीनान दिलाना चाहते हैं कि जिस तरह ख्वाजा कुतबुद्दीन के उर्स का मेला पहले हुआ करता था, वैसे ही अब भी होगा।

'2. जिस तरह मुसलमान दिल्ली के सभी मुहल्लों में और खासतौर पर सब्जी मंडी, करोलबाग और पहाड़गंज में आया-जाया करते थे, वैसे ही बेखटके और बेखतरे फिर से आ-जा सकेंगे।

'3. उन मस्जिदों को, जिनको मुसलमान छोड़कर चले गए हैं, या जो हिन्दुओं और सिखों के कब्जे में हैं, वापिस दे देंगे। जिन जगहों को खास मुसलमानों के बसने के लिए गवर्नमेंट ने रख छोड़ा है, उन पर जोर-जबर्दस्ती से कब्जा करने की कोशिश नहीं की जाएगी।

'4. जो मुसलमान दिल्ली से बाहर चले गए हैं, वे अगर वापिस आना चाहें तो हमारी तरफ से कोई बाधा न दी जाएगी और मुसलमान अपने कारबार जिस तरह से करते थे, करने पाएँगे। हम यह इत्मीनान दिलाना चाहते हैं कि ये सब चीजें अपनी कोशिश से पूरी करेंगे और सरकारी पुलिस या फौज की ताकत इसकी खातिर इस्तेमाल करने की जरूरत नहीं पड़ेगी।

'5. महात्माजी से हमारा अनुरोध है कि वे हमारी बातों पर विश्वास करके अपना उपवास छोड़ दें और जिस तरह आज तक देश के रहनुमा रहे

हैं, बने रहें।'

दस्तखत करने वालों में हिन्दू महासभा, राष्ट्रीय स्वयंसेवक संघ, सिख, मुसलमान, शरणार्थी, दिल्ली प्रशासन इत्यादि सबके प्रतिनिधि शामिल थे। गांधी का बिड़ला भवन वाला कमरा खचाखच भरा हुआ था।

सबसे पहले, सबकी ओर से बोलते हुए, राजेन्द्र प्रसाद ने कहा :

> पिछली रात को सब लोग मेरे घर पर इकट्ठे हुए थे और पूरी चर्चा के बाद सबने तय किया कि उसी वक्त और वहीं प्रतिज्ञा-पत्र पर हस्ताक्षर कर दिए जाएँ। चूँकि कुछ संस्थाओं के प्रतिनिधि उस बैठक में उपस्थित न थे, इसलिए हमने महसूस किया कि हस्ताक्षर किया हुआ प्रतिज्ञा-पत्र लेकर आपके पास तुरन्त न पहुँचा जाए, बल्कि जब तक बाकी हस्ताक्षर न हो जाएँ, तब तक रुका जाए। इसके मुताबिक सवेरे फिर हमारी बैठक हुई और पिछली रात की बैठक में जो लोग अनुपस्थित थे, उन्होंने भी इस बैठक में शामिल होकर अपने हस्ताक्षर कर दिए।

राजेन्द्र प्रसाद ने यह भी बताया कि रात वाली बैठक में कुछ लोगों के मन में थोड़ी हिचकिचाहट थी। पर सुबह वे लोग भी पूरी शर्तों को मान गांधी का अनशन छुड़वाने से पैदा हुई जिम्मेदारी के लिए तैयार थे। प्रतिज्ञा-पत्र पर अमल करने के लिए कुछ कमेटियाँ बनाने का भी फैसला कर लिया गया था। इतना कुछ बताने के बाद राजेन्द्र प्रसाद ने गांधी से कहा : 'मुझे उम्मीद है कि अब आप अपना अनशन छोड़ देंगे।'

इसके बाद लाला देशबन्धु बोले :

> आज सुबह मुसलमान भाइयों का जुलूस हिन्दू मुहल्लों में पहुँचा था और वहां हिन्दुओं ने बड़े प्रेम से उन्हें फल दिए और नाश्ता कराया। इन सबसे मालूम पड़ता है कि लोगों के दिल बदल गए हैं। आप भारत की 40 करोड़ की जनता के नाथ हैं। इसलिए अनशन छोड़िए, यही प्रार्थना है।

तब बड़ी धीमी आवाज में गांधी ने कहा :

> यह मुझे अच्छा तो लगता है, मगर एक बात अगर आपके दिल में न हो, तो यह सब निकम्मा समझिए। इस मसविदे का अगर यह अर्थ है कि दिल्ली को आप सुरक्षित रखेंगे और बाहर चाहे जितना भी आग

> जले, उसकी आपको परवाह न होगी, तो आप बड़ी गलती करेंगे और मैं भी उपवास छोड़कर मूर्ख बनूँगा। इलाहाबाद में क्या हुआ, सो तो आपने अखबार में पढ़ा ही होगा, न पढ़ा हो तो पढ़िए। राष्ट्रीय स्वयंसेवक संघ और हिन्दू महासभा भी इस समझौते में शामिल हैं ऐसा मैं समझा हूं। अगर यहां के लिए वे इस समझौते में शामिल हैं और दूसरी जगह के लिए नहीं, तो यह भी बड़ी दगी होगी। मैं देखता हूं कि ऐसी दगी आज हिन्दुस्तान में बहुत चलती है।

इसके बाद गांधी साम्प्रदायिक और धार्मिक भाईचारे के बारे में बोलने लगे। उन्होंने पूछा : 'अगर हम आपस में लड़ते रहे, तो हिन्दुस्तान (इंडियन यूनियन और पाकिस्तान दोनों) का क्या होगा?' इतना कहकर गांधी अचानक चुप हो गए। उनके चुप हो जाने के दो विवरण मिलते हैं। एक तो यह कि वह बहुत थक गए थे। दूसरा यह कि भावावेग में वह रोने लगे थे। भले ही पहला विवरण सही हो, गांधी बोल दिल की गहराई से रहे थे। थोड़े मौन के बाद बोलना शुरू करने पर उन्होंने शैतान और ईश्वर वाली बात एक बार फिर कही, और चेताया : 'यह कहना कि हिन्दुस्तान सिर्फ हिन्दुओं के लिए ही है, और पाकिस्तान सिर्फ मुसलमानों के लिए ही, तो इससे बड़ी बेवकूफी क्या हो सकती है?'

उपवास तोड़ने से पहले गांधी अपनी तरफ से पूरी कोशिश कर लेना चाह रहे थे कि लोग पूरी तरह से अपने अन्दर झाँक कर उनसे उपवास तोड़ने का आग्रह करें। उन्होंने कहा :

> मैं फाके से डरने वाला आदमी नहीं हूं। मैंने बहुत बार फाके किए हैं, और जरूरत हुई तो फिर भी कर सकता हूं। जो मुसलमान भाई हमेशा मेरे पास आते और ऐसी बातें करते हैं कि अब दिल्ली ठीक हो गई है और हिन्दू-मुसलमान साथ रह सकेंगे, उनके दिल में अगर कुछ भी बलवला है मन में ऐसा लगे कि आज तो मजबूरन साथ रहना है, न रहे तो जाएं कहां? लेकिन आखिर कभी-न-कभी अलग होंगे ही तो उन्हें यह बात मुझे साफ-साफ कह देनी चाहिए। सारे हिन्दुस्तान और पाकिस्तान को ठीक करना बड़ी मुश्किल बात है। मगर मैं तो बड़ी उम्मीद रखने वाला इनसान हूं। सोचता हूं, जो बात ठान ली वह क्यों न हो सकेगी? हिन्दुओं और मुसलमानों का समझौता आज आप कहते हैं। मगर हिन्दू मानें कि मुसलमान तो यवन हैं, असुर हैं, ईश्वर को

> पहचान ही नहीं सकते और मुसलमान हिन्दुओं के बारे में ऐसा ही मानें, तो इससे बढ़कर कुफ्र नहीं।
>
> यह सब सुनकर भी आप मुझे फाका छोड़ने को कहेंगे, तो मैं छोड़ूंगा पीछे आप मुझे रिहाई दे देंगे। आज तक तो दिल्ली में ही रहकर करने-मरने की बात थी। यहां अगर काम हो गया हो, तो मैं पाकिस्तान चला जाऊंगा और वहां मुसलमानों को समझाऊंगा। दूसरी जगह कुछ भी हो, यहां के लोग शान्त रहें।...भले-बुरे सब में हैं। यह सब सोच-समझकर आप सब मुझसे कहें कि 'फाका छोड़ो' तो मैं छोड़ूंगा। मगर हिन्दुस्तान वैसा का वैसा रहे, तो यह खेल-सा हो जाएगा। इससे बेहतर है कि मुझे आप फाका करने दें। ईश्वर को उठाना होगा, तो मुझे उठा लेगा।

गांधी ने बहुत-कुछ कह दिया था। हिन्दू और मुसलमान दोनों को ही लेकर जिस स्वाभाविक चिन्तन प्रक्रिया की आशंका हो सकती थी उसको बगैर किसी लागलपेट के व्यक्त कर दिया था। चूँकि उनकी शर्तों का सीधे दिल्ली से सम्बन्ध था, उनको डर था कि कुछ लोग–हिन्दू–अपने को पूरी तरह से ईमानदार मानते हुए सम्बद्ध प्रतिज्ञा-पत्र पर दस्तखत करते वक्त भी मन में इरादा रख सकते हैं कि बाकी देश में मुसलमानों को देख लेंगे। 'दगी' की बात करते वक्त हो सकता है गांधी के मन में आपद्धर्म का खयाल रहा हो। कि इस आमरण अनशन से उठ खड़ी आपदा से फिलहाल निपट लो, संकीर्ण शाब्दिक अर्थ में झूठ भी न बोलो, और अपना प्रतिशोध का, हिंसा का, 'धर्म' भी न त्यागो। इस सन्दर्भ में गांधी द्वारा राष्ट्रीय स्वयंसेवक संघ और हिन्दू महासभा का उल्लेख महत्त्वपूर्ण हैं। विशेष रूप से उनका कहना कि दोनों ही संस्थाएँ 'इस समझौते में शामिल हैं–ऐसा मैं समझा हूँ।' वह इसके लिए तैयार नहीं थे कि बाद में दावा किया जाए कि समझौते पर दस्तखत करने वाले इन संस्थाओं के सदस्यों ने संघ या महासभा की ओर से नहीं बल्कि अपनी निजी हैसियत से दस्तखत किए हैं।

उतने ही साफ-साफ तरीके से गांधी ने उस चोर की बात कह दी जो मुसलमानों के मन छिपा हो सकता है।

और बार-बार, पूरा जोर देकर, इस वक्त भी कहा कि उनको या अपने आपको किसी भ्रम में डालकर उनका फाका न छुड़वाएँ।

गांधी जो कर सकते थे, जो उन्हें करना चाहिए था, सो उन्होंने किया।

उपवास के छठे दिन की कमजोरी और थकान थी, पर उससे यह जरूरी बातचीत प्रभावित नहीं होनी थी। गांधी अपनी बात पूरे विस्तार और आवश्यक पुनरावृत्ति के साथ कर रहे थे, और धीरज से दूसरों को सुन रहे थे।

पर दूसरों को तो वही करना था जो वे करने आए थे। उनके मन के चोर इस वक्त तो निकलने नहीं थे।

फिर भी जो कहा गया इस मौके पर, गांधी की उपस्थिति में, वह ध्यान देने योग्य है। कितना बहुत और बता देता यह साक्ष्य अगर हमें ऐसा ही विस्तृत विवरण 17 की रात और 18 की सुबह राजेन्द्र प्रसाद के घर पर हुई बैठकों का भी मिल पाता। हम देख पाते कि क्या-क्या और कैसे उन बैठकों में कहा गया जो गांधी के सामने नहीं कहा गया। इसकी कल्पना करना कठिन नहीं है। मसलन, राजेन्द्र प्रसाद का संक्षिप्त उल्लेख कि रात की बैठक के दौरान कुछ 'हिचकिचाहट' थी जो सुबह की बैठक के होते-होते काफूर हो गई, लगता है अपने में एक बड़ी कहानी छिपाए हुए है। विचारों, भावनाओं और स्वार्थों की टकराहट, और उसके बीच जैसे-तैसे लोगों को एक साथ खड़ा कर देने की कहानी।

वैसे जो कहा गया गांधी के सामने, उनके बोलने के बाद, उसमें से भी कुछ बहुत-कुछ कहता है। जैसे मौलाना हबीब-उल रहमान का बयान। उन्होंने कहा :

> दो ही बातें ऐसी हैं जिनके मुतल्लिक मैं कह सकता हूँ। एक तो यह बिलकुल गलत है कि मेरे धर्म-भाई हिन्दुस्तान को अपना मुल्क नहीं मानते। हम यहां (गांधी की प्रार्थना-सभा में) पाँच बजे आते थे, हमने 30 साल से कांग्रेस के झंडे के नीचे काम किया है। जब हमसे हिन्दुस्तान की तरफ अपनी वफादारी दोहराने को कहा जाता है तो इसे हम अपनी राष्ट्रीयता की तौहीन समझते हैं। मुझे याद है कि हाल के दंगों में एक मौके पर हमारे कांग्रेसी दोस्तों और साथियों ने हमें दिल्ली के बाहर एक महफूज जगह देने की बात कही थी। क्योंकि उन्हें इस बात का यकीन नहीं था कि वे हमें दंगाइयों से अच्छी तरह बचा सकेंगे। लेकिन हमने उस पेशकश को नामंजूर कर दिया और भगवान पर भरोसा रखकर शहर में रहना और घूमना पसन्द किया।
>
> जहाँ तक जमीयतुल उलेमा का ताल्लुक है, मैं कह सकता हूँ कि

> उसके मेम्बरान मौलाना आजाद साहब के और कांग्रेस के पक्के हिमायती हैं। जो पाकिस्तान चले गए हैं, वे सिर्फ अपनी जान बचाने के लिए और दूसरी बदतर बातों के डर से ही वहाँ गए हैं। हम सब हिन्दुस्तान के नागरिकों की तरह गैरत और इज्जत से हिन्दुस्तान में रहना चाहते हैं, न कि दूसरों की दया पर। मैं यकीन के साथ कह सकता हूँ कि अगर हिन्दुस्तान पर हमला हुआ, तो हम सब अपने मुल्क हिन्दुस्तान के आखिरी आदमी तक हिफाजत करेंगे। हमने बार-बार साफ अल्फाज में कहा है कि जो ऐसा करने के लिए तैयार नहीं हैं, उन्हें हिन्दुस्तान छोड़कर पाकिस्तान चले जाना चाहिए।
>
> आज जो सूरतेहाल बदल गई है, इसे हम बहुत ही अच्छा सगुन समझते हैं। हमें इत्मीनान है कि बहाव बदल गया है और अब वह फिरके वालों के मेल-जोल और अमन की तरफ बह रहा है, जबकि पहले कड़ुवाहट की तरफ बह रहा था। जबकि पहले कड़ुवाहट और नफरत की वजह से दंगे हो रहे थे, अब चूँकि अवाम के नुमाइन्दों की तरफ से दिए गए भरोसों पर हुकूमत की तरफ से दस्तखत हो गए हैं, हम मुतमइन हैं कि इन भरोसों पर अमल होगा। अब मैं अपने पूज्य महात्माजी से फाका तोड़ने की दरखास्त करता हूँ।

मौके की नजाकत जानते थे हबीब-उल रहमान। गांधी को चाहते और मानते भी थे। हो सकता है अपराध-बोध जैसा भी कुछ रहा हो कि खुद भी जिम्मेदार थे इस आमरण अनशन के लिए। दिल्ली में फैली हिंसा के दौरान दूसरे चुनिन्दा मुसलमानों के साथ आते रहते थे गांधी के पास मुसलमानों के हालात बताने। कह बैठे एक दिन : 'अब हमें इंग्लैंड का टिकट कटा दें तो अच्छा हो। आज तक हमने कांग्रेस के पापड़ बेले, कुरबानियाँ कीं। आज कांग्रेस हमें अपनाती नहीं, पाकिस्तान में हमारी जगह है नहीं।' गांधी समझ न सके इस उलाहने में दबी पीर, और उबल पड़े : 'आपको आपके देशबान्धव हैरान कर रहे हैं, यह मैं जानता हूँ। इसीलिए तो मैं यहाँ पड़ा हूँ।...आखिर यह कितने दिनों तक चलेगा?...कुछ दिनों से आप पर इस आजाद हिन्द में थोड़ी आफत आ गई तो क्या आपको गुलामी प्यारी है? फिर यह सारी गन्दगी तो उन्हीं (अंग्रेजों) की नीति की आभारी है। फिर भी क्या आपको अपने देश-भाई के हाथों मरने की अपेक्षा गुलाम रहना ही पसन्द है? क्या यही है आपका वह स्वराज्य और वह आत्म-सम्मान?' यही नहीं, अनशन शुरू करने के दूसरे दिन फिर गांधी ने कहा :

‘क्यों अब तो खुश हैं न? मैंने आपके लिए विलायत के टिकट की व्यवस्था कर दी है, और मैं कहूंगा कि हिन्दुस्तान के बेवफा मुसलमान विलायत जा रहे हैं।’

फिर भी आते रहे थे हबीब-उल रहमान अपने साथियों के संग गांधी के पास और प्रार्थना-सभा में। आखिर 30 साल पुराना रिश्ता था कांग्रेस और आजादी की तहरीक से। उतना ही पुराना जितना गांधी का था।

अब खड़े हुए थे, गांधी के बोलने के बाद, गुजारिश करने कि महात्माजी अपना फाका तोड़ दें। मौके की नजाकत को पूरी तरह समझते हुए बोल रहे थे हबीबुल रहमान। पर रोक न सके अपने आपको। गांधी और बाकी मुल्क को बताने से कि बड़ी शर्मिन्दगी होती है जब बार-बार सिर्फ आपसे तकाजा होता है अपनी वफादारी साबित करने का। भले ही सच्चाई न रही हो उनके इस दावे में कि कोई मुसलमान अपनी मर्जी से पाकिस्तान नहीं गया, पर बहुत बड़ा सच था ‘जान और दूसरी बदतर बातों के डर’ के उनके जिक्र में। उड़ता-उड़ता ही सही, इस खौफनाक जिक्र का हवाला दे ही बैठे थे वह।

और जहाँ गांधी दिलों की सफाई पर जोर दे रहे थे, वहाँ हबीब-उल रहमान, जिन्होंने दंगाइयों से दूर किसी महफूज जगह जाने से इनकार कर दिया था, जनता के प्रतिनिधियों के आश्वासनों को अमल में लाए जाने की सम्भावना पर इसलिए विश्वास कर पा रहे थे कि उन पर प्रशासन की तरफ से भी दस्तखत हो गए थे।

इसके बाद, पाकिस्तान के हाई कमिश्नर, जाहिद हुसैन, और दिल्ली के डिप्टी कमिश्नर रन्धावा समेत, जो पाँच बोलने वाले थे उन्होंने जो कहा वह पूरी तरह अवसरानुकूल था। सम्भव है उस पल उत्पन्न हुए भावावेग में उन्हें अपने कहे में विश्वास भी रहा हो। पर आज उसको पढ़ते वक्त इतना तो लगता ही है कि उस कहे के एक बड़े हिस्से का सच, और उस सच में विश्वास, उस पल के बाद देर तक टिकने वाले नहीं थे। गांधी की मौत के डर से पैदा हुई सफाई–जितनी भी रही हो वह–उस डर के दूर होने के बाद बनी रहने वाली नहीं थी।

केवल दो उदाहरण काफी होंगे इस बात को स्पष्ट करने के लिए। राष्ट्रीय सवयंसेवक संघ के हरिश्चन्द्र बोले :

> हम सब आपके सामने शपथ लेते हैं कि आपकी आज्ञा का पूरा पालन करेंगे। आपके अनशन से घर-घर रोना मच गया है। हम शपथ लेकर कहते हैं कि पूर्ण शान्ति रहेगी। हम मकान नहीं माँगेंगे, और न ही नौकरी माँगेंगे। ईश्वर जैसे रहने देगा, वैसे रहेंगे।

सिखों के प्रतिनिधि हरभजन सिंह ने कहा :

> आज गुरु गोविन्द सिंह का जन्म-दिन है। मैं गुरुद्वारे से आ रहा हूँ। वहाँ आपके लिए प्रार्थना की गई है। वहाँ सबको आपका सन्देश सुनाया गया। मुझे कोई सिख ऐसा नहीं मिला जो मुसलमानों को मारना चाहता हो। बल्कि सब यही कहते हैं कि हमें महात्माजी की जान बचानी है। आप व्रत की पारणा कर दें। जो सिक्ख यहाँ हैं वे पूरी तरह आपकी आज्ञा का पालन करेंगे।

इन उदाहरणों पर और टिप्पणी न कर, इतना आगे और कि सबके अन्त में राजेन्द्र प्रसाद ने कहा : 'मैंने तो प्रजा की तरफ से दस्तखत दिए ही हैं, अब आप उपवास छोड़ दें।'

प्रजा की तरफ से दस्तखत देने का जो भी मतलब रहा हो, सब कुछ सुनने के बाद गांधी ने कहा : 'मैं फाका छोड़ूंगा। ईश्वर की मर्जी होगी, वह होगा। आप सब साक्षी बनते हैं तो बनें।'

18 जनवरी 1948 की दोपहर में बोले थे गांधी ने छोटे-छोटे ये तीन वाक्य। उसके दो दिन बाद जो हुआ, और होता ही चला आ रहा है 62 सालों से, उसने अवसाद-सिक्त कर दिया है इन वाक्यों को हमारे लिए। आदमी को लेकर न हट पाने वाला संशय और ईश्वर में अटूट विश्वास–निराशा के बीच आशा–ध्वनित करने लगते हैं ये वाक्य हमारे कानों में। पर गांधी बहुत प्रफुल्लित थे इस अनशन के समापन पर। 125 साल तक जीने की इच्छा उनकी वापस आ गई थी। बल्कि अब वह आठ साल और बढ़ाए दे रहे थे, और 133 साल की बात कर रहे थे। बोले 18 जनवरी की ही शाम को :

> मेरे पास सेहत और दीर्घ जीवन की कामना वाले तारों का तांता लगा हुआ है। ईश्वर मुझे सेहत और विवेक दें जिससे मैं मानव-जाति की सेवा कर सकूं। यदि यह आश्वासन जो मुझे आज दिया गया है, पूरा हो जाता है तो मैं आपको विश्वास दिलाता हूं कि मैं चौगुनी शक्ति

> से प्रार्थना करूंगा कि वह मुझे अपनी पूरी जिन्दगी जीने दे और मैं अन्त तक मानव-जाति की सेवा करूं। विद्वानों का मत है कि पूरी उम्र कम से कम 125 वर्ष है और कुछ लोग 133 वर्ष कहते हैं।

अपनी नैतिक पूँजी का गांधी को खासा अन्दाज था। उसको दाँव पर लगाने, और न लगाने, का भी उनका अपना अन्दाज था। कितना कुछ हासिल हो सकता है उसको दाँव पर लगाने से, इसकी भी समझ थी उन्हें। सो, शैतान और ईश्वर से सम्बन्धित ऊपर उद्धरित उल्लेखों और वैसे ही दूसरे वक्तव्यों का शाब्दिक अर्थ जो भी लगा लिया जाए, गांधी इस भ्रम में अनशन पर नहीं बैठे थे कि इसके प्रभाव में कोई चामत्कारिक स्थायी और परिपूर्ण कायाकल्प हो जाएगा मानव स्वभाव और मानव सम्बन्धों में। 'यह एक दिन का काम नहीं है,' वह जोर देकर कहते रहे थे। 18 तारीख के प्रार्थना-प्रवचन में उन्होंने एक नई शुरुआत की बात की : 'आज से मैं उम्मीद करता हूँ कि हम ईश्वर की ओर जाना शुरू करते हैं।' और आगाह किया कि उनकी सात शर्तों के शब्दों के परे उन शर्तों की आत्मा भी थी, 'जिसके पालन के बिना शब्दों का पालन बेकार हो जाता है।'

गांधी जानते थे कि उनका उपवास एक ऐसी शुरुआत के लिए है जो हिन्दुस्तान और पाकिस्तान दोनों की सलामती की बुनियादी शर्त है : 'दोनों में मित्रता स्थापित करना।' उन्होंने उपवास तोड़ने के बाद कहा :

> मैं भविष्यवेत्ता नहीं हूं। फिर भी मुझे ईश्वर ने अक्ल दी है, मुझको ईश्वर ने दिल दिया है। उन दोनों को टटोलता हूं और आपको भविष्य सुनाता हूं कि अगर हम किसी न किसी कारण से एक-दूसरे से दोस्ती न कर सके, वह भी यहां के ही नहीं, पाकिस्तान के और सारी दुनिया के मुसलमानों से दोस्ती न कर सके, तो समझ लें, इसमें मुझे कोई शक नहीं कि हिन्दुस्तान हमारा नहीं होगा, पराया हो जाएगा, गुलाम हो जाएगा। पाकिस्तान गुलाम होगा, यूनियन भी गुलाम होगा और जो आजादी हमने पाई है हम खो बैठेंगे।

गांधी न सिर्फ समझ पा रहे थे 'आजाद' हिन्दुस्तान और पाकिस्तान का वर्तमान, और उस वर्तमान के बने रहते दोनों देशों का भविष्य, बल्कि उसको बदलकर एक नई दिशा देने का ऐसा भगीरथ प्रयास करना भी जरूरी समझ रहे थे जो केवल उन्हीं के लिए सम्भव था। ऐसा प्रयास जो अव्वल

तो दूसरों की कल्पना के ही परे था, और गांधी के उदाहरण के बाद, अगर कोई उस पर अमल करना चाहे तो भी, उस अनुकरण की व्यावहारिक सम्भावना न-वत् थी।

कलकत्ता की ही तरह दिल्ली में भी गांधी के भगीरथ प्रयास का फौरन असर हुआ। भले ही कलकत्ता के मुकाबले में दो दिन ज्यादा चला हो गांधी का अनशन। शहर में शान्ति स्थापित हो गई। गांधी की सातों शर्तें मान ली गईं, और लिखित आश्वासन को लेकर कोई ना-नुच भी नहीं हुई। पर जिस तरह 17 तारीख को गांधी का परीक्षण करने वाले डॉक्टरों को सार्वजनिक चेतावनी देनी पड़ी खतरे की; और जिस तरह उसी रात सर्वदलीय केन्द्रीय शान्ति समिति का गठन हो गया, और दूसरी ही सुबह 11 बजे तक सारे मतभेदों को पाटते हुए मामला निपटा दिया गया; इससे जितनी गांधी के प्रयास की प्रभाववत्ता स्थापित होती है, उतनी ही सन्दिग्ध हो जाती है उस प्रयास की आत्मा की सफलता। वही आत्मा 'जिसके पालन के बिना शब्दों का पालन बेकार हो जाता है।'

ठीक है कि शब्दों के पालन से भी जो हासिल हुआ था वह बेकार नहीं था, अतुलनीय था। पर गांधी की नजर से देखें तो वह लोगों का अपने साथ और गांधी के साथ धोखा था। अनिवार्यतः, समस्त फौरी कल्याणकारिता के बावजूद, अश्रेयस्कर था। दिलों में घर किए बैठा शैतान दुबक-भर गया था, परिस्थितियों के दबाव में, थोड़ी या ज्यादा देर के लिए। मौका पाते ही दिलों को फिर दबोच लेने के लिए तत्पर।

पटेल पीड़ित थे। अपने से ज्यादा गांधी के लिए। त्यागपत्र देकर वैसी स्थिति पैदा करने को आतुर जिसमें गांधी का अनशन टूट जाए। पर आश्वस्त भी थे कि वह कुछ गलत नहीं कर रहे। शान्ति समिति के 130 सदस्य भी रातोरात गांधी की सारी शर्तें मान गए थे। उसी वक्त देखते-देखते दो लाख स्त्रियों और पुरुषों ने अलग एक शान्ति-प्रतिज्ञा पर दस्तखत कर दिए थे। कितनों के हृदय-परिवर्तन की ओर मुड़ गए थे? ऐसा परिवर्तन जिसमें घृणा और प्रेम, वैमनस्य और मैत्री, सन्देह और विश्वास के बीच का द्वन्द्व कुछ इस तरह से ढीला पड़े कि अन्ततोगत्वा प्रेम, मैत्री और विश्वास के घृणा, वैमनस्य और सन्देह की निस्बत प्रबल होने की गुंजाइश बने।

मौलाना आजाद सही थे जब 17 तारीख को गांधी के साथ उन्होंने जिद

की थी कि कोई तरीका नहीं हो सकता समझ पाने का कि लोगों का हृदय-परिवर्तन हो रहा है या नहीं, और मना लिया था गांधी को ऐसी शर्तें रखने के लिए जिनको लेकर दिखाया जा सके कि लोग मन से गांधी के साथ हैं और चाहते हैं ऐसा वातावरण बनाना जिसमें अनशन तोड़ा जा सके। इसी तरह गांधी भी सही थे जब उन्होंने कहा : 'राष्ट्रपति [कांग्रेस के] राजेन्द्र बाबू हिन्दुओं, मुसलमानों व सिखों, हिन्दू महासभा, राष्ट्रीय स्वयंसेवक संघ व शरणार्थियों के सौ से अधिक प्रतिनिधियों को लेकर मेरे पास आए।...मैं उनकी इस प्रतिज्ञा पर अविश्वास नहीं कर सका कि हर हालत में हिन्दुओं, मुसलमानों, सिखों, ईसाइयों या पारसियों व यहूदियों सबमें मित्रता रहेगी और इस मित्रता को कभी भंग नहीं किया जाएगा।' अविश्वास न करते हुए भी जोड़ दिया कि उनके जीतेजी वादाखिलाफी का भयंकर परिणाम होगा।

जो भी हो, न गांधी के वक्त में और न उसके बाद उभर कर आए इतिहास के रूप में ऐसा कुछ दिखाई देता है कि हृदय-परिवर्तन की शुरुआत में भी विश्वास किया जा सके।

चार महीनों में दो आमरण अनशन हो चुके थे। आगे क्या होता उस पर दिलचस्प अटकलबाजी हो सकती है।

गांधी ने दिल्ली का आमरण अनशन तोड़ते वक्त जो धमकी दी थी, उस पर अमल किए जाने की सम्भावना ही मिटा दी गई। अनशन समाप्त होने के 53 घंटों बाद उसी स्थान पर उनको समाप्त करने के इरादे से एक बम फेंका गया। उस नाकाम कोशिश के 11 दिन बाद उसी स्थान पर गांधी के शरीर से निजात पा ली गई।

तरह-तरह से सोचने पर भी विश्वास नहीं होता कि दिल्ली वाले अनशन का प्रभाव कलकत्ता वाले अनशन के प्रभाव से भिन्न था। यहाँ भी जीत अहिंसा की नहीं, उस मानसिक घबराहट की थी कि गांधी को कुछ हो न जाए। दिल्ली में खतरा न सिर्फ गांधी के मरने का था, उनके शारीरिक या/और मानसिक रूप से अपंग हो जाने का भी था। भयावह थे दोनों ही खतरे। गांधी अनासक्त भाव से लोगों से कह सकते थे : 'मैं आशा करता हूँ कि आप विश्वास रखेंगे कि मुझे न मौत का डर है, न अपंग होकर जिन्दा रहने का।' और याद दिला सकते थे सबको : 'मेरा रहनुमा और मेरा हकीम

एकमात्र ईश्वर रहा है, वह कभी गलती नहीं करता।'

पर लोगों को डर था। इतना डर कि वे गांधी को भी धोखा दे सकें, और अपने आपको भी। आमरण अनशन ने ऐसी स्थिति पैदा कर दी थी कि लोगों पर गांधी को बचाने का दबाव पड़ना ही था। गांधी कुछ भी कहते रहें धोखे के खिलाफ और सच्चाई के पक्ष में, उस भयंकर दबाव को सह पाने की क्षमता लोगों में नहीं होनी थी। परिणामतः गांधी को बचाने की जो भी शर्तें हों, लोगों को उन्हें शब्दशः मानना ही था। शर्तों की आत्मा या तो लोग मानते ही नहीं थे, या उसका पालन करने में अन्दर से असमर्थ थे।

किसने कितना धोखा दिया, कितना गांधी को और कितना अपने आपको, इसका हिसाब लगाना जरूरी है। पर उस हिसाब का कोई प्रामाणिक तरीका किसी स्थापित ज्ञान विधा के पास नहीं है।

इस प्रसंग के सिलसिले में यह भी उल्लेखनीय है कि दिल्ली का उपवास नैतिकता के प्रभाव और लोगों के स्वार्थ के उस सम्बन्ध को और उजागर करता है जिसकी एक झलक गांधी का कलकत्ता वाला अनशन हमें दे चुका है। जो बड़ा बदलाव कलकत्ता के अनशन के फलस्वरूप गांधी के प्रति मुसलमानों के रवैए में आया था, वह दिल्ली के अनशन की वजह से न सिर्फ और गहरा गया बल्कि पाकिस्तान तक फैल गया। हम देख चुके हैं कि इस अनशन के शुरू होते ही पाकिस्तान में किस तरह लोग मृदुला साराभाई की मार्फत गांधी को बताना चाह रहे थे कि वे भी अपने यहाँ वही करना चाह रहे हैं जिसके लिए गांधी ने उपवास शुरू किया है, और पूछ रहे थे कि इसके लिए वे क्या कुछ कर सकते हैं। अपना उपवास शुरू करते वक्त गांधी ने जब कहा था कि यह हिन्दुस्तान के मुसलमानों के लिए है, और इसीलिए पाकिस्तान के अल्पसंख्यकों के लिए भी है–कि यह दोनों देशों के लोगों का पागलपन छुड़वाने के लिए है–तो उन्होंने नहीं सोचा था कि पाकिस्तान में इसका असर इतना सकारात्मक और इतनी जल्दी होगा।

हम यह भी देख चुके हैं कि गजनफर अली खाँ जैसे कट्टर लीगी नेता ने कितने विह्वल होकर गांधी के अनशन का जिक्र किया था और दोनों देशों के लोगों से अपनी गलती समझने की अपील की थी। और यह भी कि अनशन के समापन के वक्त पाकिस्तान के उच्च आयुक्त विशेष रूप से

आए थे बोलने के लिए।

इसी सन्दर्भ में यह भी ध्यान देने योग्य है कि जबकि हिन्दुस्तान में गांधी के अनशन को लेकर डर था कि संयुक्त राष्ट्र संघ की सुरक्षा परिषद् में कश्मीर के मुद्दे पर हिन्दुस्तान की स्थिति कमजोर पड़ेगी, वास्तव में जो हुआ वह यह था कि पाकिस्तान के विदेश मन्त्री, सर मुहम्मद जफरूल्ला खाँ, ने सुरक्षा परिषद् में बोलते हुए कहा : 'इस उपवास के फलस्वरूप भारत और पाकिस्तान के बीच सद्भावना और दोस्ती की इच्छा की एक जबर्दस्त नई लहर फैल गई है पूरे उपमहाद्वीप में।' अपने अनशन की ऐसी निष्पत्ति तो गांधी ने भी नहीं सोची थी। कश्मीर और सुरक्षा परिषद् से सम्बन्धित प्रश्न के उत्तर में वह केवल इतना ही कह पाए थे : 'संयुक्त राष्ट्र संघ यह जानता है कि मेरा फाका उसे ठीक निर्णय करने में मदद देने वाला है, ताकि वह पाकिस्तान और हिन्दुस्तान का उचित पथ-प्रदर्शन कर सके।' वह अन्तर्राष्ट्रीय मध्यस्थों की सोच रहे थे, और पाकिस्तान का प्रवक्ता उन्हीं से पथ-प्रदर्शन ले रहा था। कोई कोशिश नहीं थी अनशन से वह फायदा उठाने की जिसका हिन्दुस्तान में इतना डर था।

गांधी के दिल्ली अनशन के दौरान पश्चिमी पंजाब (पाकिस्तान) असेम्बली में बोलते हुए लीगी नेताओं ने ऐसे मार्मिक उद्‌गार व्यक्त किए कि विश्वास नहीं हो सकता था कि ये वही लोग थे जिन्होंने 16 अगस्त 1946 की हिंसा भड़काने में कोई कसर नहीं छोड़ी थी। जिन्होंने कहा था कि अब जो होगा वह चंगेज खाँ और हलाकू को भुलवा देगा। मसलन, मलिक फीरोज खाँ नून ने कहा कि 'दुनिया के किसी भी देश ने गांधी से बड़ा व्यक्ति—धर्म संस्थापकों के अलावा—नहीं पैदा किया है।' पश्चिमी पंजाब के मुख्यमन्त्री ममदोत ने गांधी को एक लम्बा तार भेजा, कहते हुए :

> आपने एक भले काम को बढ़ाने के लिए जो कदम उठाया है, पश्चिमी पंजाब की वजारत उसकी तहेदिल से तारीफ करती है और सच्चे मन से उसकी कदर करती है।...यह वजारत मानती है कि अकल्लियतों को अन्य नागरिकों के बराबर हक मिलने चाहिए। हम आपको यकीन दिलाते हैं कि यह वजारत इस नीति पर अब और दुगुने जोर से अमल करेगी। हमें यही फिक्र है कि हिन्दुस्तान के इस छोटे से भूखंड में हर

> जगह फौरन हालात सुधरें, ताकि आप अपना उपवास छोड़ सकें। आपके जैसी कीमती जिन्दगी बचाने के लिए इस सूबे में हमारी कोशिश में कोई कसर नहीं रहेगी।

पाकिस्तान में, विशेषकर पाकिस्तानी हुकूमत पर, होने वाले गांधी के प्रभाव की भी सीमा थी। मसलन, दिल्ली में अपना काम पूरा करने के बाद पाकिस्तान जाने की इच्छा रखने वाले गांधी ने जब अनशन के समापन पर आए पाकिस्तानी उच्च आयुक्त से उसी समय पुछवाया कि क्या पाकिस्तानी सरकार अब उनके–गांधी के–पाकिस्तान जाने के लिए तैयार है, तो जवाब था : 'नहीं, अभी नहीं। पर मुझे उम्मीद है कि हालात जल्दी ही बेहतर हो जाएँगे।' खिन्न हो गए थे गांधी प्यारेलाल से उच्च आयुक्त का जवाब सुनकर।

फिर भी अबाधित उन्माद के उस क्षण में गांधी का किया चमत्कार ही था। पाकिस्तान में पड़ा उसका प्रभाव अहिंसा का प्रभाव था। किसी भी तरह की मजबूरी का नहीं।

अहिंसा का अहिंसा होना केवल कर्ता पर नहीं, कुछ परिस्थितियों में, उनसे भी निर्धारित होता है जिनके विरुद्ध वह की जा रही है।

III

अहिंसा की सम्भावना को टटोलते हुए इस अध्याय के अन्त में मैं 1947-48 के अनशनों से हट 1932-33 के दो जुड़वाँ अनशनों की चर्चा करना चाहूँगा। इन जुड़वाँ अनशनों में से एक गांधी के सार्वजनिक उपवासों में सबसे प्रसिद्ध है। चाहे लोक-स्मृति हो चाहे अकादमिक विमर्श, उस अनशन की महत्ता अद्वितीय है। गांधी के प्रशंसक हों या निन्दक, वही अनशन किसी न किसी बिन्दु पर केन्द्रीय सन्दर्भ बन जाता है गांधी की बड़ाई और बुराई दोनों का। आज के दलित विमर्श के कारण तो वह अनशन आ गया है परस्पर विरोधी भावावेगों के ऐन बीचोबीच। वह है गांधी का 1932 का पूना या यर्वदा उपवास।

उसका जुड़वाँ अनशन साढ़े सात महीने बाद गांधी ने 1933 में रखा था। लोक-स्मृति में तो इसका नामोनिशान तक नहीं है। अकादमिक विमर्श

में भी यदाकदा ही इसका उल्लेख मिलता है।

गांधी का यह लगभग विस्मृत उपवास, अहिंसा की दृष्टि से, उनका शुद्धतम उपवास था। और नितान्त प्रभावहीन। अनशनकर्ता के अतिरिक्त औरों पर पड़े प्रभाव की दृष्टि से देखें तो।

21 दिन की पूर्व निर्धारित अवधि के लिए किया गया यह उपवास 8 मई की दोपहर से शुरू हो 29 मई की दोपहर तक चला। इसका जन्म खासे रहस्यमय ढंग से हुआ। गांधी पूना के यर्वदा जेल में कैद थे। 28 अप्रैल की रात थी। हस्बे-मामूल गांधी जल्दी सो गए थे। सोने जाते समय अनशन शुरू करने का कोई विचार उनके मन में नहीं था। उसी रात—दूसरे दिन दिए गए गांधी के अपने वक्तव्य के मुताबिक—'तकरीबन बारह बजे किसी ने मुझे अचानक जगा दिया, और एक आवाज ने—जो मैं बता नहीं सकता मेरे अन्दर से आई या बाहर से—फुसफुसाते हुए कहा : "तुझे उपवास करना चाहिए।" "कितने दिन तक?" मैंने पूछा। "इक्कीस दिन," आवाज ने कहा। "शुरू कब होगा यह?" मैंने फिर पूछा। उसने कहा : "कल शुरू कर दे।"

उसी समय उपवास का फैसला कर गांधी पुनः सो गए।

भरी रात में जगा देने वाली आवाज भीतर से आई हो या बाहर से, गांधी को यकीन था कि उपवास का आदेश ईश्वर से आया है। और ईश्वरीय आदेश मानना ही था। हाँ इतना जरूर उन्हें करना पड़ा कि दूसरे ही दिन के बजाय आठ मई को शुरू किया यह उपवास। कारण यह था कि जेल में रहकर अगर वह बगैर पूर्व चेतावनी के उपवास शुरू कर देते तो अंग्रेजी सरकार और उसके अधिकारियों को बेहद परेशानी हो जाती। और गांधी की अहिंसा का तकाजा था कि विरोधी को अनावश्यक परेशानियों से बचाया जाए।

21 दिन के इस उपवास का जन्म भले ही, और जैसे भी, 28-29 की रात में हुआ हो, इसका सीधा सम्बन्ध साढ़े सात महीने पहले हुए उस अनशन से था जिसका यह जुड़वाँ था। जुड़वाँ इस अर्थ में कि उस अनशन को तोड़ने के वक्त गांधी ने कहा था कि उस समझौते पर, जिसके आधार पर अपना आमरण अनशन तोड़ रहे थे गांधी, अगर सही तरह से अमल नहीं किया गया तो उन्हें फिर से वह अनशन 'जारी' कर देना पड़ेगा।

20 सितम्बर 1932 को शुरू हुआ था वह आमरण अनशन। बर्तानवी प्रधानमन्त्री, रैम्जे मैकडॉनल्ड, द्वारा दलितों के लिए प्रस्तावित पृथक् निर्वाचन को निरस्त कराने के लिए किया गया था वह। जबर्दस्त खलबली मच गई थी देश भर में। गांधी के प्रबल राजनैतिक विरोधी भी अपने हितों, विश्वासों, मान्यताओं और विचारधाराओं को यथासम्भव दरकिनार कर ऐसे समझौते को बनाने में जुट गए थे जिससे गांधी की जान बचा ली जाए। विभिन्न वर्गों और पार्टियों के नेता बम्बई और पूना में आ जुटे थे और दिन-रात एक कर दिया था समझौता तैयार करने में।

केवल पांच दिन में हो गया था यह असम्भव दिखता काम।

आमरण अनशन पर बैठे गांधी को बचाने में अंग्रेजी सरकार ने भी उतनी ही तत्परता दिखाई थी। पूना समझौते का मसौदा जब तार से लन्दन पहुँचा तो प्रधानमन्त्री मैकडॉनल्ड वहाँ नहीं थे। किसी मुर्दनी में ससैक्स गए हुए थे। खबर पाते ही लौट आए थे, और देर रात तक समझौते पर विचार करके उनके मन्त्रिमंडल ने इसे मान दलितों के प्रस्तावित पृथक् निर्वाचन के अपने फैसले को वापस ले लिया था।

26 सितम्बर को समाप्त हो गया था गांधी का आमरण अनशन।

उस समय उन्होंने सार्वजनिक चेतावनी दी थी कि अनशन को तोड़ने में उसे फिर से शुरू कर देने का वादा निहित है। नैतिक दायित्व का वादा। कि अगर पूना समझौता पुरजोर तरीके से अमलीकृत न हुआ, और मापी जा सकने वाली मियाद में पूरी तरह से अमल में न आ गया, तो 26 सितम्बर को तोड़ा गया अनशन फिर से चालू हो जाएगा।

अनशन समाप्त ही हुआ था कि पूना समझौते में फेर-बदल की माँगें होने लगीं। कहा जाने लगा कि रैम्जे मैकडॉनल्ड की प्रस्तावित योजना में दलितों को जितना मिलना था उससे जितना ज्यादा–पृथक् निर्वाचन की जगह संयुक्त निर्वाचन मानने के मुआवजे के रूप में–दिया गया है, उतना ज्यादा देना जरूरी नहीं था। दलितों के लिए आरक्षित प्रतिनिधित्व को ज्यादा बताने वाली शिकायतें उस भावना के ठीक विपरीत थीं जिसके आधार पर गांधी दलितों की समस्या का समाधान करना चाह रहे थे। एक बार–गांधी का मानना था–यदि समाज ने किसी पिछड़े वर्ग को आरक्षण देने का औचित्य स्वीकार कर लिया, तो आरक्षण की मात्रा का फैसला उस पिछड़े

वर्ग पर छोड़ देना चाहिए। इसीलिए पूना समझौते में दलितों को मिला आरक्षण न केवल मैकडॉनल्ड के प्रस्तावित अनुपात से ज्यादा था, बल्कि उससे भी ज्यादा था जितने की माँग अम्बेडकर कर रहे थे।

सतही तौर पर जरूर गांधी का अनशन मैकडॉनल्ड योजना के खिलाफ था। पर उसकी प्रेरक शक्ति बहुत विशाल थी। वह थी लोगों–सवर्ण और दलित दोनों ही–के दिलों में गहरे पैठी अस्पृश्यता की भावना का उन्मूलन। इसके लिए दलितों की सामाजिक, आर्थिक, राजनैतिक और मनोवैज्ञानिक स्थिति में तेजी से बदलाव तो जरूरी था ही, यह भी जरूरी था कि दलितों पर सदियों से हो रहे अन्याय और अत्याचार का सवर्ण हिन्दू पश्चात्तापस्वरूप प्रतिकार करें।

इस भावना से प्रेरित अनशन और उसको समाप्त करने के लिए तैयार किए गए समझौते में किसी ओछे हिसाब-किताब या जनसंख्या के आँकड़ों से निकाले गए दशमलवीय अनुपातों की जगह नहीं होनी चाहिए थी।

पूना समझौता गांधी के लिए कोई राजनैतिक रस्साकशी नहीं थी। वह अपने अनशन से दलित और सवर्ण दोनों में ही एक नया परस्पर विश्वास और सौहार्द पैदा करना चाहते थे।

सवर्ण हिन्दुओं ने जिस तरह दलितों को मिलने वाले पृथक् निर्वाचन को बचाने की खातिर गांधी के अनशन का समर्थन किया, और उस संकट के टलते ही जिस तेजी से पूना समझौते के संशोधन की माँग जोर पकड़ने लगी, उससे पता चलता है कि उनके और गांधी के सोचने में कितना बुनियादी फर्क था। वे गांधी के इस विचार को गम्भीरता से लेते ही नहीं थे कि अस्पृश्यता न मिटी तो हिन्दू धर्म और संस्कृति का विनाश निश्चित है। दलितों के पृथक् निर्वाचन में तो उन्हें अपने समाज का विघटन दिखाई देता था, अस्पृश्यता के बने रहने में नहीं।

इसका सबसे नाटकीय उदाहरण है रवीन्द्रनाथ टैगोर। आमरण अनशन का फैसला कर लेने के बाद, जैसा कि उनका तरीका था, गांधी ने कुछ विशेष व्यक्तियों को पत्र लिखकर उनसे आशीर्वाद की याचना की थी। उस वक्त एक लम्बे उछाह भरे तार में टैगोर ने कहा था कि 'देश की एकता और समाज की समग्रता की खातिर एक बहुमूल्य जीवन की कुर्बानी समीचीन ही होगी। यद्यपि उन्हें सन्देह था कि विदेशी शासक समझ भी

पाएंगे कि भारतीयों के लिए इसका क्या महत्त्व है, टैगोर को पूरी आशा थी कि देशवासियों की आत्मा पर इतनी बड़ी कुर्बानी का अवश्य असर पड़ेगा। साथ ही उन्हें यकीन था कि इस अनशन से हो सकने वाली राष्ट्रीय ट्रैजिडी को उसकी तार्किक परिणति से पहले ही रोक दिया जाएगा। 'हमारे शोकित हृदय', टैगोर ने लिखा था, 'श्रद्धा और प्रेम से इस प्रायश्चित्त में आपके साथ होंगे।'

यही नहीं, टैगोर पूना के लिए चल दिए थे। संयोग से अनशन टूटने से कुछ घंटों पहले ही वह गांधी के पास पहुँच गए थे। खटिया पर लेटे क्लान्त गांधी के सीने में थोड़ी देर के लिए अपना मुँह छिपा दिया था टैगोर ने। शायद रोने लगे थे। बाद में अनशन की समाप्ति से पहले हुई प्रार्थना में उन्होंने अपना एक गीत भी गाया था।

चार दिन बाद शान्तिनिकेतन पहुँचकर टैगोर ने 'महात्माजी' को लिखा था : 'इन चन्द दिनों में असम्भव के सम्भव हो जाने से हमारे लोग आश्चर्यचकित हैं, और चारों ओर जबर्दस्त राहत का एहसास है कि आपका जीवन हमारे लिए बच गया है।' जेल में बैठे-बैठे कर दिए गए गांधी के इस चमत्कार से उत्साहित हो टैगोर ने यह भी सुझाया था कि अब गांधी ऐसा ही कुछ हिन्दू-मुस्लिम एकता के लिए भी कर दें। उन्होंने लिखा : '...हमारे बहुत सारे लोगों में मुसलमानों के खिलाफ गहरा विद्वेष है, और मुसलमान भी हमें कोई ज्यादा नहीं चाहते।...आप उनके दिल पिघलाना जानते हैं जो हठी हैं, और केवल आपमें धीरज भरा वह प्रेम है जो सदियों से जमा हो रही घृणा को जीत ले।'

इसी पत्र में टैगोर ने एक ऐसी बात कही जिसका प्रस्तुत प्रसंग में बड़ा महत्त्व है। उन्होंने लिखा : 'मैं राजनीतिक परिणामों को आँकने का तरीका नहीं जानता, पर मैं जानता हूँ कि ऐसी कोई भी चीज बहुत महँगी नहीं होगी जिसके सहारे हम मुसलमानों का विश्वास हासिल कर सकें, और उन्हें यकीन दिला सकें कि हम उनकी मुश्किलें और उनका दृष्टिकोण समझते हैं।'

जेल में पड़े-पड़े असम्भव को सम्भव कर देने वाले गांधी से अभिभूत टैगोर, जो किसी भी कीमत पर मुसलमानों का दिल जीतने की पेशकश कर रहे थे, अचानक पूना समझौते की सरेआम आलोचना करने लगे जब बंगाल

में सवर्ण हिन्दुओं ने दावा किया कि इस समझौते से बंगाल को नुकसान होगा। इस बार गांधी से बात करना भी जरूरी नहीं लगा उन्हें। तपाक से एक वक्तव्य जारी कर दिया कि पूना समझौता देश के 'स्थायी हित' के लिए नुकसानदेह है। अंग्रेजी सरकार और भारतीय नेताओं दोनों की भर्त्सना करते हुए उन्होंने खेद जताया कि कोई भी इस अनिष्टकारी समझौते में संशोधन के लिए तैयार नहीं था। पूना समझौते के मामले में अपनी स्थिति स्पष्ट करते हुए उन्होंने कहा :

> उस क्षण एक ऐसी परिस्थिति उत्पन्न कर दी गई थी जो बहुत ही दुःखद थी, क्योंकि तब हमारे लिए न तो वक्त बचा था और न मानसिक शान्ति की गुंजाइश थी कि हम पूना समझौते के सम्भावी नतीजों पर शान्तिपूर्वक विचार कर सकते। वह तो मेरे (पूना) पहुँचने से पहले ही...अन्य सदस्यों की सहायता से, जिनमें बंगाल का एक भी जिम्मेदार नुमाइन्दा नहीं था, कार्यान्वित किया जा चुका था। इस प्रश्न के शीघ्र ही समाधान पर ही तब महात्माजी का जीवन निर्भर था, और ऐसे संकट से उत्पन्न असह्य चिन्ता के कारण मैंने हड़बड़ी में ऐसा वादा कर लिया जो अब मुझे महसूस हो रहा है, देश के स्थायी हित के विरुद्ध था। राजनैतिक दाँव-पेच का कोई अनुभव न होने और महात्माजी के प्रति अगाध प्रेम और भारतीय राजनीति के मामले में उनकी बुद्धिमत्ता में पूर्ण आस्था के कारण मैं और अधिक विचार-विमर्श के लिए न रुक सका, और ध्यान न दे सका कि बंगाल के मामले में न्याय की हत्या की गई है। अब मुझे जरा भी शक नहीं है कि ऐसा अन्याय सभी दलों के लिए अहितकर होगा, और इससे हमारे प्रान्त में तीव्र साम्प्रदायिक कलह की मनोवृत्ति बराबर बनी रहेगी। फलस्वरूप, शान्तिपूर्ण सरकार बनाना हमेशा के लिए दुष्कर हो जाएगा। मुझे न ज्यादा आश्चर्य है और न ज्यादा दुःख कि बर्तानवी सरकार के मन्त्री इस विषय पर...विचार करने को कतई राजी नहीं हैं।...स्वाभाविक ही है कि वे आज साम्प्रदायिक मेल-मिलाप के मार्ग को सुगम बनाने में हमारी मदद के लिए उत्साहित न हों। पर सम्मेलन में भाग लेने वाले दूसरे प्रान्तों के भारतीय सदस्यों का बंगाल के दुर्भाग्य के प्रति न सिर्फ उदासीन बने रहना बल्कि उसको और बदतर बनाने में उत्साहपूर्वक हिस्सा लेना एक भयानक अपशकुन है, जो हमारे भावी इतिहास के लिए किसी शुभ का सूचक नहीं है।

टैगोर राष्ट्रवाद समेत हर संकीर्ण विचार और अस्मिता के, बौद्धिक स्तर पर, प्रबल विरोधी थे। पर इस विशिष्ट प्रकरण में वह जाने-अनजाने एक संकीर्ण मानसिकता का प्रतिनिधित्व करते दिखते हैं। दलितों के सन्दर्भ में यह मानसिकता 'सवर्ण हिन्दू' मानसिकता थी, और मुसलमानों के सन्दर्भ में 'हिन्दू'। अपनी आत्म-छवि और दावों में यह मानसिकता 'भारतीय' थी। ऐसी व्यापक और नीचे तक जड़ें जमाए बैठी पेचीदा मानसिकता के प्रभाव में जब टैगोर जैसे संवेदनशील महापुरुष की यह प्रतिक्रिया हो सकती थी तो अनुमान लगाया जा सकता है कि सामान्य सवर्ण हिन्दू कितनी जल्दी, संकट से मुक्ति पाते ही, गांधी के आमरण अनशन को कुर्बानी के बजाय एक ऐसे दबाव के रूप में देखने लगे होंगे जिसने उन्हें पूना समझौता मानने पर विवश कर दिया।

आमरण अनशन के समय गांधी को यकीन था कि उन्होंने दलितों के साथ कोई अन्याय नहीं किया है। जब गांधी को बचाने की विवशता में अम्बेडकर को बातचीत के लिए यर्वदा जेल आना पड़ा था तो उनका पहला वाक्य था : 'महात्माजी, यू हैव बीन वैरी अनफेयर टू अस।' ('महात्मा जी आपने हमारे साथ बड़ा अन्याय किया है।') उस समय गांधी ने जवाब दिया था : 'मैं क्या करूं मेरे साथ हमेशा यही होता है कि मैं अन्याय करता दिखता हूं।' अब वह देख पा रहे थे कि पूना समझौते की प्रेरक शक्ति वह भावना नहीं थी जिसके निभाए जाने पर उनका जोर था। दलितों के प्रति सवर्ण हिन्दुओं की संवेदनहीनता और क्रूरता बरकरार थी।

समय बीतता गया। गांधी सोचते रहे। समझ नहीं पा रहे थे कि क्या करें। उनके निकटतम सहयोगी समझ पा रहे थे कि किसी भी समय पिछले आमरण अनशन की समाप्ति पर किए गए अपने प्रण पर अमल कर बैठेंगे। घबराकर प्यारेलाल ने फटाफट *द ऍपिक फास्ट* (अहमदाबाद 1932) लिखकर देश को साफ-साफ चेतावनी दे दी कि अगर गम्भीरता और ईमानदारी से पूना समझौते पर अमल न किया गया तो विपत्ति से बचा नहीं जा सकेगा। इसी तरह राजाजी ने आगाह किया कि लोग भूल न जाएँ गांधी के प्रण को।

पर जहाँ गांधी की करनी और कथनी बेअसर हो रही थी वहाँ औरों की पुस्तकों और सार्वजनिक बयानों से क्या होना था? सात महीने तक

गांधी मर्मान्तक अपीलें करते रहे देशवासियों से कि अस्पृश्यता का कलंक मिटा दें। ऐसी ही एक अपील में उन्होंने कहा :

> सरकार अब इस मामले के बाहर है। उसने फुर्ती से अपना दायित्व निभा दिया है। यर्वदा समझौते की प्रमुख शर्तों को अमल में लाने का काम तो उन करोड़ों लोगों, तथाकथित सवर्ण हिन्दुओं, को करना है जो (अनशन के दौरान) सभाओं में टूटे पड़े थे। अब उन लोगों को अपने दलित भाइयों और बहनों को गले लगाना है, उनको अपने मन्दिरों, घरों और विद्यालयों में बुलाना है। गांवों में बसने वाले 'अछूतों' को अब महसूस कराना है कि वे किसी भी तरह से गांव में रहने वाले अपने दूसरे भाइयों से निकृष्ट नहीं हैं, कि उनकी जंजीरें टूट गई हैं, कि वे उसी ईश्वर के उपासक हैं जिसके बाकी गांववासी हैं, और उनको भी वही अधिकार और विशेषाधिकार मिले हुए हैं जो औरों को मिले हैं। लेकिन अगर समझौते की इन शर्तों को सवर्ण हिन्दू अमल में नहीं लाते तो क्या मैं ईश्वर और मानव को अपना मुंह दिखाने को जिन्दा रह सकूंगा?...
>
> यर्वदा समझौते की शर्तों की अनदेखी करना हिन्दू धर्म के प्रति विश्वासघात होगा। मैं उसका जीवित साक्षी नहीं बनना चाहूंगा।

सात महीने तक गांधी अपना दर्द बखानते रहे। अपनी 'आत्मा की वेदना' सुनाते रहे लोगों को। व्यर्थ ही।

सो आ गया उस आधी रात ईश्वरीय आदेश। 21 दिन के अनशन का। उसके एक दिन बाद, 30 अप्रैल को, गांधी ने एक विस्तृत बयान जारी किया। उन्होंने कहा :

> कुछ दिनों से मेरे अन्तर में एक तूफान उठ रहा है। मैं उसके विरुद्ध संघर्ष करता रहा हूं।...
>
> जब मैं बिलकुल हाल के अतीत पर नजर डालता हूं तो बहुत से ऐसे कारण मिलते हैं जिन्होंने इस उपवास को उकसाया होगा।...वे सब महान हरिजन उद्देश्य से जुड़े हैं।...
>
> वह बुराई जितनी मैंने सोची थी उससे बहुत ज्यादा बड़ी है। यह हरिजनों को धन, बाह्य संगठन और आन्तरिक शक्ति देने से भी दूर नहीं होगी, यद्यपि ये तीनों चीजें जरूरी हैं। लेकिन कारगर होने के लिए यह चीजें आन्तरिक सम्पदा, आन्तरिक संगठन और आन्तरिक शक्ति, दूसरे शब्दों में आत्म-शुद्धि के बाद, या कम से कम साथ, होनी

> चाहिए। यह उपवास और प्रार्थना से ही हो सकता है। शक्ति के अहंकार से हम सत्यरूपी परमेश्वर तक पहुंच नहीं सकते, पर दुर्बल और निस्सहाय की विनम्रता से पहुंच सकते हैं।

गांधी, हम यहाँ देख सकते हैं, एक ठोस, विकट समस्या पर रोजमर्रा की आसान जबान में बोलते-बोलते अचानक किसी दूसरे धरातल पर पहुँच जाते हैं, और एक ऐसी जबान बोलने लगते हैं जो सामान्य ज्ञान और तर्क के परे किसी गहरी आस्था से जुड़ी है। इस जबान को समझ पाना, कम से कम उस सामान्य ज्ञान और तर्क के धरातल पर रहने वाले हम जैसों के लिए, कठिन है।

फिर भी, अगर हम बहुत उतावली में नहीं हैं तो—और गांधी का इतना महत्त्व तो है ही कि हम धीरज धर उनकी भाषा और उनके अर्थ को समझने की थोड़ी कोशिश करें—महसूस-सा होता है कि गांधी समस्या की तह में जा रहे हैं। तह में जाने पर समस्या केवल राजनैतिक नहीं रह जाती। न ही, परिणामतः, उसका कोई मात्र राजनैतिक समाधान समुचित समाधान हो सकता है। अस्पृश्यता की अमानवीय विभाजन रेखा के दोनों ओर जीने वालों के मानस न बदले तो कुछ भी न हो सकेगा। समस्या और भयानक हो जाएगी।

मैंने अपने सोचने के तरीके के तहत आदतन 'केवल राजनैतिक नहीं' कहा। गांधी के लिए यह समस्या राजनैतिक थी ही नहीं। 30 अप्रैल के अपने बयान में उन्होंने जोर दिया कि समस्या, उसका समाधान और उस समाधान के लिए छेड़ा गया उनका आन्दोलन धार्मिक थे :

> मैं जानता हूं कि मेरे बहुत से सनातनी मित्रों और दूसरे लोगों के खयाल में यह आन्दोलन एक गहरी राजनैतिक चाल है। मेरी बड़ी इच्छा है कि यह उपवास उन्हें विश्वास दिला दे कि यह विशुद्ध धार्मिक आन्दोलन है।...
>
> अपने सनातनी मित्रों से मैं कहना चाहूंगा कि वे यह प्रार्थना करें कि इस उपवास का मेरे लिए जो भी परिणाम हो, सत्य पर जो स्वर्णिम आवरण पड़ा है वह हट जाए।

बहुत कम लोगों ने गांधी की वेदना और उनके उपवास की अनिवार्यता को समझा। आश्चर्य नहीं कि समझने वालों में रोमांरोलां और सी.एफ. एंड्रूज

भी थे। रोमांरोलां ने लिख भेजा : 'सदा साथ।' एंड्रूज का सन्देशा था : 'आपका निश्चय [उपवास का] मानता हूँ और समझता भी हूँ।' इन समझने वालों में एक ऐसा व्यक्ति भी था जिसकी लौहपुरुष वाली सार्वजनिक छवि बहुतों को आश्चर्य में डाल सकती है कि उसने सूक्ष्म संवेदना से गांधी के इस उपवास के मर्म को समझा। सरदार पटेल उस समय यर्वदा जेल–'यर्वदा मन्दिर' कहते थे उसे वह–में गांधी के साथ थे। उन्हीं के हाथ में, रात में हुए निर्णय के बाद, चार बजे भोर की प्रार्थना के वक्त गांधी ने कागज का पुर्जा थमा दिया था जिसमें आने वाले उपवास की इत्तिला थी।

64 बरस के गांधी 21 दिन तक निराहार जीवित भी बचेंगे? बुरी तरह घबरा गए पटेल। पर समझ गए कि इस मामले में गांधी से बहस करना गलत होगा। 'पाप' होगा उनकी 'धार्मिक प्रतिज्ञा' को तुड़वाने की कोशिश करना। और नाकाम भी। समझा लिया पटेल ने अपने आपको कि उनके पास 'ईश्वरेच्छा के अधीन होने के सिवाय कोई दूसरा मार्ग नहीं है।' यह भी : 'हिन्दू धर्म का ऐसा प्रामाणिक और सतत पालन करने वाला कौन है? यदि होता तो आज हमारी ऐसी दशा न होती।' हिन्दू समाज के कुछ हिस्सों ने, और उनमें सिर्फ सनातनी ही नहीं थे, पूना समझौते के बाद से जिस प्रकार का प्रचार शुरू कर दिया था, उसमें जल्दी या देर से उपवास तो आना ही था। हिन्दू धर्म की रक्षा के नाम में झूठ और प्रपंच से काम लिया जा रहा था और 'बापू' को ढोंगी बताया जा रहा था। ऐसी परिस्थितियों में गांधी कब तक करोड़ों गरीब और अनपढ़ अन्त्यजों को दिए अपने वचन का पालन टाल सकते थे? हिन्दू धर्म की रक्षा का कोई और उपाय नहीं बचा था। जीवन से ज्यादा धर्म का ध्यान रखने वाले गांधी वही कर सकते थे जो अब करने जा रहे थे।

गांधी, पटेल जानते थे, को पूरा विश्वास था कि ईश्वर इस अनशन को निर्विघ्न पूरा करेंगे। खुद उनमें गांधी जैसी श्रद्धा नहीं थी। सो समझा लिया था अपने आपको : 'जो अनिवार्य है उसका शोक क्या?'

गांधी के 21 दिवसीय उपवास की कोई शर्त नहीं थी जिसकी वजह से दूसरों पर कोई दबाव पड़ जाए। यह एक निर्धारित अवधि के लिए था, और इसका अन्त किसी विशिष्ट उद्देश्य के पूरा होने से नत्थी नहीं था। इस उपवास में पूरी तरह से इस सम्भावना–खतरे–को निकाल दिया गया था कि

लोग गांधी को बचाने के लिए उमड़ पड़ें, उन्हें बचाने के वास्ते सहर्ष या मजबूरन वह कर बैठें जो सामान्य परिस्थितियों में कभी न करते, और बाद में ऐसा करवा देने के लिए गांधी को कोसें।

1932 का आमरण अनशन खत्म करते वक्त गांधी ने जो सार्वजनिक चेतावनी दी थी उसमें बहुत साफ तरीके से कह दिया था कि अगर उन्हें फिर से अनशन करना पड़ा तो वह अनशन सुधार का विरोध करने वालों पर दबाव डालने के लिए नहीं होगा। 8 मई को भी उपवास पर बैठते-बैठते उन्होंने कहा :

> सनातनियों को तो मेरे इस उपवास में भी दबाव की गन्ध आई है, जबकि वे जानते हैं कि हरेक मन्दिर खोल दिया जाए और अस्पृश्यता का उन्मूलन कर दिया जाए तो भी अपनी अवधि से पहले यह उपवास भंग नहीं किया जा सकता। मन में तो वे भी जान रहे होंगे कि इस उपवास में दबाव डालने जैसी कोई बात है ही नहीं। यह उपवास तो कटुता हटाने, हृदय शुद्ध करने और यह जाहिर कर देने के लिए किया गया है कि हरिजन आन्दोलन बिलकुल धार्मिक आन्दोलन है...। ईश्वर इस अग्निपरीक्षा को सफल बनाए और इसका उद्देश्य पूर्ण करे।

गांधी के मन की बात कहीं ऐसे मार्मिक ढंग से नहीं उभरती जैसे कि अपने 'प्रिय जवाहर' को लिखे इस पत्र में :

> जब मैं आने वाले उपवास से जूझ रहा था तब मानो तुम सशरीर मेरे सामने थे। पर कोई फायदा नहीं हुआ। हरिजन आन्दोलन निरे बौद्धिक प्रयत्न के लिए बहुत बड़ा काम है। सारे संसार में इतनी बुरी चीज (अस्पृश्यता) और कोई नहीं है। फिर भी मैं धर्म को, और इसलिए हिन्दुत्व को, छोड़ नहीं सकता। हिन्दू धर्म से अगर मैं निराश हो जाऊं तो मेरा जीवन मेरे लिए एक बोझ बन जाएगा। हिन्दुत्व की मार्फत मैं ईसाई, इस्लाम और दूसरे धर्मों से प्रेम करता हूं। वह छीन लिया जाए तो मेरे पास बचता ही क्या है? लेकिन मैं छुआछूत और ऊंच-नीच की मान्यता के रहते इसे सहन नहीं कर सकता। सौभाग्य से हिन्दू-धर्म में इस बुराई का रामबाण इलाज भी है। मैंने इसी इलाज का इस्तेमाल किया है। सम्भव हो तो मैं तुम्हें यह महसूस कराना चाहता हूं कि अगर मैं उपवास के बाद बच रहूं तो अच्छा ही है, और अगर जिन्दा रहने की कोशिश के बावजूद यह देह नष्ट हो जाती है

> तो भी क्या बुराई है?...मृत्यु से निश्चित ही सारे प्रयत्नों का अन्त नहीं हो जाता। ठीक तरीके से सामना किया जाए तो मौत एक उदात्त प्रयत्न का आरम्भ भी हो सकती है। मगर यह सत्य तुम्हें स्वयं अन्तःप्रेरणा से न दिखाई देता हो तो मैं तुम्हें दलीलों से कायल नहीं करना चाहता।

फौरन जवाब में 5 मई को नेहरू ने जेल से एक तार भेजा और उसी दिन एक पत्र भी लिखा। तार में था :

> जो बातें मेरी समझ में नहीं आतीं उनके बारे में क्या कह सकता हूँ? लगता है किसी अजनबी देश में अपनी राह भूल गया हूँ। परिचित मार्ग-चिह्न सिर्फ आप ही हैं। अँधेरे में अपना रास्ता टटोलने की कोशिश करता हूँ, पर लड़खड़ा जाता हूँ। जो भी हो, मेरी प्रीति और भावनाएँ आपके साथ होंगी।

गांधी के इस उपवास को लेकर सम्भवतः सबसे दिलचस्प और संश्लिष्ट प्रतिक्रिया टैगोर की थी। 1932 का आमरण अनशन शुरू करने से पहले की तरह ही, इस बार भी गांधी ने 'प्रिय गुरुदेव' का आशीर्वाद माँगा। लिखा :

> अभी रात के पौने दो बजे हैं और मैं आपका तथा कुछ अन्य मित्रों का ध्यान कर रहा हूं। अगर आपका हृदय प्रस्तावित उपवास का समर्थन करता है तो मैं पुनः आपका आशीर्वाद चाहता हूं।

इस बार गांधी को पहले जैसा आह्लादित तार नहीं मिला। मिला एक सुविचारित उपदेश बहुमूल्य जीवन को बचाने के कर्तव्य पर। उसी के साथ जिक्र था टैगोर की मुश्किल का। तथ्यों और विचारों की जिस पृष्ठभूमि में अनशन का निर्णय किया गया था उनको जाने बगैर टैगोर कैसे कुछ कह सकते थे? इसके अलावा यह भी मुमकिन था कि अपने प्रण से उपजी अनिवार्यता के बारे में ही गांधी भूल कर रहे हों। यह कोई ऐसी-वैसी भूल नहीं होगी। इसका जो भयंकर न मिटाया जा सकने वाला दुष्परिणाम हो सकता था उसको सोचकर ही दहशत होती थी। अतएव टैगोर प्रस्तावित उपवास का अनुमोदन करने में असमर्थ थे।

पिछले बरस आमरण अनशन के वक्त भेजे गए विह्वल आशीर्वचन की

तुलना में यह उत्तर कितना तार्किक-दार्शनिक है। इसमें गांधी की सम्भावित मौत का उल्लेख भी 1932 वाले तार में टपक रहे भावातिरेक के बिना है। गांधी अपनी आत्मा की जो वेदना देश के सामने उँड़ेले जा रहे थे क्या वह टैगोर की संवेदना को नहीं छू पा रही थी? और यदि टैगोर तार्किक-दार्शनिक होना ही चाह रहे थे, तो क्या गांधी का यह तर्क बेबुनियाद था कि व्यक्ति का अन्त मृत्यु के साथ नहीं हो जाता : '"मैं" तो नहीं मरूंगा, शरीर नहीं रहा तो क्या?'

यहाँ भी, कलकत्ता और दिल्ली वाले आमरण अनशनों की तरह, लगता है कि प्रायः और कम से कम एक हद तक, किसी आदर्श का लोगों पर क्या प्रभाव पड़ेगा यह लोगों के अपने वैयक्तिक और सामूहिक हितों पर भी निर्भर करता है। ऐसा नहीं है कि हितों की भूमिका हर स्थिति में निर्णायक रहे। या रहे भी। इसका एक अनुपम उदाहरण 1933 में थे मदनमोहन मालवीय। जब गांधी त्रस्त थे सनातनियों से जो इस उपवास में भी गांधी की चालबाजी देख रहे थे, सनातनियों के सिरमौर मालवीय ने बड़े स्नेह से यह तार भेजा था :

> आपको भगवान का आशीर्वाद प्राप्त है।...मुझे इसमें तनिक भी सन्देह नहीं है कि अपने इस निर्णय में आप भगवान के आदेश से ही प्रेरित हुए हैं। मैं निरन्तर प्रार्थना करता हूँ कि वह आपको यह व्रत सफलतापूर्वक पूरा करने की शक्ति दे, और मेरा विश्वास है कि वह आपको ऐसी शक्ति अवश्य देगा।...ज्यों ही स्वास्थ्य अनुकूल होगा आप से भेंट करूँगा।

गांधी ने, अपनी आस्था के अनुसार, बगैर किसी संकट के अपना व्रत पूरा कर लिया। भले ही 21 दिनों में उनका वजन 22 किलोग्राम घट गया और वह कंकाल-से हो गए।

पर और जो आशाएँ उन्होंने जोड़ रखी थीं अपने इस उपवास से उनमें से कोई भी किसी भी हद तक पूरी हुई हो, ऐसा लगता नहीं। जहाँ तक उनका विश्वास था कि चारों तरफ फैली अशुद्धि कहीं उनके अन्दर बच रही किसी अशुद्धि के कारण है, और इस उपवास से हुए उनके अपने शुद्धीकरण से उनके अपने लोग भी शुद्ध होंगे, इस तरह का कोई सबूत नहीं मिलता कि उनके चारों ओर के वातावरण में कोई सुधार हुआ हो।

न ही दलितों को लेकर वैसी फौरी कोशिशें हुईं जैसी आमरण अनशन के समय हुई थीं। न मन्दिरों में, न स्कूलों में, न सवर्ण घरों में स्वागत हुआ दलितों का इस उपवास के प्रभाव में। यहाँ तक कि केरल के गुरुवायूर मन्दिर के दरवाजे भी बन्द रहे दलितों के लिए। इस मन्दिर में दलितों के प्रवेश को लेकर केलप्पन अनशन पर बैठ गए थे और उन्होंने गांधी के मनाने पर अपना अनशन समाप्त कर दिया था बगैर सफलता पाए। गांधी के हस्तक्षेप में यह आश्वासन था कि जरूरत पड़ने पर गांधी भी केलप्पन के साथ अनशन पर बैठेंगे। 21 दिवसीय उपवास के समय इस आशा का आधार बनता था कि गुरुवायूर मन्दिर के प्रबन्धक दलितों के लिए अपना मन्दिर खोल देंगे ताकि इतने लम्बे उपवास के बाद फिर ऐसी स्थिति न पैदा हो जाए कि गांधी को एक और अनशन करना पड़े। वैसा न हुआ।

अगर कुछ हुआ तो राहत महसूस हुई कि गांधी बच गए। पर राहत में भी खीझ थी कि खाँमखाँ गांधी ने एक मुसीबत खड़ी कर दी थी।

गांधी के अपने ही कांग्रेसियों में खासा असन्तोष जन्मा इस उपवास को लेकर। विशेष रूप से तब जब, इस उपवास के प्रारम्भ होने से पहले जेल से रिहा कर दिए जाने के बाद, गांधी ने पार्टी के सभापति से अनुरोध करके सविनय अवज्ञा आन्दोलन स्थगित करवा दिया। वैसे तो यह आन्दोलन उस समय तक समाप्तप्राय हो गया था और जहाँ-तहाँ थोड़ा-बहुत हो जाता था, इसके स्थगन पर तमाम कांग्रेसियों को लगा कि गांधी ने नाहक दलितों के मसले को तूल देकर राजनैतिक संघर्ष को पीछे धकेल दिया है। उस समय विदेश में प्रवास कर रहे दो बड़े नेताओं–विट्ठल भाई पटेल और सुभाषचन्द्र बोस–ने तो गांधी के नेतृत्व से कांग्रेस को निजात दिलाने की ही माँग कर डाली।

सरदार पटेल हँसकर गांधी से शिकायत किया करते थे कि उनकी अहिंसा में हिंसा भरी है और प्रेम में क्रूरता। निजी सम्बन्धों की स्नेहसिक्त या खीझभरी शिकायतें अपनी जगह, अपने ही लोगों से हुए गांधी के सार्वजनिक संघर्षों में उन्हें तभी सफलता क्यों मिली जब उनकी अहिंसा में वह तत्त्व था जिसे हिंसा की संज्ञा दी जा सकती है। क्यों गांधी के 1932, 1947 और 1948 के आमरण अनशन–मात्र तीन से सात दिनों में सम्पन्न हो–इतना कुछ कर पाए?

क्यों उनके 1933 के 21 दिन के अनशन का वह हश्र हुआ जो हुआ?

गांधी को मौन में बड़ा विश्वास था। शब्दों के परे मौन की भाषा में। और उन्हें विश्वास था आदर्श जीवन के मौन प्रभाव में। ऐसा जीवन जो गुलाब की नाईं अपने होने भर से चहुँदिस सुगन्ध फैला देता है। 8 मई से 29 मई तक गांधी जैसे गुलाब बने वैसे–यह कहना आसान नहीं है–अपने भव्य अन्त समय में भी नहीं थे। कोई सुगन्ध फैली हो तब, इसका कोई प्रमाण नहीं दिखता।

मानव स्वभाव के किस अविनाशी दोष ने उस अप्रतिम अहिंसा को वैसा असहाय कर दिया था?

अन्त में : एक असम्भव सम्भावना

एक ऐसा सिलसिला-सा बंध गया है कि जिससे हमारी आंख हमेशा टेढ़ा देखती है।

गांधी, 15 जुलाई 1947

गांधी के आखिरी दिनों को देखने में अपने को देखती रही है यह किताब। खात्मे पर पहुँच रही है अब। शुरू हुई थी इस संसार से उठा लिये जाने की गांधी की प्रबल इच्छा से। न सुने जाने के उनके दुःख से, 'मैं तो कहता-कहता चला जाऊंगा, लेकिन किसी दिन याद आऊंगा कि एक मिस्कीन आदमी जो कहता था, वही ठीक था।' न सुने जाने का दुःख बढ़ता ही गया। मारे जाने से सिर्फ 42 दिन पहले और ज्यादा मायूसी थी उस मिस्कीन महामानव के वही बात कहने में :

> मैं तो आज कल का ही मेहमान हूं। कुछ दिनों में यहां से चला जाऊंगा। पीछे आप याद किया करोगे कि बूढ़ा जो कहता था वह सही बात है।

फिर दिल्ली में किए आमरण अनशन की 'सफलता' के बाद न सिर्फ पहले की तरह 125 साल बल्कि उसमें आठ साल और जोड़ 133 साल जिन्दा रह सेवा करने की इच्छा लौट आई बूढ़े गांधी की। शेखचिल्ली जो थे। मारे जाने से कुल 12 दिन पहले आ गए मसखरे इतिहास के झाँसे में। पता नहीं टिक पाती वह इच्छा अगर जीते रह जाते, या फिर दुनिया से रुखसती चाहने लगते। जीते रहते तो भी, लगता है, अनसुने ही रह जाते। जैसे कि आज भी हैं।

पर, जीते रहते तो, न कथनी बन्द करते, न करनी। और करनी का,

उन परिस्थितियों में, मतलब होता लड़ाई। लड़ाई जो वह कहते थे जन्म से नसीब में लिखा के लाए हैं, लेकिन और नहीं लड़ना चाह रहे थे। लड़नी पड़ गई मगर। कलकत्ता और दिल्ली के आमरण अनशन उसी लड़ाई का अंग थे। पता नहीं कितनी और लड़नी पड़ती!

इस लड़ाई के पूरे होते न होते, औपचारिक आज़ादी के बाद असली आजादी हासिल करने की वह लड़ाई भी छेड़नी पड़ती जो साम्प्रदायिक पागलपन को रोकने में लग जाने की वजह से मुल्तवी कर देनी पड़ी थी। क्या रूप लेती वह लड़ाई और कब छिड़ती, यह तो उस वक्त गांधी के अपने दिमाग में भी स्पष्ट नहीं रहा होगा। उनकी लड़ाइयाँ, जैसे कि थोड़ा हम देख चुके हैं, ऐसी अप्रत्याशित होती थीं, और ऐसे आकस्मिक ढंग से आती थीं, कि उनके अन्तरंग सहयोगी भी चकित रह जाते थे। जिसे दिमाग और तर्क कहा जाता है उसके अलावा भी कुछ होता था गांधी के ऐतिहासिक फैसलों के पीछे। उस 'कुछ' की कल्पना की जा सकती है। 13 जनवरी को शुरू किए गए आमरण अनशन से सम्बन्धित उनके एक वक्तव्य से। अपने को 'ईश्वर का कैदी' मानने वाले गांधी—'जब मैं पुरुषार्थ से हार गया, तभी ईश्वर की गोद में सिर रखा'—ने इस अनशन के बारे में लिखा : 'गम्भीर विचारपूर्वक यह शुरू किया गया है। फिर भी उसका प्रेरक विचार नहीं, बल्कि विचारों का स्वामी राम कहो या रहमान कहो, वही है।'

आजाद हिन्दुस्तान के अपने दशकों से सँजोए सपने के नवम्बर 1945 में एकबारगी ठुकराए जाने पर मौन हो गए थे गांधी। पर अपने 'दरिद्र नारायण' को भूले नहीं थे। देश के विभाजन को लेकर कांग्रेस के खिलाफ बगावत न करने का एलान करते वक्त उन्होंने एक और अहम एलान किया था। काँग्रेस के खिलाफ बगावत, उन्होंने कहा था, 'मैं तभी करूंगा जब मैं देखूंगा कि कांग्रेस तो पूंजीपतियों की हो गई है।'

'अगर' और 'तो' का रुख जब बात ने ले ही लिया है तो लगे हाथ हिसाब लगा लें कि 133 साल पूरे करके जाते गांधी तो 2002 में जाते। तथाकथित 'उदारीकरण' और 'वैश्वीकरण' से बहुत पहले पहचान लेते वह देश और दुनिया के 'दरिद्र नारायण' की नियति। पहचान लेते क्या, पहचान चुके थे। तभी न गाँवों की और गरीबों की—असली आजादी की—चिन्ता सताए रहती थी उन्हें। कंट्रोल और राशनिंग के प्रबल विरोधी और परमिट

राज के खतरे से देश को आगाह करने वाले गांधी नेहरू की समाजवादी व्यवस्था में लोक का कल्याण नहीं देख सकते थे। देश, और कांग्रेस, में फैल रही बदबू उनका दम घोंट रही थी। देर तक नहीं रुक सकते थे कांग्रेस का बागी होने से। वर्धा में होने वाली गांधीवादी कार्यकर्ताओं की बैठक से ही शुरू हो सकती थी असली आजादी की लड़ाई।

सम्भव है कि गांधी जिन्दा रहते तो हम थोड़े बदले हुए होते। उतना न करते जितना किया। किए जा रहे हैं। अपराध-बोध से उत्तरोत्तर मुक्त होकर। यह भी सम्भव है कि आजादी के पहले से ही गांधी को लेकर पैदा हो गई अनख बढ़ती जाती और देश उदासीन हो जाता उनके प्रति। वही, या उससे भी ज्यादा, होता जो हुआ। वैसा होता तो उन्हें 'गुजरात 2002' तक की देश की सारी करतूतें देखनी पड़तीं। 1947 में अपने 'घर' काठियावाड़ और अपने 'लड़के' सामलदास का लगातार आठ दिन तक रोना रोने वाले गांधी पर क्या गुजरती तब? कितनी बार उन अतिरिक्त 63 सालों में न मार दिया होता हमने उन्हें? वैसे ही जैसे नाथूराम गोडसे से पहले ही हम मार चुके थे।

मारकर भी वैसे पूरी तरह मार नहीं पाते गांधी को। अपने अन्दर जो अच्छा बचा हुआ है उसे जिलाए रखना चाहते हैं शायद। दूसरे, हम और हमारा संसार जिस राह चल निकले हैं उसमें ऐसा होता ही रहेगा, ऐसी विपदाएँ आती ही रहेंगी कि यदा-कदा और देर-सबेर गांधी की याद आती रहे। जो भी कारण हो गांधी के पूरी तरह से न भुला दिए जाने का, हम वहाँ पहुँच चुके हैं जहाँ लगता नहीं कि उनकी याद एक गहरे 'काश' के आगे सार्वजनिक जीवन में किसी बड़े बदलाव का आधार बन सकेगी। मैं यह कहते वक्त मार्टिन लूथर किंग जूनियर और नेल्सन मंडेला के बड़े आन्दोलनों को भूल नहीं रहा हूँ। उनके अलावा, आज की स्थिति में गांधी की अहिंसा के कारगर होने की उतनी भी सम्भावना नहीं दिखाई देती जितनी मंडेला के वक्त में थी।

सदियों से झूठ, प्रपंच, कूटनीति और हिंसा के टेढ़े रास्ते पर चलते-चलते हम उसे ही एक मात्र मुमकिन रास्ता समझने लगे हैं। अकारण नहीं थी सत्ता की पहली झलक मिलते ही नेहरू की चिन्ता कि उनके जैसे लोग क्या सफल राजनीतिज्ञ हो सकते थे। यानी कि सत्य के सीधे और अहिंसात्मक तरीके

के अलावा राजनैतिक दन्द-फन्द में दक्ष हो सकते थे क्या? सोच की दिशा जब ऐसी हो जाए तो समझ में नहीं आ सकता गांधी का भोला तर्क कि, यूक्लिडीय ज्यामिति की तरह, मानव जीवन में भी दो बिन्दुओं के बीच की सबसे कम दूरी उनके बीच की सीधी रेखा होती है।

गांधी को सीधी रेखा की पहचान हो गई थी। चीजों की तह में जा सीधी बात पकड़ लेते थे वह, और सीधी-सरल भाषा में बयान भी कर देते थे उसे। काफी कुछ गांधी का कहा अब तक हम देख चुके हैं इस किताब में, और उससे खासा अन्दाज भी हो गया होगा उनकी सीधी नजर का। फिर भी तीन उदाहरण अलग से देना चाहूँगा मैं यहाँ। उनसे यह अन्दाज भी होगा कि वह किन बातों को महत्त्व का मानते थे।

27 नवम्बर 1947 को दिल्ली की सिख-सभा में बोलने के लिए गए गांधी। उस शाम के प्रार्थना-प्रवचन में उन्होंने कहा : 'मुझको तो इस बात का बहुत ही दर्द हुआ कि रास्ते में मुझको एक भी मुसलमान नहीं दिखाई दिया। चाँदनी चौक में एक भी मुसलमान न दिखाई देता हो, इससे बड़ी शर्म की बात हमारे लिए और क्या होगी?'

दूसरा उदाहरण इसी के दो दिन बाद के प्रार्थना-प्रवचन से है, जिसमें गांधी ने कहा :

> एक कौड़ी हम खर्च तो करें, लेकिन वह हिन्दुस्तान की झोंपड़ियों में जाती है कि नहीं, मेरे लिए तो यही हिसाब काफी रहता है। जो करोड़ों रुपए हिन्दुस्तान की झोंपड़ियों से खिंचकर आते हैं, उनमें से कितना हम उनको वापस भेज सकते हैं?

तीसरे उदाहरण का सम्बन्ध गांधी की अहिंसा से है। इसमें वह कहते हैं : 'बचाव के लिए तलवार पकड़ने की बात की जाती है, पर आज तक मुझे दुनिया में एक आदमी ऐसा नहीं मिला है, जिसने बचाव से बढ़कर प्रहार न किया हो।'

आम बोलचाल की भाषा में ऐसी सादगी से कह दी गई तीनों ही बातों की विशद अकादमिक मीमांसा की जा सकती है। पर कोई भी मीमांसा गांधी को झुठला नहीं पाएगी। ज्यादा से ज्यादा इतना हो सकेगा कि कुछ वास्तविक और कुछ काल्पनिक तर्क, तथ्य और आँकड़े देकर सिद्ध किया जाए कि हमारे यहाँ अल्पसंख्यकों की स्थिति बड़ी अच्छी है, गरीबों और

गाँवों की दशा में अभूतपूर्व सुधार हुआ है, सामाजिक न्याय की दिशा में प्रगति पर हैं हम।

हाँ, हिंसा के सवाल पर थोड़ी परेशानी हो सकती है। रोजमर्रा की जिन्दगी से चल व्यापक अन्तर्राष्ट्रीय सम्बन्धों और सदियों के मानव इतिहास को लाख खँगाल लें हम, गांधी की सीधी बात को काट नहीं पाएँगे। मानेंगे फिर भी नहीं उसे। इतिहास के चलते चले जा रहे दुश्चक्र की दुहाई देकर–गांधी को झूठ सिद्ध करने की दुश्वारी से बचते हुए–आत्मरक्षा का वही तर्क इस्तेमाल करेंगे जिसकी भ्रामकता गांधी दिखा रहे हैं।

इतिहास का यह दुश्चक्र दरअसल ऐसा अजेय हो गया है, और इसे देखते-देखते ऐसी टेढ़ी हो गई है हमारी नजर कि गांधी जैसा कोई आ जाए समझाने–और दिखाने–कि 'टेढ़े रास्ते से सीधी बात को नहीं पहुँचा जा सकता,' तो शेखचिल्ली लगने लगता है वह।

सिवाय उस वक्त के जब अपनी मजबूरी में हम उसकी सीधी बात को आदर्श का जामा पहना उसके सहारे अपनी उद्‌देश्य-सिद्धि में लग जाते हैं।

उसके बाद, थोथी न भी सही, फिर से अव्यावहारिक लगने लगती है उसकी बात। व्यावहारिक हो जाता है एटम बम को अपरिहार्य बना देने वाला आधुनिक विकास तन्त्र। ऐसा अपरिहार्य कि मानने के बाद कि 'दुनिया, या उसका बड़ा हिस्सा...आत्मघात पर आमादा है,' गांधी का अपना वारिस देश के लिए वही आत्मघाती रास्ता चुनता है, और देश उसी की सुनता है, गांधी की नहीं।

जिस भाव-स्थिति में लिखी गई है यह किताब उसका तकाजा शायद है कि इसे अब खत्म कर दिया जाए। कहने को अभी बहुत-कुछ बचा है। पर वह इस निजी किताब में आने के बजाय किसी अकादमिक विमर्श का रूप लेना चाहता है। मानो यह किताब खत्म होने को तैयार नहीं है, नया रूप माँग रही है। वैसे भी किताबें शुरू हो जाती हैं, खत्म नहीं होतीं। चलती रहती हैं तरह-तरह से। अलग-अलग तरह के लोगों के पढ़े जाने से, जिन परिस्थितियों में पढ़ी जा रही हैं उनके निरन्तर बदलते रहने से, वगैरा-वगैरा।

जैसे उभरी है यहाँ गांधी की–और हमारी–कथा, उससे एक अजीब कसक-सी बैठ जाती है मन में। कि हम ही थे उस महानायक की अभूतपूर्व

वीरगाथा को सम्भव बनाने वाले। क्या हो गया हमें फिर कि देश में बदबू आने लगी? जरूरी नहीं था कि उस महानायक से सदा सहमत ही रहते हम। न ही उसे ऐसी तवक्को थी हमसे। पर सामान्य नागरिक जीवन के लायक तो बन सकते थे राजनैतिक खुदमुख्तारी हासिल करने के बाद हम। उसने भी तो हमारी असलियत पहचान सिर्फ इतना ही कहना शुरू कर दिया था आखिरी दिनों में हमसे।

अभी भी नहीं सुन पा रहे उसकी इतनी सी बात। बड़े बदलाव जब आएँगे तब आएँगे–आते हैं बड़े बदलाव छोटे बदलावों के बिना?–अभी तो सुन लें उसका कहा : 'हर कोई अपने को देखे।' बगैर देखे कि दूसरे अपने को देख रहे हैं या नहीं।

कसक यह भी कि कभी हमारे ही मानने और बनाने से सम्भव बने गांधी आज हमारे ही न मानने से असम्भव बन गए हैं। असम्भव भी ऐसे वक्त में जब हमें–संसार को–पहले से ज्यादा जरूरत है उनकी।

❑❑❑